Z

Konrad Paul Liessmann (Hrsg.)

DER GEIST IM GEBIRGE

25 Jahre Philosophicum Lech

Reflexion – Kritik – Aufklärung

Paul Zsolnay Verlag

Die für diesen Band ausgewählten Beiträge wurden leicht gekürzt, die ursprüngliche Orthographie der Texte wurde beibehalten. Auslassungen sind durch [...] gekennzeichnet.

1. Auflage 2022
ISBN 978-3-552-07310-4

Satz: Satz für Satz, Wangen im Allgäu

Umschlag: Anzinger und Rasp, München
Motiv: »BRIGHT #01« © Conrad Jon Godly
Druck und Bindung: CPI books GmbH, Leck
Printed in Germany

LUDWIG MUXEL

25 Jahre Philosophicum Lech

Nach nunmehr einem Vierteljahrhundert denke ich immer noch gerne an die Anfänge zurück. Es war auch der Reiz des Neuen, der unser erstes Philosophicum Lech im September 1997 für alle Beteiligten zum ganz besonderen Erlebnis machte. Vorausgegangen waren viele Überlegungen kluger Köpfe, wobei hier aufgrund der gebotenen Kürze zwei hervorgehoben seien: mein guter Freund Michael Köhlmeier sowie der von mir ebenso geschätzte Guntram Lins als langjähriger Obmann des Vereins Philosophicum Lech. Beide haben sich als Geburtshelfer und Schirmherren unserer Tagung überaus verdient gemacht.

Die Voraussetzungen dafür, sich in Lech für einige Tage den großen Fragen der Philosophie und unserer Zeit zu widmen, sind einmalig, waren wir uns von Beginn an sicher. Schon der Aufenthalt in unserem schönen Ort an sich mag inspirierend sein, angesichts der prächtigen Bergkulisse und der wohltuenden Ruhe, die rundum in der Natur zu finden ist und die Gedanken befreit. Dazu gesellt sich die gepflegte Gastlichkeit in Lech am Arlberg mit seiner exzellenten Hotellerie, den feinen kleinen und großen Pensionen sowie der erstrangigen Gastronomie. Stand am Anfang also die Überzeugung, dass genau hier aus einem alljährlichen anregenden Gedankenaustausch etwas Großes erwachsen kann, ist es mittlerweile längst gewiss: Das Philosophicum und Lech gehören untrennbar zusammen. So sagt ja schon der Name.

Maßgeblich für die nachhaltig erfolgreiche Entwicklung verantwortlich ist unser hochgeschätzter wissenschaftlicher Leiter Konrad Paul Liessmann. Über all die Jahre bewies er

ein untrügliches Gespür für brennende Fragen der Zeit und wusste auch stets, welche Vortragenden zum jeweiligen Thema einen wertvollen Beitrag beisteuern können. Nicht nur die namhaften unter ihnen – die Liste wäre lang – fesselten mit ihren Referaten und gaben Anstoß zu spannenden Diskussionen. Der Austausch mit den Teilnehmenden sowie untereinander ist auch für die Fachleute selbst eine Bereicherung, so hört man oft. Dies dürfte dazu beitragen, dass der Einladung zum Philosophicum stets gerne gefolgt – und in weiterer Folge die Wiederkehr zum Wunsch wird.
Das gilt ebenso für die vielen Interessierten aus nah und fern. Dass für nicht wenige das Philosophicum Lech zur Konstante, wenn nicht zum Highlight in ihrer Jahresplanung geworden ist, freut uns besonders. Es prägt auch die fast schon familiäre Atmosphäre mit. Ungezwungenheit und viele Gelegenheiten zu anregenden Gesprächen – wie bei den beliebten Rahmenveranstaltungen, in der legendären Philosophen-Bar, anlässlich der feierlichen Tractatus-Verleihung oder zum Ausklang beim Vorarlberg-Brunch – gehören zum einzigartigen Flair und zu den Erfolgsfaktoren des Symposiums.
Die Voraussetzung für voll und ganz begeisternde Tage beim Philosophicum Lech ist eine möglichst perfekte Organisation. In Mirjam Fritz fanden wir jene gute Seele, die unsere Tagung seit der ersten Stunde mit starkem Engagement und ihrem fleißigen Team umfassend begleitet. Großer Dank gebührt ebenso der Gemeinde, die unser Symposium seit jeher auf vielerlei Art unterstützt, sowie Lech Zürs Tourismus. Ohne all die Genannten, den anhaltenden Enthusiasmus und Einsatz der vielen Freunde des Philosophicum Lech und damit auch die Unterstützung öffentlicher sowie privater Sponsoren – wie von unserem langjährigen Partner Magna – wäre es nie dermaßen gelungen. Gab es anfangs noch Skeptiker im Ort, so versteht sich längst schon ganz Lech als stimmige und stolze Heimat des Philosophicum.

So blicke ich 25 Jahre später sehr dankbar und mit großer Freude auf die Entwicklung einer der erfolgreichsten geisteswissenschaftlichen Tagungen im deutschsprachigen Raum zurück. Immer einen Besuch wert!

MICHAEL KÖHLMEIER

Ein Gelungenes

Irgendwann in den neunziger Jahren des letzten Jahrhunderts besuchte mich Ludwig Muxel in Hohenems und fragte, ob ich Interesse hätte an einem Buch über Lech. Der Mann beeindruckte mich. Noch bevor ich Luft holen konnte für meine Bedenken, sagte er, nein, es solle nicht ein Ding für den Fremdenverkehr werden. Das Buch solle die Leute von Lech an sie selbst erinnern. Was für eine schöne Formulierung! Ich dachte an Gottfried Kellers »Die Leute von Seldwyla«. Nun also Geschichten über die Menschen, die in Lech wohnen, die Lecher, nicht die Touristen. Ich war begeistert – von dem Projekt und von dem Mann. Ludwig Muxel und ich wurden Freunde.

»Was könnten wir tun«, fragte er, »um Lech den Ruf von etwas Edlem zu verschaffen?«

Meine Antwort war durchaus egoistisch. Mein Vater, Wise Köhlmeier, Journalist und Aufklärer, war nicht müde geworden, immer wieder darauf hinzuweisen, dass Vorarlberg eine Universität braucht. Das intellektuelle Leben in unserem Land war in den sechziger und siebziger Jahren, auch noch später, ein zartes Pflänzchen, das immer knapp vor dem Verrecken war. Wir hätten eine Universität bekommen können, der damalige Unterrichtsminister Fred Sinowatz hätte sich dafür eingesetzt – allein, Landeshauptmann Kessler war dagegen.

Also antwortete ich Ludwig: »Tage der Philosophie! Philosophie und Berge, die haben sich schon immer gut vertragen. Denk an Nietzsche!«

So hat es begonnen.

Manchmal gelingen solche Projekte im ersten Anlauf. Dann

gratuliere! Bei uns war das nicht so. Zwei Jahre Nachdenken und Irrwege. Viele Vorschläge, die meisten verschlungen und kompliziert. Eine Idee zu haben ist großartig – aber was dann? Der Hund ist die Umsetzung.

Da gab es den Landesrat Guntram Lins. Der war für Finanzen zuständig und für die Kultur. Das war ein Mann, der sich für Philosophie interessierte – nein, das ist zu gering gesagt: Er brannte für die Philosophie. Es ist ja oft so, dass sich ein Kulturpolitiker nur in der Zeit für Kultur interessiert, in der er für die Kultur zuständig ist, und dann nicht mehr. Bei Guntram Lins war das anders. Der war ein Kulturmensch. Und den konnte Ludwig Muxel gewinnen. Da wehte dann ein anderer Wind. Guntram Lins wusste, so eine Sache funktioniert nur, wenn eine Person für den Inhalt verantwortlich ist. Er schlug vor, wir sollten den jungen Philosophen und Philosophieprofessor an der Universität Wien Konrad Paul Liessmann fragen. Also fuhren wir nach Wien und trafen Professor Liessmann in einem Hotel. Und Konrad war einverstanden.

Das war's eigentlich. – Das Konzept, das Konrad Paul Liessmann entwickelte, war einfach und klar: jedes Jahr ein Thema, und das wird in verschiedenen Vorträgen von verschiedenen Philosophinnen und Philosophen ausgeleuchtet. Warum sind wir nicht von Anfang an auf diese einfache Form gekommen? Das Konzept hat sich bis heute nicht verändert. Und bald hatte die Sache auch einen Namen: *Philosophicum Lech*. Warum sind wir nicht von Anfang an drauf gekommen? Das erste *Philosophicum* fand im runden Café vom Hotel Krone satt. Da waren viele Journalisten und ungefähr sechzig Zuhörer gekommen. Inzwischen müssen wir leider viele Interessierte auf ein nächstes Jahr vertrösten, weil wir die Zuhörerzahl auf sechshundert beschränken. Und stolz sind wir alle bis zum Rotwerden.

RÜDIGER SAFRANSKI

Das Böse oder Das Drama der Freiheit

Man redet wieder über ›das Böse‹.
Vielleicht deshalb, weil man bemerkt hat, daß unsere Begriffe notorisch harmloser sind als die Wirklichkeit.
Das ist übrigens eine alte Erfahrung. Die Karriere des griechischen Logos begann als Strategie der Beruhigung, als Neutralisierung des Mythos, für den der Grund der Welt ein Abgrund ist, ein wahres Inferno aus Gewalt, Inzest, Mord, Verfeindung. Der Kosmos erscheint in antik-griechischer Sicht als Ergebnis eines endlich triumphierenden Friedensschlusses nach einem verwüstenden Bürgerkrieg zwischen den Göttern. So ist der Mythos auch eine Erinnerung daran, welchem Grauen die Zivilisation abgerungen ist.
Am Anfang gebar, von Eros geschwängert, die »breitbrüstige« Gaia (die Erde) den Uranos, den Himmel. Der bedeckte sie ganz und begattete sie dann: der erste Inzest. Daraus geht die zweite Göttergeneration hervor. Das sind die Titanen, unter ihnen Okeanos und Kronos, und die Titaniden, einäugige Zyklopen und einige Hundertarmige. Uranos aber haßt diese Kinder, die er mit seiner Mutter gezeugt hat. Er stopft sie zurück in ihren Leib. Gaia will sie nicht bei sich behalten und spricht zu ihnen: »Ihr Söhne, die ihr aus mir und einem Zornigen hervorgegangen seid …, wir werden den verbrecherischen Frevel eines Vaters rächen, auch wenn er euer eigener Vater ist, denn als erster hat er schändliche Werke geplant.« Kronos, einer der Söhne, übernimmt die Aufgabe des Rächers. Mit einer Sichel kastriert er seinen Vater. Er wirft die Geschlechtsteile ins Meer. Aus dem Schaum, der sich bildet, entsteht Aphrodite.

Kronos tritt nun an die Stelle seines Vaters. Mit seiner Schwester zeugt er die dritte Göttergeneration, unter ihnen Demeter, Hades, Poseidon und schließlich Zeus. Kronos jedoch hat von seinem Vater erfahren, daß er eines Tages unter den Schlägen seines eigenen Sohnes umkommen werde. Darum verschlingt Kronos seine Kinder, sobald sie zur Welt kommen. Nur Zeus bleibt verschont, denn seine Mutter hält ihn auf Kreta in einer unzugänglichen Grotte versteckt. Der zurückgekehrte Zeus zwingt seinen Vater, die aufgefressenen Geschwister wieder auszuspeien. Es entbrennt ein furchtbarer Kampf zwischen Zeus und den anderen Göttern und Titanen. Zeus, der Sieger in dieser Titanomachie, etabliert klugerweise ein *System der Gewaltenteilung*: Das Meer gehört Poseidon, die Unterwelt Hades, und er selbst regiert im Himmel, als der Erste unter den Gleichen. Nun hat Zeus niemanden mehr zu fürchten – außer die Göttin der Nacht, eine Titanide aus dem Uranos-Geschlecht. Auch Zeus hütet sich, sie zu reizen, und holt bisweilen Rat von ihr ein. Die Olympier wissen, daß sie zur hellen Seite der Welt gehören und nicht mehr die Tiefe der Nacht erfüllen.
Irgendwann in diesen theogonischen und kosmogonischen Turbulenzen tauchten die Menschen auf. Drei Generationen, drei Anläufe, dreimal vollständige Vernichtung und Selbstvernichtung – das Projekt Menschheit war zunächst einmal gescheitert.
Wie dann doch wieder ein neuer Anfang mit den Menschen gemacht wurde, darüber geben die Mythen verschiedene Auskunft. Nach einer Version soll Prometheus sie aus der Asche der Titanen geformt und ihnen trügerische Hoffnungen auf den Weg mitgegeben haben. So ließen sich die geplagten Menschen davon abhalten, ihrem Leid durch freiwilligen Tod ein Ende zu setzen. Nach einer anderen Version hockten die Menschen dämmernd und tatenlos in ihren Höhlen, denn sie wußten nun die Stunde ihres Todes. Prometheus schenkte ihnen das Vergessen. Zwar wußten sie

weiterhin, daß sie sterben würden, nicht aber wann. So kam Arbeitseifer unter ihnen auf, den Prometheus mit dem Geschenk des Feuers noch zusätzlich anfachte.
In der griechischen Mythologie sind die Menschen ihren Ursprüngen entkommen, wie man einer Katastrophe entkommt. Aber wir brauchen uns nicht darum zu sorgen, daß uns das Böse verlorengehen könnte. Es kehrt stets wieder – in veränderter Gestalt. Wie bei den Göttern, so gibt es auch beim Bösen einen Gestaltwandel.
Das ›Böse‹ ist kein Begriff. Nur ein Name. Ein Name wofür? Für vielerlei: für das Barbarische, die Gewalt, Realitätszerstörung, aber neuerdings auch für das Chaos, den Zufall, die Entropie, die undurchschaubare und unberechenbare Komplexität.
Was das Entscheidende ist: Das ›Böse‹ hat aufgehört, lediglich ein Name zu sein für das im engeren Sinne Moralische. Es hat wieder einen kryptoreligiösen Unterton bekommen, so daß man die Vermutung wagen kann, der Zeitgeist nähere sich gleichsam vom anderen Ende der Skala, also vom ›Bösen‹ her, wieder dem religiösen Phänomen.
Es ist jedenfalls bemerkenswert, daß heute die beunruhigenden Phänomene, die nicht aus moralischer und schon gar nicht aus religiöser Perspektive beobachtet werden, unweigerlich in eine solche moralische und zuletzt sogar in eine religiöse Perspektive geraten, ohne daß man sich das richtig bewußtmacht.
[…]
Vielleicht sind wir wieder dabei, jene Erfahrungen zu machen, die einst dazu geführt haben, Religionen zu erfinden. In der Regel haben wir zwar keine Religion mehr, um so deutlicher aber spürt man den Phantomschmerz der abwesenden Religion.
Ich nannte die Religionen das ›große Versprechen eines guten Gelingens‹. Nehmen wir dafür als Beispiel den Genesis-Mythos über die Sintflut und was danach geschah.

Als Gott wegen des bösen Treibens der Menschen seine Schöpfung widerruft und sie in der großen Flut ertränken will, bereut er es, sich aus dem ruhenden Sein ins tumultarische Werden der Schöpfung hervorgewagt zu haben. Deshalb will er die Schöpfung wieder vernichten. Dann aber, nachdem er mit dem gerechten Noah eine Ausnahme gemacht hat, bereut er seinen Zornesausbruch, und er verspricht, in Zukunft an sich zu halten: *Ich will hinfort nicht mehr die Erde verfluchen um des Menschen willen; denn das Dichten und Trachten des menschlichen Herzens ist böse von Jugend auf. Und ich will hinfort nicht mehr schlagen alles, was da lebt, wie ich getan habe. Solange die Erde steht, soll nicht aufhören Saat und Ernte, Frost und Hitze, Sommer und Winter, Tag und Nacht.*

Offenbar benötigt das Weltvertrauen ein solches Versprechen. Deshalb mußte sich der Schöpfergott zum Erhaltergott weiterentwickeln. Auf den Erhaltergott folgte dann die Entdeckung der Gesetze der Selbsterhaltung. Sie lassen sich plausibel machen – aber wie hat das alles angefangen, was sich dann im folgenden erhält und wächst? Das Selbsterhaltungsgesetz setzt ja voraus, daß schon etwas da ist, das sich erhält. Die Gesetze der Erhaltung müssen an ihrem Anfang erhalten haben, was sie dann erhalten können. Es muß einen Anfang geben, und vor dem Anfang waren Urknall, Urnebel – was schlechte Anfänge sind, weil sie immer schon angefangen haben, wenn es mit ihnen anfängt. An diesem Punkt, beim Anfang also, wird die eigenartige Abgründigkeit der biblischen Genesis – Gott schuf Himmel und Erde aus dem Nichts – spürbar. Da Gott durch nichts gezwungen war, eine Welt zu schaffen, wird man auch keine zwingenden Gesetze entdecken können, die dazu führen mußten, daß es diesen Kosmos mit seinem Urknall gegeben hat. Das ist modern gesprochen – absolute Kontingenz. Kontingenz heißt: Was es gibt, das hätte es genausogut auch nicht geben können. Der Schöpfungsglaube weiß von dieser Kontingenz des Anfangs, aber er deutet sie als Akt der Liebe. Liebe ist der

Seinsgrund – damit fängt alles an. Wie aber kann man heute mit der Erfahrung der Kontingenz umgehen, wenn der Glaube an den Seinsgrund der Liebe abhanden gekommen und das davon angeregte Denken ferngerückt ist? Es kommt also auf das Gefühl an, ›gemeint‹ zu sein. Man wünscht, sich selbst wie einen Text lesen zu können, der etwas bedeutet. Seitdem und weil es das Verlangen nach Sinn gibt, gibt es auch das Böse als das Sinnabweisende, Sinnlose. Man nimmt Anstoß an dem Skandal des Bedeutungslosen, der Kontingenz. Die Religionen, die Arbeit am Mythos und Logos sind Versuche, diese Kontingenz wegzuarbeiten, die allenfalls dem abgebrühten Gedanken erträglich ist, nicht aber dem alltäglichen Lebensgefühl.

Mit der Kontingenz des Anfangs bleibt das Universum infiziert, so wie bereits für Augustin das Nichts, aus dem die Schöpfung hervorkommt, in ihr anwesend bleibt. Im Unterschied zu Gott bleibt im Geschaffenen eine Spur dieses Nichts zurück, aus dem es hervorgerufen wurde. Dieser Anteil von Nichtigkeit im Geschaffenen bedeutet zum einen, daß im Unterschied zu Gott die Natur vergänglich ist. Es bedeutet aber auch, daß die Natur, wenn sie nicht von Gott her verstanden wird, zwar wirklich bleibt, aber nichtig erscheint im Sinne von Bedeutungslosigkeit. Sie zeigt ein Nichts an Sinn. Das ist dann auch eine Erfahrung des Bösen im Sinne des vollkommen Sinnabweisenden.

[...]

Wer aber nach verbindlichem Sinn sucht, dem muß die Kontingenz zum Bösen werden. Es handelt sich dann allerdings nicht um ein moralisch Böses. Es ist das Böse im Sinne der Abwesenheit der guten Gründe in der Welt. Es ist die Erfahrung des Abgrunds oder, wie es dann bei Camus heißt, des Absurden.

Diese Erfahrung gehört zum Drama der Freiheit. Denn nur weil das Bewußtsein frei ist und sich losreißt und nicht vollkommen aufgeht im Sein, können ihm das eigene Leben und die Welt fremd werden. Es versteht sich nicht mehr von selbst, und am Ende läßt sich daran überhaupt nichts mehr verstehen. Die Natur ist, so der Marquis de Sade, auf entsetzliche Weise gleichgültig. Sie ist dafür verantwortlich, *daß das unglückselige Individuum namens Mensch ohne seine Einwilligung in dieses triste Universum geworfen wurde.* Sie läßt ihn leben und wird ihn wieder verschlingen. Warum sollte man, fragt der Marquis de Sade, die beschränkte Lebensfrist noch zusätzlich belasten durch Moral und daraus folgende Gewissensnot? Man muß sich frei machen von trügerischen Hoffnungen und törichten Ängsten. Warum sollte man nicht *ein paar Rosen auf die Dornen des Lebens streuen*, indem man *den Bereich seiner Neigungen und Liebhabereien erweitert* und alles *der Lust aufopfert?*

Die Lüste machen das Asyl des Daseins erträglich. Inmitten eines kalten, gleichgültigen Universums gibt es den sicheren Tod, ein Leben voller Qualen und, wenn man klug und vielleicht auch skrupellos zu Werke geht, einige Augenblicke der Lust. Mehr nicht, jedenfalls nicht für den Marquis de Sade, der an den dunklen Grenzen des Menschenmöglichen experimentiert hat. Er suchte schließlich das absolut Böse, wie Kant das absolut Gute gesucht hatte. Der Marquis de Sade will der eigenen *abscheulichsten Neigung* auf die Spur kommen. Und welche ist das?

Es ist der Wunsch nach totaler Vernichtung. Indem wir ›nein‹ sagen können, indem wir unseren Tod denken können, indem wir überhaupt etwas wegdenken können, mit alledem sind wir doch schon offenbar Komplizen des Nichts; aber man ist doch nicht so tief in die Erfahrung des Nichts eingesenkt, daß man von dem Etwas ganz loskommen könnte. Und genau dieses Loskommen ist die große Obsession de Sades: ein Loskommen nicht durch mystische Versenkung – das ist der sanfte Weg –, sondern durch einen Akt übermäßiger Gewalt, eine infernalische Explosion. De Sade träumt davon, die Tür so hinter sich zuzuschlagen, daß davon ein

ganzer Weltraum erzittert und die Lichter ausgehen. *Mit allem, was wir tun, beleidigen wir nur Götzen und Kreaturen, nicht aber die Natur, und ihr gerade möchte ich zuwiderhandeln; ihre Pläne stören; ihrem Lauf entgegentreten; das Rad der Gestirne anhalten; die Himmelskörper in Verwirrung bringen, wie sie im Raum treiben; zerstören, was ihr dient; begünstigen, was ihr schadet; mit einem Wort, ihrer spotten in ihren Werken – und hier ist mir jeder Erfolg versagt.*
Das absolut Böse, wovon de Sade träumt: die ganze Schöpfung rückgängig zu machen. Gegen Gott und gegen die auf ihn begründete Moral hatte sich de Sade mit der Natur verbündet. Aber diese Natur ist nun auch jenes übermächtige Etwas – wie vormals Gott –, von dessen Seinsmacht man nicht loskommt. De Sades tiefste Leidenschaft jedoch ist es, vom Sein überhaupt loszukommen. Einen Vorgeschmack darauf findet er im sexuellen Rausch. Auf dem Höhepunkt der Sinnenlust vergehen einem die Sinne. Solches Vergehen verweist auf das ganz große Vergehen, von dem de Sade inbrünstig träumt und phantasiert. De Sade verlangt es nach einer Dissidenz im Fundamentalen. Wenn er könnte, würde er mit der Natur brechen, so wie er mit Gott gebrochen hat.
Dieser phantasierte Bruch mit der Natur ist – das darf man nicht vergessen – ein Exzeß der Freiheit. Wie bei Kant geht es auch bei de Sade um den freien Triumph über die Natur. Aber es handelt sich um einen Triumph am entgegengesetzten Ende der Skala: Es ist nicht die Pflicht zum Guten um des Guten willen; bei de Sade geht es um die Zerstörung um der Zerstörung willen. Auch der Wille zum Bösen ist am Ende so »rein«, wie der Kantsche Wille zum Guten es sein soll. Er ist nicht mehr nützlich, er dient nicht mehr der Selbsterhaltung, er ist sich selbst zum Zweck geworden. Bei Kant wählt die sittliche Freiheit das absolute Sollen. Bei de Sade stürzt sich die Freiheit in die absolute Negation: Dieses alles soll nicht sein. Beide Male geht es um das Mysterium der Freiheit. Und bei beiden, bei Kant wie bei de Sade, ist der Himmel leer, und die Moral gründet in nichts anderem als im

Abgrund der menschlichen Freiheit. Sie ist eine Frucht der Einbildungskraft.

Wenn das Böse in menschlicher Hinsicht gründet im Abgrund der Freiheit, dann heißt das auch, daß jeder andere Grund, den man hinzubringt, dem Problem seine Schärfe nimmt, es letztlich verharmlost.

Bleiben wir noch zum Abschluß einen Augenblick beim Problem der Moral. Wenn man sie auf die Einbildungskraft gründet, zeigt sie sich als eine lebensdienliche Fiktion. Die Letztbegründung der Moral ist der Wille zu ihr. Man muß sie sich einbilden wollen, damit sie das Leben führt und orientiert. Nehmen wir beispielsweise den ›Wert‹ der Menschenwürde. »Alle Menschen sind frei und an Würde und Rechten gleich geboren«, verkündet der Artikel I der Allgemeinen Erklärung der Menschenrechte. Aber wird der Mensch tatsächlich mit Würde so wie mit Gliedmaßen ausgestattet geboren? Selbstverständlich nicht. Die ›Würde‹ wird zuerkannt, aber durch welche Instanz? Heute sagen wir: durch die Gesellschaft. Die Gesellschaft bildet sich den Grundsatz ein und macht verpflichtend, daß man den Menschen, und zwar alle Menschen als Wesen behandelt, die eine ›Würde‹ haben. Mit Recht aber empfindet man die Gründung der Menschenwürde in einer gesellschaftlichen Übereinkunft als zu schwach. Sie macht aus der Menschenwürde etwas Kontingentes. Kontingenz heißt: Was es gibt, könnte es genausogut auch nicht geben, es ist nicht notwendig. ›Würde‹ soll nicht auf dem Treibsand von Übereinkünften und wechselnden Mehrheiten gründen. Beim Hitlerismus hat es sich ja gezeigt, daß es möglich ist, einer bestimmten Kategorie von Menschen diese Würde abzusprechen und sie wie Ungeziefer auszurotten. Und es hat sich weiterhin gezeigt, daß man dafür in einer modernen Gesellschaft sogar Mehrheiten mobilisieren und einen hochkomplizierten Gesellschaftsmechanismus als Instrument einsetzen kann.

Menschenwürde also *gibt* es nicht, sondern sie *gilt*. Und nur solange und wo sie gilt, gibt es sie auch. Wenn das Grundgesetz der Bundesrepublik die Würde des Menschen »unantastbar« nennt und sie ausdrücklich nicht einer demokratischen Mehrheitsentscheidung anheimstellt – dann ist das ein Versuch, in einer säkularen Welt ein heiliges Tabu zu errichten. Eine gesellschaftliche Entscheidung wird in eine Angelegenheit umgewandelt, die in Zukunft der gesellschaftlichen Entscheidung entzogen bleiben soll. Das ist ein Versuch, die Würde eben nicht nur in der gesellschaftlichen Einbildungskraft gründen zu lassen – sondern in Gott, genauer: in dem, was von Gott übriggeblieben ist: eine Instanz der Letztbegründung, eine Art Machtwort der moralischen Vernunft. Doch es bleibt eine gesellschaftliche Macht, die eine solche Vernunft ihre Machtworte sprechen läßt. Man kann das Problem drehen und wenden, wie man will, die Formel von der Unantastbarkeit wird immer auch zugleich enthüllen, daß die Unantastbarkeit eine Verpflichtung darstellt. Die Würde wird für unantastbar erklärt, gerade weil es sich gezeigt hat und immer noch zeigt, wie sehr sie angetastet werden kann. Der Hitlerismus hat die grausamen Konsequenzen gezogen aus Nietzsches Kennzeichnung der Menschenwürde als *Begriffs-Halluzination*. Wenn es eine Entscheidung für die Menschenwürde gibt, dann ist auch eine Entscheidung gegen die Menschenwürde möglich. Und diese Entscheidung hat Hitler gefällt, nicht heimlich, sondern in einer *Konspiration am hellichten Tag* (Hannah Arendt), auf offener Bühne und unter dem Applaus eines großen Teils der Nation.

Hitler ist die letzte Enthemmung der Moderne. Seitdem kann jeder wissen, wie bodenlos die menschliche Wirklichkeit ist: daß es in ihr Verpflichtungen nur gibt, wenn man sie gelten läßt, daß Versprechungen das Leben nur unter der Voraussetzung erhalten, daß sie gehalten werden; daß man sich von seinem Leben nur etwas versprechen kann, wenn man den Zuspruch der anderen bekommt. Seitdem kann man aber auch ahnen, was der »Tod Gottes« eigentlich bedeutet. Wenn man von den guten Geistern verlassen ist und die guten Gründe verloren hat, muß man alles selbst hervorbringen. Wenn man aufhört, an Gott zu glauben, bleibt nichts anderes mehr übrig, als an den Menschen zu glauben. Dabei kann man die überraschende Entdeckung machen, daß der Glaube an den Menschen womöglich leichter war, als man noch den Umweg über Gott nahm.

Das Drama der Freiheit bedeutet: Der Mensch ist das nicht festgestellte Tier, er ist ein vielstrebiges, exzentrisches Wesen, dem die Übereinstimmung mit sich selbst offenbar nur ausnahmsweise gelingen kann. Der Mensch geht nicht in der Natur auf, er geht noch nicht einmal in sich selbst auf. Das Bewußtsein läßt ihn in die Zeit stürzen: in eine Vergangenheit, die ihn bedrängt; in eine Gegenwart, die sich entzieht; in eine Zukunft, die zur Drohkulisse werden kann und die Sorge wachruft. Es wäre alles einfacher, wenn das Bewußtsein nur bewußtes Sein wäre. Aber es reißt sich los, wird frei für einen Horizont von Möglichkeiten. Das Bewußtsein kann die gegebene Wirklichkeit transzendieren und dabei jenes schwindelerregende Nichts entdecken oder einen Gott, in dem alles zur Ruhe kommt. Und es wird den Verdacht nicht los, daß dieses Nichts und Gott vielleicht doch ein und dasselbe sind. Jedenfalls kann ein Wesen, das ›nein‹ sagen kann und die Erfahrung des Nichts kennt, auch die Vernichtung wählen. Die Vernichtung seiner Welt, die Vernichtung des Anderen und die Vernichtung seiner selbst. Der Mensch bildet nicht nur Risikogesellschaften, jeder einzelne ist der Risikofall für sich selbst. Das Böse gehört zum Drama der Freiheit. Es ist der Preis der Freiheit.

RUDOLF BURGER

Die Heuchelei in der Kunst

Im Jahre 1972 veröffentlichte Harold Rosenberg, Kunstkritiker der Zeitschrift »The New Yorker«, unter dem Titel »The De-definition of Art« eine Sammlung von Essays, die das Gefühl einer Krise, die der Autor in den bildenden Künsten sich ausbreiten sah, zum Ausdruck brachten[1]; nicht das Gefühl einer Wachstums- oder Veränderungskrise, sondern, wie man sagen könnte, einer Entgrenzungs- und Inflationskrise, welche den Wert und die Bedeutung von Kunst überhaupt in Frage stellt und ihre Existenz als ernstzunehmende, distinkte kulturelle Äußerungsform selbst bedroht.
Nun hat es Totsagungen der Kunst seit Hegel schon öfter gegeben, und die Frage: »Ist denn das noch Kunst?« begleitet die gesamte Geschichte der Moderne. Auch vieles von dem, was Rosenberg, immerhin ein Vierteljahrhundert vor Arthur Danto, sagte, war zwar von seiner Stellung aus dem Kunstmarkt gegenüber sehr mutig, aber in der Sache schon damals weder besonders neu noch besonders originell, zumindest nicht für einen kulturkritisch gesättigten europäischen Leser mit hegelianischem Bildungshintergrund. Dem alteuropäischen Bildungsbürgertum mit seinen geistigen Wurzeln im 19. Jahrhundert war ja, seit und solange es als kulturprägende Klasse existierte, die Kunst immer schon problematisch gewesen, denn es erlebte sie nicht (zumindest niemals nur), wie die Menschen früherer Zeiten, auf dem direkten Wege der Lust, sondern zugleich immer auch auch auf dem Umweg der metaphysischen Spekulation: in der Erwartung und mit der Forderung, daß in ihr so etwas wie *Wahrheit* sich zeige – eine nicht-propositionale Form von Wahrheit, von der freilich immer ungewiß und strittig blieb, ob sie über-

haupt existierte, ja welchen Sinn man einem solchen Konzept beimessen könne.

Die Ästhetik, die Philosophie der Kunst, welche diese mit einem Wahrheitsanspruch belastete, ist ein Reaktionsprodukt der Aufklärung, nicht älter als 250 Jahre; mit ihr avancierte die Kunst zum Auffangbecken einer enttheologisierten, moralisch unverbindlichen Residualtranszendenz für höhere Töchter beiderlei Geschlechts, die den durch Religions- und Metaphysikkritik erlittenen Sinnverlust nicht ertrugen. Odo Marquard nennt das ihre »Kompensationsfunktion«.[2] Die radikale Aufklärung selbst hatte ein solches Konzept der Sinnerschleichung niemals ernst genommen, aber immerhin war es stark genug, um die Auffassung zu stützen und lebendig zu halten, daß man Kunst »verstehen« müsse, daß eine eigene, theoriegeleitete Erkenntnisleistung notwendig sei, um sie würdigen und genießen zu können; wenn denn Genuß, Lust, Erschütterung, Schrecken oder welche emotionale Resonanz auch immer überhaupt noch Ziel ihrer Produktion und Rezeption blieb. Sie war jedenfalls nicht mehr die fraglose sinnlich-geistige Emergenz einer Kultur, die jedem ihrer wohlerzogenen und gebildeten Mitglieder ästhetisch unmittelbar zugänglich sein konnte. Ein historisch relativ neues Phänomen also, das mit der Moderne sich drastisch verschärfte und vor dem ein Paul Valéry noch eindringlich warnte, indem er jeder philosophischen Ästhetik eine schroffe Absage erteilte.[3] Auf dem Gebiet der Kunst, sagte Valéry schon 1923, ist Gelehrsamkeit eine Art Niederlage: »Aus Venus wird ein Dokument.«[4] Aber angesichts der Flut einander widersprechender Programme und Manifeste von je absolutem Gültigkeitsanspruch, mit denen man sich nolens volens auseinandersetzen mußte, bevor man die Augen aufschlagen durfte, blieben solche Stimmen in der Minderheit. [...]

Die Kunst, kann man jedenfalls sagen, existiert für uns seit langem schon nur durch die Krisen unseres Glaubens an ihre

Potenz, die heute zugleich höher veranschlagt wird als je zuvor; in dem Maße, wie wir sie verehren und zum Gegenstand unserer höchsten geistigen Erwartungen machen, empfinden wir sie zugleich als problematisch. Für die Lust und die Ekstase brauchen wir, seien wir ehrlich, stärkere Mittel, als die gar nicht mehr schöne Kunst sie uns bieten kann, und im Grunde unseres Herzens halten wir ihre metaphysischen oder utopistischen Verheißungen für zweifelhaft, wenn nicht gar für nichtig – jetzt, nach der politischen Delegitimation geschichtsphilosophischer Spekulationen, welche die radikal antibürgerliche Attitüde der klassischen Avantgarden zumindest grundiert, wenn nicht explizit begründet und sie ideologisch zu einer Vorreiterrolle in der Artikulation historischer Tendenzen ermächtigt hatten, erst recht.

Das Interessante an Rosenbergs Thesen liegt nun darin, daß sie gerade nicht aus einem derart gelangweilten, abgeklärten, skeptischen, wenn man will, kryptonihilistischen Bewußtsein heraus formuliert sind. Unser Autor repräsentiert, hegelianisch gesprochen, ein »ehrliches Bewußtsein«, er glaubt noch wirklich an die progressive und erlösende Kraft der Kunst, als Herold der Moderne ist er ein Parteigänger der, wie er sagt, »Tradition des Neuen« (der Terminus wurde von ihm geprägt, »The Tradition of the New« ist einer seiner Buchtitel), seine Haltung den je neuesten Moden und Richtungen gegenüber ist – oder besser gesagt: war die längste Zeit hindurch – kritisch-verständnisvoll und frisch, wie es der gehobenen Mittelklasse entspricht, die der »New Yorker« journalistisch bedient und die, weil sie auf gar keinen Fall spießig erscheinen möchte, allem Neuen bedingungslos aufgeschlossen ist; man könnte auch sagen, sie ist nicht sehr geschmackssicher. »Radical Chic« hat Tom Wolfe diese Attitüde genannt. Mit Clement Greenberg war Rosenberg der einflußreichste intellektuelle Promoter der amerikanischen Nachkriegskunst gewesen.

Und ebenso neu, frisch, ehrlich und ihrerseits radikal war die

Ernüchterung und Enttäuschung, die Rosenberg angesichts der damals neuesten Entwicklungen in der bildenden Kunst übermächtigte – ihn, der noch die extremsten Tendenzen der modernen Malerei unerschütterlich hofiert und sie propagiert hatte. Weil sein Urteil also weder einem konservativen Normativismus, einer Nänie über den »Verlust der Mitte«, noch einem hegelianischen Finalismus sich verdankt, auch nicht, wie bei Arnold Gehlen, von einer geschichtsphilosophischen Spekulation der eingetretenen Posthistoire zumindest flankiert wird, sondern allein lebendiger ästhetischer Erfahrung entspringt, gewissermaßen Aug in Auge mit dem Kunstbetrieb, dem er ja selber als Zirkulationsagent angehörte, ist sein Zeugnis so bedeutsam. [...]
Rosenbergs Lob der Kunst gilt nicht dem Genuß sinnlicher Schönheit, den sie gewährt. Von Genuß, von Lust, gar von einem »Rausch der Sinne«, in dem das Ich sich verliert, ist nicht die Rede, im Gegenteil, es geht nicht um *Selbstverlust*, sondern um *Selbstfindung*, das Kunstwerk fungiert als Medium der Selbsterkenntnis, nicht als Mittel der Ausschweifung. Diese Mediatisierung der Kunst auf ihre Erkenntnisfunktion, Folge eines eigenartigen, etwas puritanisch anmutenden Zerebralasketismus der Sinnlichkeit, ist uns ja wohlvertraut, und sie hatte sich lange schon vorbereitet, selbst dort, wo die Kategorie des Schönen noch im Zentrum des ästhetischen Interesses stand. Albert Camus hat auf die Subtilität dieser Verschiebung aufmerksam gemacht, als er schrieb: »Das Schöne, sagt Nietzsche wie vor ihm Stendhal, ist eine Glücksverheißung. Aber wenn es nicht das Glück selber ist, was kann es verheißen?«[5]
In der Tat, was kann es verheißen?
Rosenbergs Apologie der Kunst gibt die für die Moderne kanonische Antwort: Es verheißt *Erkenntnis*. Wohlgemerkt: nicht Erkenntnis des Schönen als Schönes und des von ihm symbolisierten Guten, wie in Kants intersubjektivitätsorientiertem reflexiven Urteil, sondern, über die bloß ka-

talytische Vermittlung des Kunstwerks, *Selbsterkenntnis*, Erkenntnis des betrachtenden, vom Kunstwerk auf sich selbst zurückgeworfenen, reflektierenden Subjekts selber. Die objektivierende, intersubjektive Geltung beanspruchende Kategorie des Schönen fällt damit aus dem Zentrum des ästhetischen Urteils heraus und hat, wenn überhaupt eine, nur mehr eine laterale Funktion – zur Induzierung einer reflexiven Erfahrung des Selbst. Die Schönheit, wo sie auftritt, muß sich gleichsam entschuldigen – damit, daß sie noch für etwas anderes taugt; deshalb auch das Verdikt über das Ornament, das Dekorative überhaupt in der Moderne. Kommt uns aber jemand mit Gefühligkeiten und verkauft sie als Schönheit, so nennen wir sie Kitsch, und zwar mit gutem Grund: weil sie ein objektiviertes Sinn- und Harmonieversprechen enthält, über das die reflektierte Subjektivität hinaus ist – sie erkennt (und empfindet) es als Lüge.* [...]
Alle große Malerei seit dem Kubismus ist »peinture conceptuelle«, sagt Arnold Gehlen, der den Begriff der »Kommentarbedürftigkeit« schon 15 Jahre vor Rosenberg in die kunsttheoretische Debatte eingeführt hat. Das moderne Kunstwerk kann, sagt Gehlen, nur mehr angemessen verstanden werden, wenn wir die *Theorie* erfassen, die ihm zur Entstehung verhalf. Denn »im Bilde allein war [seit dem Kubismus, R. B.] sein Sinn, die Legitimierung seines Soseins, nicht mehr auffindbar, dieser Sinn zog sich in den Prozeß seines Entstehens zurück, in die Erfahrungen, Reflexionen und Theorien des Künstlers. Von hier aus ging es in gerader Linie zur Abstraktion weiter, und die abstrakte Form-Farb-Fläche konnte nicht einmal mehr als Deformation eines Gegenstandes verstanden werden ... Wenn also mit dem Gegen-

* Selbst ein Jeff Koons versucht ja seine süßlichen visuellen Groschenromanzen mit Aufklärung zu legitimieren, nicht anders als, am anderen Ende der Skala, ein Hermann Nitsch sein ontomythologisches Fundamentalspektakel.

stande notwendig zugleich der Begriff, das Wiedererkennbare und Benennbare aus dem Bilde vertrieben wird, dann siedelt er sich neben ihm an und erscheint dort als Begleittext.«[6] So bekommt die Kommentarfrage allmählich einen prinzipiellen Charakter: »Das ist die Konstellation, die eine höchst merkwürdige Erscheinung erzeugte: Die aus dem Bilde nicht mehr eindeutig ablesbare Bedeutung etablierte sich neben dem Bild als Kommentar, als Kunstliteratur und, wie jedermann weiß, als Kunstgerede ... Diese gesamte Literatur gehört also zum Wesen der Sache selbst, sie ist aus inneren Gründen substantieller Bestandteil der Kunst, die sich in zwei Strömen manifestiert, einem optischen und einem verbalen.«[7]

Das heißt aber, daß unsere Reaktion auf die *Wörter*, die diese Konzepte, Theorien und Kommentare zum Ausdruck bringen, für unseren Umgang mit der Tradition des Neuen nicht weniger ausschlaggebend ist als die sinnliche Erfahrung. Vermutlich ist ein »reines Sehen« ohne kategoriale, begrifflich vermittelte Ordnung überhaupt unmöglich – jeder Gegenstand ist, wie Robert Musil sagte, ein »Bazillenträger der Rationalität«. Aber traditionellerweise bildete sich diese Ordnung spontan, sie mußte nicht durch eine eigene, bewußte Reflexionsleistung erst hergestellt werden, denn sie war historisch-kulturell vermittelt. Nunmehr aber muß die Ordnung des Kunstwerks, die Bildlogik, bei jeder neuen Stilrichtung, jeder neuen Ausdrucksform, im Extremfall bei jedem einzelnen Werk durch ein distinktes begriffliches Unternehmen erst explizit organisiert werden. Moderne Kunst ist, seit dem Impressionismus, Reflexionskunst in einem viel radikaleren Sinn, als dies bei der traditionellen der Fall war. Wenn hier noch von einem »Geschmacksurteil« die Rede sein kann, dann nur vom Urteil eines im buchstäblichen, nicht in einem metaphorischen Sinne des Wortes »erlesenen Geschmacks«. [...]

Der toten Materie wird durch die Sprache eine Kunstseele

eingehaucht. Grundsätzlich kann jetzt jedes beliebige Objekt zum Kunstwerk werden, es hängt nicht mehr von seiner inneren, werkimmanenten Beschaffenheit ab, sondern von Text und Kontext. Ein später Sieg Duchamps, wenn man so will, freilich ohne seine elegante, schweigsame Ironie. Denn es ist ein sehr geschwätziger Sieg, wenn nicht überhaupt ein Sieg der Geschwätzigkeit; und es ist zugleich ein sehr ernsthafter, quasireligiöser Vorgang. Wer dabei nämlich an das Wunder der Transsubstantiation im Sinne der katholischen Eucharistiefeier denkt, bei der Brot und Wein *real* in Fleisch und Blut verwandelt werden, ohne sich im geringsten physisch zu verändern, der hat richtig assoziiert, denn es handelt sich um einen durchaus gleichartigen Vorgang. Durch diese Transsubstantiation kann ein wie immer geartetes physisches Substrat in den metaphysischen Rang eines künstlerischen Artefakts erhoben werden. Was alle diese künstlerischen Verfahren gemeinsam haben, ist die Leugnung der Gültigkeit der traditionellen ästhetischen Erfahrung, an der die klassische Moderne, trotz ihrer Manifestabhängigkeit und Kommentarbedürftigkeit, durchaus festgehalten hatte. Es ist diese Entästhetisierung der Kunst, die Entgrenzung des Kunstbegriffs, die seiner realen, d. h. historischen Entdefinierung gleichkommt und ihn einer dezisionistischen Nominaldefinition aussetzt – Kunst ist das, was ein Künstler macht, der einer ist, weil er sich als solcher erklärt –, die Rosenberg ihr Ende als distinktes, kulturell anspruchsvolles Ausdrucks- und Reflexionsmedium, ja als irgend sinnvolles Unternehmen überhaupt befürchten läßt.* Denn dieser Prozeß der Ent-Definierung der Kunst ist für diese selbst desaströs und ganz etwas anderes als ihre durchaus produktive

* Als *distinktes* Ausdrucksphänomen: Denn der Entästhetisierung der Kunst entspricht eine zumindest potentielle Panästhetisierung und Verkunstung der Wirklichkeit, was die Kunst selbst in eine Inflationskrise reißt. Es gilt hier das Grashamsche Gesetz der Monetaristen: Schlechtes Geld verdrängt gutes Geld aus der Zirkulation.

Umdefinierung am Übergang von der mimetischen zur sogenannten nachmimetischen Kunst der Moderne. […]
So stehen wir vor einem Paradox: In dem Maße, als die Kunst sich ihrer traditionellen Formensprache entledigte, alle narrativen Dimensionen und Elemente als ihr wesensfremde verbale Korrelative aus sich selbst heraus abstieß und mit logischer Konsequenz zur »reinen Malerei«, schließlich zur »reinen Kunst« überhaupt sich entfaltete, tauchte sie ein in einen See von Wörtern: Nur ihre Begleitrhetorik hält sie als Kunst über Wasser. […]
Daß Künstler mehr als andere Menschen fähig seien, »existentielle« Probleme zu erfassen, das Herz der Dinge zu erkennen und die Zukunft heraufzuführen, ist ein ständiger Topos der heutigen Kunstbegleitrhetorik, ihre aussagenlogische Schnittmenge gewissermaßen (und eine gebräuchliche Legitimationsformel der Kulturpolitik). Zugleich weiß natürlich jeder, daß dies nur ein animistischer Mythos ist, nicht rationaler als die Regentänze der Navajo-Indianer, und nach diesem Wissen handelt er auch, selbst wenn er vorgibt, den Mythos zu glauben, und ihn vielleicht selber fortspinnt. Ein Blick auf das Alltagsleben genügt, um zu sehen, daß ihn in Wirklichkeit kein Mensch ernst nimmt. Hat nämlich jemand tatsächlich sogenannte »existentielle« Probleme (d. h., wenn es ihm irgendwie schlecht geht), so geht er zum Arzt, zum Psychologen, auf die Bank um einen Kredit, zum Scheidungsanwalt, vielleicht auch noch zum Herrn Pfarrer. Er geht bestimmt nicht auf eine Vernissage, und wenn, dann allenfalls, um sich abzulenken, zu plaudern und etwas zu trinken. Und niemand käme im Ernst auf die Idee, Probleme der Ökonomie, der Außen-, der Sicherheits- oder der Sozialpolitik, der Ökologie oder der Menschenrechte oder auch nur Fragen der Geschichte und deren »Aufarbeitung« Künstlern anzuvertrauen. Dafür gibt es Ökonomen, Politologen, Juristen und Historiker. Die sind oft genug mit ihren Problemen überfordert, aber ihr Urteil ist in einer arbeitsteiligen, hoch-

spezialisierten Gesellschaft immer noch das Beste, was zu kriegen ist. Auch ist die Wissenschaft schon durch ihre Anlage dazu gehalten, ihre Aussagen zu revozieren, wenn Irrtümer offenkundig werden oder neue Gesichtspunkte auftauchen. Sie haut ihre immer nur vorläufigen Lösungen nicht gleich in Stein und gießt sie nicht in Beton. (Wie Rachel Whiteread mit ihrem Holocaust-Mahnmal auf dem Wiener Judenplatz. Auf den ersten Blick wirkt der Betonblock durch seine introvertierte Hermetik formalästhetisch überaus kräftig, wenn auch semantisch beliebig, denn er könnte auch als Denkmal für verlorengegangene Kulturgüter aller Zeiten und Völker überhaupt, zum Beispiel für die abgebrannte Bibliothek von Alexandria, gemeint sein. Nur der Ort und die seiner Aufstellung vorangegangene Debatte weisen ihm eine bestimmte allegorische Aussage zu.

Sieht man jedoch näher hin und denkt ein wenig nach, so zeigt sich ein gravierender ästhetischer Fehler, der die gute Absicht in ihr Gegenteil umschlagen läßt. Whitereads übliche Masche der »Umstülpung«, die sie bei allen ihren Arbeiten, unabhängig vom Thema, routiniert verwendet, führt hier zu einer konzeptuellen Katastrophe. Denn dadurch sind auf den Wänden des Quaders nicht, wie normalerweise bei einer Bibliothek, die Bücherrücken, sondern die Schnittflächen der gepreßten Buchseiten dem Betrachter zugewandt. Die Bücher stehen »verkehrt«. Das erhöht zwar die plastische Wirkung des Reliefs, wendet aber auch die politisch-moralische Aussage des Monuments – in seiner Intention ein schweigend anklagendes Kenotaph für die ermordeten Juden als des Volkes des Buches – nicht der Bücher! – in ihr Gegenteil. Denn die einzige bedeutende Bibliothek Europas, in der die Bücher tatsächlich »verkehrt« aufgestellt sind, mit den Schnittflächen der Seiten zum Betrachter bzw. zum Benutzer, ist die riesige Klosterbibliothek des Escorial bei Madrid, also des geistigen Zentrums des mörderischen katholischen Antijudaismus der spanischen Habsburger! White-

reads Quader ist daher objektiv, infolge der Denkfaulheit der Künstlerin und gegen ihre subjektiv gute Absicht, eine ästhetische Huldigung an die Verfolger und damit ein versteinerter Hohn auf die Opfer, derer angeblich »gedacht« werden soll – als solcher erhebt er sich auch noch feist triumphierend über den Resten der verbrannten Synagoge!)
Die bildende Kunst, ihrem Wesen nach illiterat, kann nur einzelne Problemmomente sinnlich pathetisieren und symbolisch oder allegorisch illustrieren – und zwar immer nur *nachträglich*, indem sie auf den Zeitgeist reagiert, niemals prospektiv, wie die Kunstideologie es will. Erwartet man mehr, so wird sie überfordert oder sie überhebt sich selbst. Gewiß sind Künstler »kreativ«; aber das sind Mathematiker auch.* »Höchste Strenge ist zugleich höchste Freiheit«, hat noch Stefan George gesagt. Kreativität ist nur unter Gesetzen möglich, die das Subjekt sich selber gibt oder als äußerlich gegebene anerkennt (auch wenn sie diese gezielt überschreitet), andernfalls ist das Wort ein Euphemismus für Verwahrlosung – was war der »Aktionismus« denn anderes als die öffentliche Inszenierung schlechter Manieren in bis dahin noch kunstfreien Zonen? Als ein sentimentaler Herzensschrei, der dann, obwohl in seiner Banalität offenkundig, des langen und breiten erklärt wurde (was, peinlich genug, fast einer Entschuldigung gleichkam)? Komisch ist nur, daß niemand lacht. [...]
Am Schluß seiner wunderbaren Studie »Das Ende der Aufrichtigkeit«, die, am Leitfaden der europäischen Literatur der letzten drei Jahrhunderte, eine Art historischer Phänomenologie des bürgerlichen Bewußtseins darstellt, schreibt der große amerikanische Literaturwissenschaftler und Kultur-

* Hat irgend jemand aus dem Kunstklerus eine Ahnung davon, wieviel Wissen, Scharfsinn, Phantasie, wieviel »Kreativität« notwendig war, um nach 300 Jahren vergeblicher Arbeit der besten Köpfe die Richtigkeit der Fermatschen Vermutung zu beweisen?

philosoph Lionel Trilling den Satz: »Für das geistige Leben in unserer Kultur ist es bezeichnend, daß es eine Form der Zustimmung begünstigt, die keine wirkliche Überzeugung voraussetzt.«[8]

Das lakonische Urteil trifft unser Verhältnis zur Kunst heute prägnant. Und es ist ein vernichtendes Urteil – insbesondere wenn man dabei an das von Nietzsche geprägte Wort vom »Bildungsphilister« denkt: Die Kunst wird den Zwecken einer kulturellen Selbstbeglaubigung dienstbar gemacht, was sich in unserer Zeit daran zu erkennen gibt, wie leicht ihre angeblich ungeheuren Herausforderungen und Zumutungen absorbiert und in das allgemeine Gerede übernommen werden.

Man mag diese Entwicklung bedauern oder auch nicht, doch gilt es vor allem zu begreifen, daß es sich dabei nicht etwa um so etwas wie eine korrigierbare Fehlentwicklung handelt, die dem Einfluß kunstfremder Faktoren geschuldet wäre, sondern um die Entfaltung einer inneren Logik. Eine Reversion wäre allenfalls durch Sabotage des Kulturbetriebs denkbar – durch Ironisierung des Geschwafels und die beharrliche Lancierung der These, daß hinter einem guten Bild nicht mehr steckt, als darauf ist.

Ein solch scheinbar liebenswürdiger Versuch der Weltverbesserei wäre jedoch in Wahrheit ein Akt der Barbarei; und er ginge voraussehbar schief. Denn die Fabel von des Kaisers neuen Kleidern, die jedem Betrachter der Kunstszene heute, auch dem gutmütigsten, immer wieder durch den Kopf schießt, sofern er seine fünf Sinne noch beisammenhat (wobei er sich diesen Gedanken freilich sofort wieder verbietet), muß eben auch in ihrer zweiten, etwas verborgenen Botschaft verstanden werden, die der ersten, kruden Aufklärungsbotschaft zuwiderläuft und sie sanft korrigiert: Es war ja ein *Kind*, das ausrief »Der Kaiser ist nackt!«, ein Kind, also ein kleiner, noch nicht kulturalisierter Barbar, der die Regeln der Spiele der Erwachsenen noch nicht kannte und daher die

Umgangsformen, die Manieren der Kulturträger verletzte. Und Kunst heute lebt von den guten Manieren des Publikums, von der Höflichkeit der Kulturmenschen, also von verfeinerten, ritualisierten gesellschaftlichen Umgangsformen, die es verbieten zu sagen, »was man wirklich sieht«; denn dies wäre, und das sage ich ohne alle Ironie, ein Akt kulturfeindlicher Barbarei. Im übrigen bliebe jeder Zwischenruf ohnehin wirkungslos: Geht doch auch in Andersens Märchen der dekuvrierte Kaiser ungerührt weiter: Er bewahrt Haltung! Und genau das ist Kultur.

»Wenn die Kulturmenschen ehrlich wären ...«, sagt Alfred Polgar. »Aber dann wären sie keine Kulturmenschen.«[9]

ANMERKUNGEN

1 H. Rosenberg, The De-definition of Art, Chicago and London (The University of Chicago Press) 1972.
2 O. Marquard, Aesthetica und Anaesthetica, Paderborn (Schöningh) 1989.
3 P. Valéry, Rede über die Ästhetik, in: Werke, Bd. 6, Frankfurt a. M., S. 217 f., 1995.
4 P. Valéry, Das Problem der Museen, a. a. O., S. 448.
5 Zit. nach: K. H. Bohrer, Nach der Natur, in: Merkur 462, August 1987, S. 631 f.
6 A. Gehlen, Zeit-Bilder, Frankfurt a. M. (Klostermann) 1986, S. 53 f., 162.
7 A. Gehlen, ebd., S. 54, 163.
8 L. Trilling, Das Ende der Aufrichtigkeit, München (Hanser) 1980, S. 157.
9 Zit. nach: Speisekarte des Cafés »Bräunerhof«, Wien I., Stallburgg. 2, S. 9.

PETER SLOTERDIJK

Wirklichkeit des Verschwindens

Notiz zur Zeitgeschichte des Nichts

1

Wenn sich die zeitdiagnostisch engagierte Intelligenz auf beiden Seiten des Atlantiks zur Zeit Sorgen macht über die Verständlichkeit des Weltlaufs, dessen Zeugen wir sind, so nicht zuletzt deswegen, weil Oswald Spengler unrecht hatte. Auch ihm, dem größten Jongleur des Jahrhunderts in weltgeschichtlichen Angelegenheiten, ist es nicht gelungen, vom Studium der Vergangenheit zum wissenschaftlichen Prophetismus überzugehen. Vor allem ist sein Vorausblick in die angeblich bedeutendste Gefahr unseres Zeitalters merkwürdig trüb geblieben. Ein bloßer Untergang des Abendlandes hätte für uns – Zeitgenossen eines Hyperepochen-Bruchs – geradezu vegetativ beruhigende Wirkungen: Er würde bedeuten, daß wieder einmal eine Welt im alten Sinn, eine lokale »Wirklichkeit«, ein Kulturkreis, ein Großreich, ein Lebens- und Weltstil, ein »Seelentum« die ihnen zukommende Spanne durchmessen hätten und nun widerstrebend, aber unrettbar vom Erdboden verschwänden. Wir sähen einmal mehr, daß in der naturalistisch verstandenen endlichen Welt Verwirklichung zu Erschöpfung führt. Wir hätten einen weiteren Anlaß zu bedenken, daß Leben in hochkulturellen Zeiten immer auch eine voranschreitende Ausleerung der anfänglichen Sinnfiguren bedeutet. Recht hätten wie stets die Melancholiker, die angesichts des besten wie des schlimmsten Neuen sich auf ihr Axiom: »nichts Neues unter der Sonne« stützen.

Was den Diagnostikern des auslaufenden 20. Jahrhunderts

zu denken gibt, ist das merkwürdige Verhalten des unheimlichen Gastes, den Nietzsche so ahnungsvoll wie unbestimmt Nihilismus genannt hatte – eines Gastes, der inzwischen in allen besseren Häusern des Westens abgestiegen ist. Wer hätte gedacht, daß er sich als so umgänglich erweisen würde – so unternehmerisch, ideenreich, zahlungsfähig –, der unheimliche Gast, ein gutsituierter Herr? Nihilismus als Liquidierung des Glaubens an eine fundierende höhere Welt zieht allmählich die Einsicht nach sich, daß seine Ankunft samt der faszinierten Warnung vor ihm nur ein Vorspiel zu einer noch ungedachten Theorie der Zukunft waren. Durch die Routinisierung nihilistischer Praktiken und Zustände hat sich der Weg ins Nichts als ein positives Projekt erwiesen. Der nihilistische Umbau des Abendlandes birgt die Pointe, daß im aktuellen Übergangsraum auch Untergänge nicht mehr bleiben, was sie einmal waren. Ein neuer Typus von Vergänglichkeit ist da. Wir spüren, daß heute mehr untergeht als das alte Mutterschiff Abendland; da kommt mehr an sein Ende als nur die faustische Seele Nordmitteleuropas. Bereits heute müssen wir uns Rechenschaft über die Gründe ablegen, warum der Begriff Untergang die Gangart des aktuellen Weltprozesses nicht mehr trifft. Was jetzt sinkt, ist etwas anderes als der Titanismus des alten Europa. Ein ganzer Weltzustand stirbt in etwas Unbekanntes hinüber. Für diese Art von Übergang, dieses Hinüberfallen ins Beispiellose haben wir bis auf weiteres nur unzulängliche sprachliche Mittel – Todesmetaphern von gestern, Bilder von verdorrenden Pflanzen, verwesenden Organismen, sinkenden Schiffen, einstürzenden Häusern und kollabierenden Stühlen (angenommen, Haus und Stuhl wären die Kernmetaphern institutioneller Macht gewesen; der Ausdruck Institution umfaßt hier alles, worin Stand, Sitz und herrschaftliche Fernintentionen zusammenwirken). Wir müssen uns von der Vorherrschaft dieser Denkbilder freimachen, wenn wir die Zone erreichen wollen, von der aus der neue, etwas traumhafte Modus von Vergänglichkeit sichtbar und bezeichenbar wird. Was jetzt im Kommen und Gehen ist, liegt jenseits der bisher größten untergangsfähigen Einheiten. Untergangsfähigkeit ist eine Eigenschaft von Welten als Sinnräumen menschlicher Existenz; sie kommt daher im strengsten Sinn nur Individuen zu, sofern die These wahr ist, daß jeder Tod eines Individuums einen Weltuntergang impliziert. Aber auch individuierte Gruppen von Individuen haben an dieser Fähigkeit zum weltuntergangsartigen Erlöschen Anteil, und so ist es nicht nur rhetorisch, sondern auch sachlich korrekt, wenn man vom Tod oder Untergang einzelner Familien, Stämme und Völker spricht. Ganze Völker können ermordet werden wie einzelne Subjekte – diese gewiß aktuelle Lektion gibt zugleich Aufschluß über die Natur des größtmöglichen Verbrechens in historischer Zeit: die aktive Herbeiführung von Weltuntergängen an Kollektiven. – Nun mögen die Konturen von Spenglers Hauptirrtum etwas deutlicher hervortreten. Seine große Leistung bleibt die Identifizierung der sogenannten Hochkulturen als weltgeschichtliche Individualitäten, denen die Fähigkeit der Welterrichtung und komplementär dazu auch die Eigenschaft der Untergänglichkeit zukommt.

Was Spengler mit seinen Mitteln nicht mehr fassen konnte, war die doch auch in seiner Lebenszeit voranschreitende Formierung einer neuen Weltprozeßeinheit, der die beiden Merkmale von Individualität – Kraft zur Welterrichtung und Untergangsfähigkeit – in höchstem Maß zukommen und die doch mit dem alten Substrat Hochkultur nur noch indirekte Beziehungen unterhält. Der abendländische Nihilismus nimmt in diesem Zusammenhang eine veränderte Bedeutung an. Er exekutiert von nun an nicht mehr nur die Alterskälte einer Kultur, die ihren Fundus an Ausdruckschancen erschöpft hat und ins Stadium massenhafter mechanischer Selbstzitate eingetreten ist. Vielmehr könnte im Nihilismus eine Arbeitsanleitung für die Selbsterzeugung einer Hyperindividualität verborgen sein, die sich möglicherweise als Agentin des Weltprozesses jenseits der letzten Hochkultur bewährt – zumindest auf unbestimmte Zeit. Der angebliche Untergang des Abendlandes wäre dann *kein* klassischer Fall von Absterben mehr, sondern ein Übergang zu einem erweiterten Prozeßträger, dessen Zerbrechlichkeitstyp von anderer Qualität wäre als das »Welken«- und Erstarrenmüssen der Spenglerschen Hochkulturen. Daß ein neuer Aggregatszustand von Welt und ein neuer Träger ihres Prozesses da ist, das verrät sich uns nicht zuletzt in einer neuen Anschauung von dem Risikohorizont, in dem sich »unsere Welt« von jetzt an bewegt. Der Systemtod heute hätte den Umfang eines planetenweiten Mega-Crashs. Der Nihilismus in Aktion – der sich auch in der suggestiven Redensart vom Verschwinden der Wirklichkeit artikuliert – könnte somit die Funktion besitzen, eine Übergangskrise von hyperepochaler Qualität durchstehbar zu machen. Im Klima des unentschiedenen Nihilismus verwandelt sich das Verschwinden einer Metaphysik, eines Weltgefühls, einer ganzen Wertwelt, einer Rationalität zur weltgeschichtlichen Chance. Was gegenwärtig als schwindend erfahren wird, ist jenes hochkulturtypische bestandhafte, ideale und maßgebliche Sein, in dem der Vorrang des Natürlichen vor dem Künstlichen, des Gottgeordneten vor dem Menschengemachten, des Ursprünglichen vor dem Hinzugefügten, des Altbewährten vor dem Neuerprobten für absolut gewiß gehalten wurde. Zum ersten Mal werden heute die »Kinder des Nichts« – das Künstliche, das Nachgemachte, das Gewollte, das Gespiegelte, das Urbildlose, das Selbstbezügliche – zu gleichsam »selbständigen« Instanzen. Es ist, als ob neue Nichtse dem alten Sein den Rang abliefen. Angesichts solcher Perspektiven ist es nicht nur frivol, von einer konstruktiven Rolle des Nihilismus bei der Ablösung altabendländischer Formen der Weltrationalisierung zu sprechen. – Damit soll kein Aspekt der Kulturkatastrophe, die das Leben zahlloser einzelner gegenwärtig überschattet, verharmlost werden. Es ist keine Kleinigkeit, daß große Massen von Individuen im Westen wie im Osten heute zu ihrer Zukunft ein Verhältnis haben, das ziemlich genau dem eines amerikanischen Golf-Soldaten zu dem schwarzen Plastiksack entspricht, in dem er im Ernstfall heimgeholt würde. Diese mittelmäßige Verzweiflung allenthalben, dieses Sein-zum-Sack, diese allgegenwärtige Schrumpfung des Wunschhorizonts auf Verdauen, Sichherrichten, Vögeln und Herumfahren bedeuten eine Modernisierung des Elends, die nur zweitklassige Zyniker durchweg »positiv sehen« würden. Dennoch gibt es starke Gründe, sich über die psychologische und ontologische Struktur eines Daseins im Zeichen überhandnehmender Künstlichkeiten Rechenschaft abzulegen. Es könnte sich erweisen, daß das neue Substrat des Weltprozesses – das neue Allerwirklichste, um quasi altontologisch zu reden – selbst nur durch eine Steigerung von »Unwirklichkeit«, von Künstlichkeit, von Medialität und Trugbildhaftigkeit gewonnen werden kann. Vielleicht braucht die Menschheit noch tiefere Revolutionen im Imaginären, bevor sie sich als das real existierende Trugbild ihrer selbst konstituieren kann?

2

Existenz im Hyperepochen-Bruch gleicht der Absetzung von Fallschirmspringern über undefiniertem Gelände. In solchen Zeiten darf man alles sein, nur kein instinktiver Kleinbürger. Mit Rückgriffen auf defensive Lebenskünste kommt man wohl über Härten hinweg, doch die Zustände werden nicht hell. Agenten, Verrückte und Abenteurer haben bessere Chancen, von ihrer Zeit etwas zu verstehen. Was man bräuchte, um unserer Epoche theoretisch gewachsen zu sein, wären unter anderem Kenntnisse in Systemtheorie, Tiefenpsychologie, asiatischen Sprachen, Statistik und Gnosis –

Hilfsmittel zur Durchlüftung der altabendländischen Provinz.

Im folgenden nenne ich einige nichtpsychiatrisierbare Aspekte der neuen abenteuerlichen Aktualität. De-Realisierungsgefühle infolge von Abstraktionsstreß sind seit langem das tägliche Brot der Akademiker; ein gewisses Immaterialisierungsunbehagen kennt jeder, der je seine Konten mit Hilfe von Kreditkarten überzogen hat. Subjektüberdehnungen sind seit Generationen denen vertraut, die sich vor dem Frühstück die Sorgen eines guten Menschen ums große Ganze abverlangen. Von den 20er Jahren an empfinden moderne Subjekte die Medienstadt als ein wolkiges Monstrum. Die Realabstraktion schreitet gnadenlos voran und spannt jeden, der so leichtsinnig war, ein Zeitgenosse des 20. Jahrhunderts sein zu wollen, auf die weltbürgerliche Folter. In diesem Sinn ist jeder von uns ein Patient der Modernität. Münchhausen hatte es gut; er brauchte nur auf einer Kanonenkugel ins Türkenlager zu fliegen. Was soll man über Leute sagen, die auf Bildschirmen ins telematische Posthistoire abschwirren?

In jedem Opfer von Modernisierungen steckt ein konservativer Revolutionär. »Konservative Revolutionen« sind die quasi natürliche Erstreaktion der *beati possidentes* in einer »alten Welt« auf das nichtige Neue; die Inhaber von materiellen und immateriellen Besitzständen, von Werten und Sicherheiten, von Ausbildungen und Positionen sind es, die im Vorgefühl einer großen Entwertungs- und Verunsicherungskrise auf die Idee kommen, es sei unerläßlich, bewährte Altwirklichkeiten gegen unbewährte Neu- und Scheinwirklichkeiten zu verteidigen. Das wirtschaftliche Muster von konservativer Revolution ist Flucht in die Sachwerte. Grundstücke nennt man in Österreich so gesehen ganz richtig Realitäten; Makler sind folgerichtig Realitäten-Agenten. Es ist kaum einzusehen, warum nicht bald im Hochdeutschen die Intellektuellen so heißen sollten. Die Formel »Verschwinden der Wirklichkeit« zeigt eine generalisierte Immobilienkrise an – ein Schwindelgefühl im Gestell, Spekulationsängste in bezug auf äußere und innere Konten. Allen Guthaben an Sein und Seiendem drohen gewaltige Entwertungen. Freilich hat jede Modernisierung auch ihre Gewinner, deren erster intellektueller Reflex positives Denken heißt. Gewinner erkennt man daran, daß sie die Erfolgssprachen der Zukunft sprechen. Sie reden davon, daß Fortschritte nicht erlitten, sondern übernommen werden müssen. Wer wollte leugnen, daß solche Leute wissen, was sie sagen? Intellektuelle, die das Erfolgsgeheimnis von Gewinnern ausplaudern, können sich als Realitäten-Agenten nützlich machen, indem sie zeigen, wie man es auch inmitten von nichtslastigen Zuständen zu etwas bringt.

Gleichgültig, ob man sich dem Novum unseres Weltalters aus der Gewinner- oder Verliererperspektive zuwendet – eine gemeinsame Evidenz verbindet alle Zeugen und Agenten der neuesten Zeit: Das Substrat des Weltprozesses verändert sich »vor unseren Augen« von Grund auf. Richtiger gesagt, es hat sich bereits in einem solchen Ausmaß gewandelt, daß in nahezu allen belangvollen Fragen von einem neuen *Status quo* ausgegangen werden muß. Kaum ein Begriff aus der Historik der Hochkulturen könnte auf den neuen Prozeßträger unbesehen übertragen werden. Das nachabendländische Hyperindividuum hat sich im Laufe dieses Jahrhunderts – auf abendländischen Prämissen aufbauend – formiert und arbeitet an seiner globalen Selbsteinrichtung mit bestürzender Geschwindigkeit. Die kritische Phase seiner Etablierung dürfte wohl bei Anbruch dieses Jahrhunderts begonnen haben. Durch Motorisierung, Elektrifizierung, Telematisierung des Planeten mittels westlicher Maschinerie ist ein neues kinetisches Subjekt des Weltprozesses geschäftsfähig geworden – ein Subjekt, in dem Politik und Technik neuartig verschmolzen sind. Es ist dies, wie gesagt, keine Hochkultur, keine Völkergruppe mit gemeinsamen mythischen oder symbolischen Ur-Evidenzen mehr; es handelt sich vielmehr um den politisch-juristischen Verband der verharmlosend so genannten großen Industrienationen; das neue Substrat sind also die schicksalsträchtigen Sieben, die gipfelkonferenzfähigen Agenten des Projekts »kontrollierter Weltmarkt« – zusammengehalten durch die bis auf weiteres übermächtige Evidenz eines Machtvorteils, der sich aus der Verbindung von Technik und diskreten Süchten, von harter Naturüberwältigung und traumhafter Selbstentlastung ergibt. Es gehört zu den Ironien unseres Übergangsraums, daß niemand wissen kann, ob das nachabendländische Hyperindividuum nicht ein Ikarus ist, der demnächst ins Meer stürzen wird. Was auf die hochkulturelle Welt der Zyklik folgt, könnte eine Welt kurzatmiger Globalisierungsversuche sein, von denen sich der erste womöglich demnächst infolge unseres unvermeidlichen Dilettantismus bei der Ersterrichtung einer Weltmarktkultur katastrophisch zersetzt. Aber selbst während eines kurzen Fluges hätte unser singulärer Super-Ikarus eine Zäsur in der welthistorischen Rhythmik markiert, hinter die es kein Zurück mehr gibt. Die Randkulturen, die seine Trümmer vorfänden, müßten immer noch davon ausgehen, daß diese alles verändert haben, was in den alten Lehren von Wirklichkeit für gegeben gehalten wurde – vor allem die nie mehr in alter Form wiederherstellbare Natur.

Man muß das neue Substrat nachhochkultureller Evolution mit allen Mitteln zu identifizieren versuchen, auf die Gefahr hin, mangels historischen Abstands zu falschen Projektionen zu gelangen. Das posthistorische Prozeßsubstrat der Gegenwart wäre, wenn es sich stabilisieren sollte, eine Weltzivilisation des Willens zur Künstlichkeit. Ihr moralisch-politischer Kern ist ein prophetischer Imperialismus, besser ein imperialer und technischer Prophetismus, der Bilder des reichen und abenteuerlichen Lebens bis in die letzten Andenhütten und Eskimozelte exportiert. Sein Modell, wenn auch

nicht mehr sein exklusives Zentrum, hat sich in den Vereinigten Staaten, das heißt in der missionierenden Weltmacht, verkörpert. Die praktische Leitfunktion des neuen Substrats ist der Weltmarkt samt seinen sich globalisierenden Vernetzungs- und Übersetzungszwängen. Seine kommunikativen Universalien bestehen – neben der Weltsprache Geld – in einem Komplex legaler leichter Drogen vom Typus Rockmusik, Aktivporno, Alkohol, Extremsport, Bilderflut. Dazu kommen Schwingungen im neuweltreligiösen Sendebereich – ein gewisser Gefahrenpietismus, eine erdpantheistische Welle – und eventuell, sollte christliche Theologie noch einmal smart werden, eine kybernetisch-ökumenische Reformulierung von Theorien des Heiligen Geistes.
Die kognitiven Zentraldisziplinen dieses zivilisatorischen Kernprozesses können natürlich nichts anderes sein als Medien-Theorien im weitesten Sinn: ein Bündel von Analytiken, die geeignet sind, die Veränderung der Aggregatszustände von Welt beim Eintritt von überwiegend künstlichen (altmetaphysisch gesprochen: nichtigen) Verhältnissen zu erfassen. Es kostet erhebliche philosophische Anstrengungen, die hochkulturellen Provinzen des Seinsdenkens zu verlassen und sich auf eine Epoche einzulassen, in der bei steigender Künstlichkeit der Welt sich die Bindungen des Geistes an maßgebliches »Sein« ausdünnen müssen. Die manchmal schick wirkenden Diskussionen von Semiologen und Systemtheoretikern über Selbstbezüglichkeit und Referenzlosigkeit deuten immerhin in diese Richtung.
Dem ökonomisch-nihilistischen Zentrum des neuen Substrats (und seinen Theorien, die auf Naturlosigkeit, Futurisierung, Referenzfreiheit, Steigerung und Abenteuer setzen) ist eine ökologisch-metaphysische Peripherie zugeordnet (mit ihren Theorien, die maßgebliche Natur, Seinserinnerung, Rückbindung, Schonung und Treue betonen). Zentrum und Peripherie sind sich darin einig, daß sie die *ganze Erde* als Operationshorizont menschlicher Sorge in Betracht

ziehen. Die Mitglieder des neuen Substrats, gleich ob sie eher konstruktivistische oder eher seinsfromme Bekenntnisse ablegen, denken beide »planetarisch«. Die für hochkulturelle Zeiten typische Verklammerung von expansiven hohen geistgotthaften Motiven mit konservativen niederen erdgotthaften Schichten wiederholt sich jetzt im Widerstreit der beiden nachhochkulturellen Absoluta: Ökonomismus und Ökologismus. Sofern sie sich gegenseitig herausfordern und beschränken, stellen sie in letzter Konsequenz füreinander das Böse dar. Weil Kapitalismus *auch* eine Religion ist, genauer: ein messianischer Mechanismus vom Typus »ein neuer Gott anstelle von und über allen alten Göttern«; weil er ein System ist zur Produktion von schlechthin zu begehrenden Reichtümern (von Schwindelgefühlen reden wir später), bedeutet für ihn jeder grundsätzliche Widerstand gegen seine Heilsformeln Regression und Häresie. Sofern es bei der Erzeugung von Reichtum um einen »Weg« im großen Sinne geht, um eine Letztentscheidung darüber, wie zu leben sei, müßte das, was dem Kapitalismus widersteht, mit dem Versprechen auftreten, ihm im Zentrum seiner Stärke überlegen zu sein. Ökologie als Religion tut ebendieses – mit dem Überlegenheitsgefühl einer echten Häresie. Sie tritt mit der Überzeugung auf, daß über Reichtum und reiches Leben letztlich nur in einer ökologischen Sprache gesprochen werden kann. Nach ihr ist die Natur zugleich absolute Produzentin und absoluter Referent; sie bleibt dies auch im technischen Zeitalter, für das eine radikale Ausdünnung des Naturbezugs charakteristisch ist. Längerfristig wertvolle menschliche Beiträge zum Naturreichtum können, konsequent ökometaphysisch gedacht, nur in einer medialen oder pontifikalen Produktion hervorgebracht werden: Über die Brücke der menschlichen Subjektivität baut die Natur »sich selbst« weiter in Dimensionen, in denen sie bisher nicht war. Um zu sagen, was Technik ist, muß die Ökoreligiosität das Künstliche noch in seinen bodenfernsten Formen als

Selbstaufstufung des Naturgrundes *per homines* deuten; nur so wäre die Schwächung des ontologischen Bezugs in Grenzen zu halten. Der kapitalistische Konstruktivismus jedoch, der bereit ist, alle referentiellen Brücken zur alten Naturproduktivität hinter sich abzubrechen, wäre das ökologisch Böse: Mit seiner diabolischen Selbstreferentialität und mutwilligen Naturvergessenheit ist er der maligne Nihilismus pur.

Lebten wir wirklich noch in der Periode der Hochkulturen, so müßte heute vom Verschwinden alter Götter und von der Machtergreifung neuer – oder des Einen – die Rede sein. Nach dem Ende der hochkulturellen Zyklik mit ihrem tragischen Bewußtsein vom Steigen und Fallen des Größten, was bei Menschen und Göttern möglich ist, bleibt uns vorerst nur ein Stammeln über vage Zustände mit unheimlichen Implikationen. So versuchen sich die einen in Kulturkritik – meistens hilflos und selbstgerecht –, die anderen in Apokalyptik – meistens flach und trotzig suizidal; wer nicht in den Bann konservativ-revolutionärer Denkweisen gerät, erliegt oft der entgegengesetzten »jungkonservativen« Versuchung: dem zynischen Abschied von einer Alt-Wirklichkeit, der man im Amok-Feuilletonismus den Laufpaß gibt. – Auch ein Gott wird uns nicht retten. In Wahrheit geht es jetzt darum, das Abenteuer des Surrealismus jenseits von Rausch und Angst mit Gründlichkeit und begrifflichen Mitteln zu wiederholen.

HERFRIED MÜNKLER

Krieg und Politik am Beginn des 21. Jahrhunderts

Das Problem

Wer einen Blick in die Zukunft werfen will, sollte sich zunächst mit der Gegenwart vertraut machen. Und obendrein ist es bei politischen Prognosen ratsam, die gegenwärtigen Verhältnisse mit denen der Vergangenheit zu vergleichen, um eine Vorstellung davon zu bekommen, was sich in der jüngeren Vergangenheit verändert hat und was sich gleichgeblieben ist. In der Regel nämlich kann man davon ausgehen, daß die in der jüngeren Vergangenheit zu beobachtenden Entwicklungen sich in der nächsten Zukunft fortsetzen werden, so daß hieraus erste Elemente einer Prognose abgeleitet werden können. In diesem Sinne läßt sich eine Prognose von bloßer Prophetie unterscheiden, und so will ich es halten, wenn ich bei der Behandlung der Frage nach dem Verhältnis von Krieg und Politik am Beginn des 21. Jahrhunderts zwangsläufig auch Prognosen zum zukünftigen Kriegsgeschehen heranziehen oder gar selber machen muß. Ich sollte freilich noch vorwegschicken, daß Voraussagen über das Kriegsgeschehen der Zukunft nicht nur, wie alle Prognosen, in *wissenschaftlicher*, sondern in diesem Fall auch in *moralischer Hinsicht* riskant sind. Da wir alle hoffen, daß uns Kriege erspart bleiben und die Zukunft der Gesellschaften, in denen wir leben, eine des Wohlstands und des Friedens sein wird, ist es zumindest eine moralische Ruhestörung, wenn nachfolgend nicht von einer friedlichen Zukunft ausgegangen, sondern dem Krieg weiterhin eine bedeutende Rolle im Weltgeschehen attestiert wird. Günstigstenfalls gerät man dabei in den Verdacht eines notorischen Pessimismus, schlimmstenfalls wird man der Kriegstreiberei bezichtigt. Ich muß also vorweg um Nachsicht bitten, denn ich bin der Bote schlechter Nachrichten: Das Thema Krieg und Politik wird auch im 21. Jahrhundert eine Rolle spielen, und es wird dies paradoxerweise vor allem darum tun, weil der Krieg seiner Verwendung und Kontrolle durch die Politik zu entgleiten droht und sich selbständig macht, indem er ein politisch kaum noch zu kontrollierendes Verhältnis mit der Ökonomie eingeht. Wir werden, fürchte ich, uns in Zukunft noch jene Zeiten zurückwünschen, von denen der preußische General und Militärtheoretiker Carl von Clausewitz gesagt hat, daß in ihnen »der Krieg nur ein Teil des politischen Verkehrs (...), also durchaus nichts Selbständiges« sei.[1] »Der Krieg«, so lautet Clausewitz' schneidende, glasharte Formel, »ist eine bloße Fortsetzung der Politik mit anderen Mitteln«.[2] Diese Formel, so meine These, wird im 21. Jahrhundert in vielen Fällen keine Gültigkeit mehr haben[3] – und ich will ausdrücklich hinzufügen, daß ich dies eher *fürchte* als *hoffe*. Die Staaten bzw. die von Staaten gebildeten Militärbündnisse werden erhebliche Anstrengungen zu unternehmen haben, um einigermaßen Herr des Kriegsgeschehens zu bleiben, und auch hier will ich ausdrücklich hinzufügen, daß ich dies eher *wünsche* als *ablehne*.[4] Ich betone dies nicht zuletzt deswegen, weil bis vor kurzem noch zahlreiche Politikwissenschaftler vom Obsoletwerden der Clausewitz-Formel den Anbruch einer stabilen Friedensepoche erwartet haben.[5] Dies wird wohl kaum der Fall sein, denn der Krieg wird nicht verschwinden, sondern wird sich, wie schon jetzt zu beobachten ist, von der Kandare der Politik weiter loszureißen versuchen. Das Verhältnis von Krieg und Politik im 21. Jahrhundert wird wohl den Staat als einzig legitimen Monopolisten des Krieges und bevorzugten Austragungsort politischer Kontroversen nicht mehr kennen.

Aber bevor wir uns mit diesen neuen Konstellationen beschäftigen, will ich zunächst Clausewitz' Definition des Verhältnisses von Krieg und Politik, wie sie vom 17. bis zum Beginn des 20. Jahrhunderts weitgehend Gültigkeit gehabt hat, in ihrer Langfassung zitieren. »Wir behaupten dagegen«, erklärt Clausewitz in deutlicher Absetzung von der, wie er meint, »gewöhnlichen Vorstellung«, daß mit Kriegsbeginn der politische Verkehr der Regierungen und Völker ende und der Krieg darum etwas Selbständiges sei, »der Krieg ist nichts als eine Fortsetzung des politischen Verkehrs mit Einmischung anderer Mittel. Wir sagen mit Einmischung anderer Mittel, um damit zugleich zu behaupten, daß dieser politische Verkehr durch den Krieg selbst nicht aufhört, nicht in etwas ganz anderes verwandelt wird, sondern daß er in seinem Wesen fortbesteht, wie auch seine Mittel gestaltet sein mögen, deren er sich bedient, und daß die Hauptlinien, an welchem die kriegerischen Ereignisse fortlaufen und gebunden sind, nur seine Lineamente sind, die sich zwischen dem Krieg durch bis zum Frieden fortziehen. Und wie wäre es anders denkbar? Hören denn mit den diplomatischen Noten je die politischen Verhältnisse verschiedener Völker und Regierungen auf? Ist nicht der Krieg bloß eine andere Schrift und Sprache ihres Denkens? Er hat freilich seine eigene Grammatik, aber nicht seine eigene Logik.«[6] Es sind inzwischen immer weniger Kriege, auf die diese Überlegungen zutreffen, und es dürften noch weniger werden, wenn der gegenwärtig zu beobachtenden Entwicklung nicht Einhalt geboten wird. Aber es ist andererseits auch keineswegs ausgeschlossen, daß die gegenwärtige Tendenz zur Entstaatlichung des Krieges gestoppt und wieder umgekehrt werden kann.

Von den weltweit geführten Kriegen des Jahres 1999, die von der Hamburger Arbeitsgemeinschaft Kriegsursachenforschung erfaßt und klassifiziert worden sind, waren nur neun Prozent Staatenkriege im klassischen Sinn, denen 41 Prozent sogenannte Antiregimekriege und 32 Prozent Autonomie-

bzw. Sezessionskriege gegenüberstanden. Selbst wenn man die 18 Prozent, bei denen keine eindeutige Klassifikation möglich war, in Gänze den zwischenstaatlichen Kriegen zurechnet, heißt dies, daß drei Viertel aller weltweit geführten Kriege des vergangenen Jahres keine *Staaten-*, sondern *Bürgerkriege* gewesen sind.[7] Für das Jahr 1998 lauten die Zahlen ähnlich: Sechs Prozent zweifelsfrei zwischenstaatlichen Kriegen stehen 38 Prozent Antiregimekriege und 31 Prozent Autonomie- bzw. Sezessionskriege gegenüber, zu denen noch 25 Prozent nicht eindeutig klassifizierbare Konflikte hinzukommen.[8] Die detaillierte Betrachtung der Jahre 1998 und 1999 zeigt den vorläufigen Endpunkt eines während der letzten drei Jahrzehnte immer stärker werdenden Trends: Die Kriege zwischen den Staaten werden weniger, wohingegen Bürgerkriege, in denen die Ordnung des Staates zu bestehen aufhört, mehr und mehr zunehmen. Wir können somit als ein erstes Resümee festhalten, daß seit einigen Jahrzehnten der Staat nicht mehr jener Monopolist des Krieges ist, als der er vor allem im 18. und 19. Jahrhundert aufgetreten ist.
Daß dieser sich schon länger entwickelnde Trend in Europa erst jetzt so deutlich erkennbar wird, hat wohl vor allem damit zu tun, daß hier die Debatten über die Vernichtungskraft der großen Waffensysteme, insbesondere der Nuklearwaffen und der ballistischen Raketen, und über die Möglichkeit ihrer Abrüstung den Blick auf die sich seit langem abzeichnende Veränderung des Charakters der Kriege verstellt haben. Bei dieser Nichtwahrnehmung dürfte neben der Fixiertheit auf die Massenvernichtungswaffen der Super- und Großmächte spätestens seit dem Vietnamkrieg auch eine gewisse Sympathie für die sich gegen waffentechnologisch weit überlegene Mächte behauptenden Partisanen und deren sozialrevolutionäre Romantisierung mitgespielt haben[9]: Beides hat den Blick darauf verstellt, daß hier eine Form der Kriegführung Platz gegriffen hat, die geeignet war, das Kriegsgeschehen grundlegend zu verändern. Und schließ-

lich wurde die sich in diesen Konflikten abzeichnende Entstaatlichung des Krieges auch darum nicht wahrgenommen, weil der Krieg als Durchgangsstadium zu neuen Staatenbildungen im Prozeß der Entkolonialisierung begriffen wurde, was er in einer Reihe von Fällen ja auch tatsächlich gewesen ist. Immer neue Staaten sind im Verlauf der fünfziger und sechziger Jahre dazugekommen und haben ihren Platz in der Vollversammlung der UNO eingenommen. Aber vielen dieser neu entstandenen Staaten ist es nicht gelungen, die Verfügung über Krieg und Frieden in vergleichbarem Umfang zu erlangen wie die europäischen Staaten während des 17. Jahrhunderts, und so ist der Bürgerkrieg in einer ganzen Reihe dieser aus dem Zerfall der großen Kolonialreiche hervorgegangenen Staaten endemisch geworden. Der Zerfall der Sowjetunion, der Zerfall Jugoslawiens sind jüngere Beispiele für ähnliche Entwicklungen.

Mit der zumindest statistischen Marginalisierung der Staatenkriege und der stetig wachsenden Anzahl der Bürgerkriege haben auch militärische Interventionen seitens der großen Mächte einen anderen Charakter angenommen. Stellten sie im 19. und auch noch im 20. Jahrhundert ein probates Instrument der großen Reiche dar, sich die Oberhoheit über immer neue Territorien anzueignen, so ist inzwischen, jedenfalls in einer Vielzahl der Fälle, der Aspekt der Konfliktbegrenzung und Friedensstiftung von größerer Bedeutung. Das heißt, an die Stelle der vornehmlichen Ausrichtung an den imperialen Interessen der großen Mächte ist die Aufmerksamkeit für die zerstörerischen Folgen des Bürgerkriegs in den davon betroffenen Ländern getreten. Das heißt ausdrücklich nicht, daß die ökonomischen und geostrategischen Interessen der großen Mächte – etwa der USA, oder Frankreichs in bestimmten Regionen Schwarzafrikas, oder Rußlands im Kaukasus und auch andernorts – bei der Genese von Bürgerkriegen und der Entscheidung für oder gegen eine militärische Intervention keine Rolle spielten[10] und es

nur noch um humanitäre Fragen ginge, wie man unter dem Eindruck regierungsoffizieller Verlautbarungen vielleicht meinen könnte, aber es ist doch unverkennbar, daß sich in den letzten Jahrzehnten hier die Gewichtungen deutlich verschoben haben.
Das gilt in ähnlicher Form auch für das Verhältnis zwischen Staaten- und Bürgerkriegen, denn zunächst spiegelt die inzwischen eingetretene statistische Marginalität von Staaten- im Vergleich zu Bürgerkriegen nicht zwangsläufig deren politisch-militärische Gewichtung wider. Es gibt nach wie vor Kriege zwischen Staaten, und wo sie erst einmal ausgebrochen sind, entwickeln sie in der Regel eine viel stärkere Eskalationsdynamik als Bürgerkriege, und dementsprechend kosten sie in kürzerer Zeit auch erheblich größere Opfer. Der sogenannte Erste Golfkrieg, also der Krieg zwischen Iran und Irak während der achtziger Jahre, oder zuletzt der Krieg zwischen Äthiopien und Eritrea sind Beispiele dafür. Es kommt hinzu, daß Staatenkriege, zumal wenn an ihnen Atommächte beteiligt sind, wie im Krieg zwischen China und Vietnam oder jüngst im Kaschmirkonflikt zwischen Indien und Pakistan, zur Überschreitung ganz anderer Eskalationsschwellen tendieren als Bürgerkriege, in denen sich die Gewalt eher wie ein gleichmäßig glimmendes Feuer ins Innere der Gesellschaft hineinfrißt. Das alles darf man nicht aus dem Auge verlieren, wenn die *neuen* Tendenzen des Kriegsgeschehens untersucht werden sollen und es dabei nicht mehr vorzugsweise um den zwischen Staaten mit mehr oder minder hochgerüsteten Armeen ausgetragenen Krieg geht, sondern um den sogenannten *low-intensity-conflict*, in dem nicht Staaten und Armeen, sondern sozial, ethnisch oder religiös definierte Bevölkerungsteile einander bekriegen und Partisanen oder Banden, regionale Kriegsherren sowie internationale Söldnerfirmen die entscheidende Rolle spielen. Ich will es thesenartig pointieren: Wir sind Zeitgenossen einer weitreichenden Entstaatlichung des Krieges bzw., anders gewendet, einer

Privatisierung des Krieges[11], was heißt, daß sich der Krieg in den letzten zwei bis drei Jahrzehnten mehr und mehr aus einem Instrument politischer Interessen- und Willensdurchsetzung in eine Form privatwirtschaftlich organisierter Einkommenserzielung und Vermögensvermehrung verwandelt hat und daß er dabei mit der international organisierten Kriminalität, dem Drogen-, Waffen- und Menschenhandel, eine enge Verbindung eingegangen ist.

Drei miteinander zusammenhängende Entwicklungen sind im Rahmen dieser Privatisierung des Krieges zu beobachten, wie sie insbesondere in Schwarzafrika und Südostasien, teilweise auch in Lateinamerika, für uns Europäer aber wohl am sinnfälligsten und bedrohlichsten auf dem Balkan und in der Kaukasusregion zu konstatieren ist: Zunächst ist da die *wachsende Anzahl von Söldnern*, die in diesen Konflikten eine Rolle spielt, sei es nun, daß sie sich daran auf eigene Rechnung beteiligen, weil sie als Glücksritter in kurzer Zeit viel Geld verdienen wollen oder zur Fristung ihres Lebensunterhalts über keine anderen Fähigkeiten als die eines Kriegers verfügen[12]; sei es aber auch, daß sie in staatlichem Auftrag stehen, das heißt eine spezielle, nicht aus den Landeskindern des kriegführenden Staates rekrutierte Truppe bilden, der besonders riskante Aufgaben übertragen werden. Beispiele hierfür sind – nicht unbedingt neu, aber infolge der beschriebenen Entwicklungen neue Bedeutung gewinnend – die französische Fremdenlegion oder die britischen Gurkhas, aber auch die kürzlich aufgelöste, über zwei Jahrzehnte von Israel ausgehaltene Südlibanesische Armee (SLA). Diese staatlich rekrutierten Söldner dienen dazu, den politischen Druck zu reduzieren, der aus der Beteiligung eines demokratisch verfaßten Staates an einem Kriegseinsatz erwächst, da bei Einsatz dieser Söldner die anfallenden Toten und Verwundeten nicht dem Elektorat entstammen, vor dem die für eine militärische Intervention verantwortliche Regierung sich wieder zur Wahl zu stellen hat. Die Beteiligung von Söldnern an Kriegen wird in der nächsten Zukunft voraussichtlich weiter wachsen.

Da ist zweitens die wachsende Bedeutung der sogenannten *Warlords*, also lokaler oder regionaler Kriegsherren, die ihre Herrschaft über ein Gebiet dem Krieg verdanken und sie durch den Krieg aufrechterhalten, insofern sie ihre bewaffnete Anhängerschaft unmittelbar aus dem Krieg finanzieren.[13] Dabei können sie als Steuereinnehmer an die Stelle des Staates treten, der im Verlauf des Bürgerkriegs zerfallen ist, ohne daß es dabei zu einer neuen stabilen Staatsbildung kommt, da sie selbst gar nicht an der Ausbildung von Erwartungssicherheit garantierenden Strukturen interessiert sind bzw. oft über keine sichere territoriale Basis verfügen, sondern diese je nach Entwicklung des Kriegsgeschehens im Raum verschieben. Warlords sind die eigentlichen Protagonisten und Profiteure der Entstaatlichung des Krieges, indem sie entweder Teilfunktionen der zerfallenen Staatlichkeit usurpieren oder aber eine durch keinerlei staatliche Macht mehr geschützte Bevölkerung ausplündern und auspressen. Vor allem aber haben sie im Unterschied zu den Regierungen konsolidierter Staaten kein vitales Interesse an der Beendigung des Krieges, sondern sind im Gegenteil daran interessiert, den Krieg, wenn auch auf niedrigem Niveau, auf Dauer zu stellen, ihn fortschwelen oder immer wieder aufleben zu lassen, da ihre Macht und ihre Einkünfte wesentlich von der Fortdauer des Krieges abhängig sind. Die dem Schwedenkönig Gustav Adolf zugeschriebene Wendung, wonach der Krieg den Krieg ernähren müsse, hat mit der Rückkehr der Warlords neue Aktualität bekommen. Sie sind die modernen Nachfahren jener Condottieri des 15. und 16. Jahrhunderts, die aus dem Krieg ein Geschäft, für ihre Gefolgschaft einen Lebensunterhalt und für sich selbst ein Karrieresprungbrett gemacht haben.[14] Albrecht von Wallenstein war der letzte große Repräsentant dieser Condottieri in Europa gewesen, deren Treiben dann mit dem Westfälischen

Frieden und der darin festgeschriebenen Konsolidierung von Staatlichkeit ein Ende gemacht worden ist. Mit dem Niedergang des Territorialstaats bzw. dem Ausbleiben einer zur Staatenbildung in Europa analogen Entwicklung in weiten Teilen Afrikas und Asiens haben sie als Warlords die politisch-militärische Bühne wieder betreten.

Schließlich ist da – drittens – die vor allem in Bürgerkriegen zu beobachtende rapide *Vermehrung von Kindersoldaten* (Schätzungen der UNO sprechen inzwischen weltweit von 200 000 bis 300 000), deren geringes Risikobewußtsein, gepaart mit Botmäßigkeit und Folgebereitschaft, sie zu einem gefügigen Instrument bei der Aufrechterhaltung einer waffengestützten Terrorherrschaft machen. Die zumeist in Hunger- und Elendsgebieten rekrutierten Kindersoldaten verursachen geringe Kosten und sind obendrein mithilfe von Drogen leicht unter Kontrolle zu halten. Daß Kinder freilich überhaupt als Soldaten effizient einsetzbar sind, ist vor allem eine Folge waffentechnischer Entwicklungen, die Schnellfeuerwaffen mitsamt Munition immer leichter gemacht haben, so daß sie inzwischen auch von Zehnjährigen ohne lange Ertüchtigungs- und Ausbildungsphasen effektiv gehandhabt und eingesetzt werden können. Im Ersten Weltkrieg etwa, wo das Marschgepäck eines europäischen Infanteristen bei mindestens 25 Kilogramm lag und Bajonett und Handspaten neben den Handgranaten die Waffen im Nahkampf waren, wären Kindersoldaten auf dem Gefechtsfeld nicht effektiv einsetzbar gewesen. [...]

Die Entstaatlichung des Krieges

Aus dem Zerfall der großen Reiche nach dem Ersten und dem Zweiten Weltkrieg sind nur in wenigen Fällen robuste Staaten hervorgegangen, und schon dadurch hat der eingangs konstatierte Prozeß der Entstaatlichung des Krieges einen deutlichen Schub erhalten. Es ist immerhin auffällig, daß die Bürgerkriege, die das Kriegsgeschehen der letzten Jahrzehnte wesentlich geprägt haben, vor allem dort stattfinden, wo sich ehedem die weichen Grenzen der großen Reiche befunden haben: auf dem Balkan, wo sich Donaumonarchie und Osmanisches Reich überlappt haben, im Kaukasus an der einstigen Südgrenze des Zarenreichs und später der Sowjetunion, dazu in Südostasien, vor allem aber in Schwarzafrika, wo die nach dem Rückzug der europäischen Kolonialherren entstandenen Herrschaftsgebiete schon bald in einer endlosen Abfolge innerer Konflikte zerfallen sind.[15] Kaum einer hat dies mit einer solchen Schärfe und Eindringlichkeit beschrieben wie der polnische Journalist und Schriftsteller Ryszard Kapuściński.[16]

Man kann diese Entwicklung, wie dies etwa Klaus Jürgen Gantzel getan hat, dadurch entdramatisieren, daß man diese Bürgerkriege in Analogie zu den Konfessionskriegen des 16. und 17. Jahrhunderts in Europa als Durchgangsszenarien zu einer stabilen Staatlichkeit begreift und dies mit der Erwartung verbindet, daß die zur Ausbildung von Staatlichkeit parallele Durchsetzung kapitalistischer Vergesellschaftungsformen auch in diesen Regionen zu deren allmählicher Pazifizierung führen werde.[17] Ich will dazu die Gegenthese vertreten, und die lautet, daß sich der Bürgerkrieg immer tiefer in die von ihm betroffenen Gesellschaften hineinfrißt, bis er schließlich zur alles bestimmenden Lebensform geworden ist.[18] Der Bürgerkrieg ist hier gerade kein Durchgangsstadium zur Staatsbildung, sondern ein im Prinzip dauerhafter Zustand, bei dem nicht abzusehen ist, wann er endet und ob er jemals endet. Es kommt dabei zu einer Inversion von Erwerbsleben und Kriegführung bei einer erheblichen Anzahl von Mitgliedern der Gesellschaft, gegen die sich die an der Friedensdividende Interessierten nicht durchzusetzen vermögen. Parallel hierzu verliert die Politik ihren Einfluß auf den Krieg; er ist nicht mehr das Instrument der Politik, als

was ihn Clausewitz bestimmt hat, sondern die Lebensform der an ihm Beteiligten.
Dazu abschließend noch einige knappe Überlegungen: Den wohl wichtigsten Unterschied zum regulierten Staatenkrieg stellt die Finanzierung dieser neuen entstaatlichten Form des Krieges dar. Im Unterschied zu herkömmlichen Formen des Bürgerkriegs nämlich wird er nur noch zu einem Teil aus den Ressourcen des Kriegsgebiets selbst finanziert. Vielmehr entwickelt sich eine neuartige, überregionale, teilweise weltweit vernetzte Bürgerkriegsökonomie, aus der den kriegführenden Parteien stetig Ressourcen zuwachsen und die den Konflikt auf diese Weise am Fortglimmen halten.[19] Eine wichtige Rolle spielt hierbei der Handel mit illegalen Gütern, wie Rauschgift, Rohstoffen, Gold, Diamanten und inzwischen auch Menschen, insbesondere jungen Frauen, die zur Prostitution gezwungen und deren Einnahmen zur Finanzierung des Bürgerkrieges abgeschöpft werden.[20] Vermittelst dieser illegalen Güter docken Bürgerkriegsökonomien an Friedensökonomien an und organisieren Transfers von Geld, Waffen und Lebensmitteln in die Bürgerkriegsgebiete. Zu diesen Transfers, aus denen sich die Bürgerkriegsparteien alimentieren, gehören freilich auch humanitäre Hilfslieferungen, bei deren Transport regelmäßig an die bewaffneten Bürgerkriegsgruppierungen, die Straßen und Brücken kontrollieren, Steuern und Tribute gezahlt werden müssen. Dabei kommt es inzwischen zu einem gezielten Einsatz vor allem westlicher Medien durch die Bürgerkriegsparteien, indem ihnen gestattet wird, Bilder von Hungernden, zumeist Frauen und Kindern, zu drehen, um so Hilfslieferungen zu stimulieren, aus denen sich dann zunächst die bewaffneten Gruppen selbst versorgen.[21] Die Gier der Medien nach immer neuen Nachrichten und Bildern wird so zur Versorgungsquelle der Bürgerkriegsparteien.
Für die neue Art der Bürgerkriege sind weiterhin Veränderungen der Waffentechnik bedeutsam, die jedoch nicht im

Bereich des High-Tech liegen, sondern in der mechanischen Fortentwicklung von Handfeuerwaffen. Daß sie bei erhöhter Feuerkraft immer kleiner und leichter werden, das heißt, daß der logistische Aufwand der kämpfenden Gruppen sinkt, ist im Krieg ohne Fronten und ohne sichere Versorgungsbasen von großer Bedeutung. Darüber hinaus schwindet der Aufwand für die Ausbildung an diesen Waffen, die leicht und auch von Kindern bzw. Halbwüchsigen zu bedienen sind. Neben der instrumentellen Funktion besitzen diese Waffen aber auch eine symbolische Qualität, die sie zur Rekrutierung stets neuer Kämpfer prädestiniert; gemeint ist die zuletzt von Michael Ignatieff beschriebene phallische Qualität dieser Waffen, die zur Prämierung gewaltbereiter Randgruppen in Gesellschaften mit zerfallender Staatlichkeit wird.[22] War die Entwicklung des Staatenkrieges gekennzeichnet durch die Disziplinierung der Soldaten und die Entsexualisierung des Kampfgeschehens, so kann mit Blick auf die jüngsten Entwicklungen von einer dramatischen Resexualisierung gesprochen werden. Dazu gehört nicht nur die Zunahme von Vergewaltigungen, ja die regelrechte Ausbildung von Vergewaltigungspraxen als Formen der Kriegführung, sondern auch das vermehrt zu beobachtende Tragen abgetrennter menschlicher Körperteile als Siegestrophäen.

Die durch die Verstaatlichung des Krieges hergestellte Grenzziehung zwischen Soldat und Bandit ist mit der sukzessiven Privatisierung des Krieges brüchig geworden. Fast überall sind, nicht zuletzt auf der Grundlage der beschriebenen Bürgerkriegsökonomie, sich zunächst politisch legitimierende Guerillagruppen mit der organisierten Kriminalität Verbindungen eingegangen, in denen sich beide Seiten mitunter bis zur Ununterscheidbarkeit angenähert haben. Daraus aber erwächst mehr und mehr eine Bedrohung für die Friedensökonomie der OECD-Staaten, und diese wirtschaftlich-kriminelle Bedrohung, sei es nun durch Rauschgift- oder Menschenhandel, veranlaßt sie immer wieder auch zu militärischen Interventionen. Es werden auch in Zukunft kaum menschenrechtliche Argumentationen oder gar die Idee eines Weltbürgerrechts sein, die die reichen Staaten des Nordens zu bewaffneten Interventionen in Bürgerkriege veranlassen, sondern der Grad der Bedrohtheit ihrer eigenen Ökonomie – vom Kosovo bis Tschetschenien.

ANMERKUNGEN

1 Carl von Clausewitz, Vom Kriege. Hrsg. von Werner Hahlweg, Bonn 1980 (19. Aufl.), S. 990.

2 Ebd., S. 210.

3 Diese These wird gegenwärtig am nachdrücklichsten von Martin van Creveld vertreten: Der trinitarische Krieg, wie ihn Clausewitz gekannt und beschrieben habe, in dem Heer, Regierung und Volk voneinander klar getrennte Größen gewesen seien, sei durch den nichttrinitarischen Krieg abgelöst worden, in dem Heer und Volk ununterscheidbar geworden seien und oftmals auch nicht mehr zu erkennen sei, ob es überhaupt noch eine Regierung gebe, die den Ablauf eines Krieges lenke und zu verantworten habe; vgl. Martin van Creveld, Die Zukunft des Krieges. Mit einem Vorwort von Peter Waldmann, aus dem Amerikan. von Klaus Fritz und Norbert Juraschitz, München 1998, S. 62–101. Die Überlegungen van Crevelds zur Entstaatlichung des Krieges stehen im Rahmen seiner generellen Prognose über den Niedergang des Staates als Monopolist des Politischen; vgl. Martin van Creveld, Aufstieg und Untergang des Staates. Aus dem Engl. von Klaus Fritz und Norbert Juraschitz, München 1999, S. 373–456.

4 Entsprechende Überlegungen sind entwickelt in Herfried Münkler, Bleiben die Staaten die Herren des Krieges?; in: Politisches Denken. Jahrbuch 2000, S. 16–34; sowie Herfried Münkler, Die Kriege der Zukunft und die Zukunft der Staaten; in: Die Gegenwart des Krieges, hrsg. von Wolfgang Knöbl und Gunnar Schmidt, Frankfurt a. M. 2000, S. 52–71.

5 Der wohl prominenteste von ihnen ist Ekkehart Krippendorff, Staat und Krieg. Die historische Logik politischer Unvernunft, Frankfurt a. M. 1985; kritisch dazu Herfried Münkler, Staat, Krieg und Frieden: Die verwechselte Wechselbeziehung. Eine Auseinandersetzung mit Ekkehart Krippendorff; in: Kriegsursachen (= Friedensanalysen 21), Red. Reiner Steinweg, Frankfurt a. M. 1987, S. 135–144.

6 Clausewitz, Vom Kriege, S. 990 f.; daß diese Kriegsdefinition nicht

voraussetzungslos ist, hat Clausewitz selbst festgehalten, als er kurz darauf über die die Lineamente des Krieges festlegende Politik schrieb: »Daß die Politik alle Interessen der inneren Verwaltung, auch die der Menschlichkeit und was sonst der philosophische Verstand zur Sprache bringen könnte, in sich vereinigt und ausgleicht, wird vorausgesetzt; denn die Politik ist ja nichts an sich, sondern ein bloßer Sachwalter aller dieser Interessen gegen andere Staaten. Daß sie eine falsche Richtung haben, dem Ehrgeiz, dem Privatinteresse, der Eitelkeit der Regierenden vorzugsweise dienen kann, gehört nicht hierher; denn in keinem Fall ist es die Kriegskunst, welche als ihr Präzeptor betrachtet werden kann, und wir können hier die Politik nur als Repräsentanten aller Interessen der ganzen Gesellschaft betrachten« (ebd., S. 993). Daß Clausewitz diese staatszentrierte Sicht des Krieges nicht immer geteilt hat, zeigt seine »Bekenntnisdenkschrift«, die er im Februar 1812 verfaßte, bevor er den Dienst in der preußischen Armee quittierte und zu den Russen übertrat, um gegen Napoleon zu kämpfen; die »Bekenntnisdenkschrift« ist abgedruckt in: Carl von Clausewitz, Schriften – Aufsätze – Studien – Briefe. Hrsg. von Werner Hahlweg, Göttingen 1966, S. 678–751; zur Genese der beiden Kriegsbegriffe bei Clausewitz vgl. Herfried Münkler, Instrumentelle und existentielle Auffassung vom Krieg bei Carl von Clausewitz; in: Leviathan, 16. Jg., 1988, Heft 2, S. 235–251.

7 Arbeitsgemeinschaft Kriegsursachenforschung (AKUF), Das Kriegsgeschehen 1999. Daten und Tendenzen der Kriege und bewaffneten Konflikte. Hrsg. von Thomas Rabehl, Opladen 2000, S. 14 f.

8 Arbeitsgemeinschaft Kriegsursachenforschung (AKUF), Das Kriegsgeschehen 1998. Daten und Tendenzen der Kriege und bewaffneten Konflikte. Hrsg. von Thomas Rabehl, Opladen 1999, S. 14.

9 Zur Typologie des Partisanenkrieges und zu den Formen seiner Mythisierung und Romantisierung vgl. Herfried Münkler (Hrsg.), Der Partisan. Theorie, Strategie, Gestalt, Opladen 1990.

10 Freilich kann auch das öffentliche Auftreten gegen militärische Interventionen das Ergebnis imperialer Interessen sein, etwa wenn ständige Mitglieder des UN-Sicherheitsrates darum gegen das Eingreifen zugunsten verfolgter und in ihrer Existenz bedrohter ethnischer Minoritäten sind, weil es in ihren eigenen Herrschaftsgebieten ebenfalls ethnische Minoritäten gibt, die Autonomieansprüche geltend machen.

11 Parallel zur Privatisierung des Krieges ist in jüngerer Zeit auch eine Privatisierung des Terrorismus konstatiert worden, als deren Protagonist der Multimillionär Osama bin Laden infolge seiner Finanzierung von gegen die USA gerichteten Bombenanschlägen gilt; vgl. Bruce Hoffman, Terrorismus – der unerklärte Krieg. Neue Gefahren politischer Gewalt. Deutsch von K. Kochmann, Frankfurt a. M. 1999, S. 280 f.

12 Hartmut Dießenbacher hat für diese Gruppe den Begriff »Übervölke-

rungskrieger« geprägt, der anzeigen soll, daß es Hunger und Durst sind, die Menschen nach »Arbeit jeder Art« suchen lassen, wenn sie nur vor dem Verhungern bewahrt; vgl. Dießenbacher, Kriege der Zukunft. Die Bevölkerungsexplosion gefährdet den Frieden, München 1998, S. 185 ff.

13 Vgl. hierzu auch Peter Waldmann, Bürgerkrieg. Annäherung an einen schwer faßbaren Begriff; in: Bürgerkriege: Folgen und Regulierungsmöglichkeiten, hrsg. von Heinrich-W. Krumwiede/Peter Waldmann, Baden-Baden 1998, S. 30–34.

14 Vgl. zusammenfassend das Stichwort Condottieri in Herfried und Marina Münkler, Lexikon der Renaissance, München 2000, S. 57–67.

15 Vgl. hierzu die von der Hamburger Arbeitsgemeinschaft Kriegsursachenforschung zusammengestellten Daten in Das Kriegsgeschehen 1998 (Anm. 8), S. 14 f., 17–51; sowie Das Kriegsgeschehen 1999 (Anm. 7), S. 14 ff., 18–56.

16 Ryszard Kapuściński, Afrikanisches Fieber. Aus dem Polnischen von Martin Pollack, Frankfurt a. M. 1999, insbes. S. 101 ff., 148 ff., 195 ff.

17 Klaus Jürgen Gantzel, Kriegsursachen – Tendenzen und Perspektiven; in: Ethik und Sozialwissenschaften. Streitforum für Erwägungskultur, Bd. 8, 1997, Heft 3, S. 257–266; in diesem Heft sind zahlreiche kritische Stellungnahmen zu den Thesen Gantzels.

18 Eine eindrucksvolle Analyse dieser Entwicklung findet sich bei Philipp Genschel/Klaus Schichte, Wenn Kriege chronisch werden: der Bürgerkrieg; in: Leviathan 1997, Heft 4, S. 501–517; ähnlich Peter Waldmann, Eigendynamik und Folgen von Bürgerkriegen; in: Bürgerkriege. Folgen und Regulierungsmöglichkeiten, hrsg. von Heinrich-W. Krumwiede/Peter Waldmann, Baden-Baden 1998, S. 108–132.

19 Vgl. hierzu insbesondere Ökonomie der Bürgerkriege, hrsg. von François Jean / Jean-Christophe Rubin, Hamburg 1999, passim.

20 Hierzu mit zahlreichen Beispielen Pino Arlacchi, Ware Mensch. Der Skandal des modernen Sklavenhandels. Deutsch von E. Heinemann, München 2000, S. 83 ff.

21 Vgl. Michael Ignatieff, Die Zivilisierung des Krieges. Ethnische Konflikte, Menschenrechte, Medien. Deutsch von M. Benthack, Hamburg 2000, S. 15 ff.

22 »Die besondere Brutalität der Kriege in den neunziger Jahren knüpft an eine andere Version männlicher Identität an – an die wilde Sexualität der männlichen Heranwachsenden. (...) Kriege hatten schon immer eine sexuelle Dimension – eine Soldatenuniform zu tragen ist keine Garantie für gutes Benehmen; wenn ein Krieg aber von jugendlichen Irregulären geführt wird, dann wird sexuelle Barbarei zu einer normalen Waffe« (ebd., S. 161).

HANNELORE SCHLAFFER

Die Flucht der Schönheit vor der Liebe

»Zürnet nicht, ihr Frauen,
daß wir das Mädchen bewundern,
Ihr genießet des Nachts,
was sie am Abend erregt.«[1]

Goethes Epigramm von 1790 hält eine Einsicht fest, die bis ins 18. Jahrhundert galt: Sexualität und Schönheit haben so viel und so wenig miteinander zu tun wie Hexameter und Pentameter. Die poetische Rhetorik allein ist es, die sie in einen Vers zusammenzwingt, obgleich zwischen dem Reiz der Schönheit und der Praxis der Liebe ein Unterschied ist wie zwischen Tag und Nacht. Was das Auge erfreut, ist nicht das, was der Körper genießt.

In Goethes Epigramm geht eine lebenspraktische, sarkastische Einsicht ein, die die bis dahin geltende poetische Floskel, daß Schönheit, Liebe und Sexualität auseinander hervorgingen, in Frage stellt. Wer sich anschickt, über ihren Zusammengang nachzudenken, muß auf der Hut sein, die Grenze zwischen Poesie und Leben nicht zu verwischen, zumal sie sich noch dazu auch historisch unentwegt verschiebt. Sobald übrigens die Menschen von sich abgesehen und die Natur betrachtet haben, kommen sie zu weniger romantischen Vorstellungen über die Liebe. Vergil weiß als Großgrundbesitzer sehr genau, daß seine Rinder nicht nach der Schönheit entscheiden, wenn sie sich paaren. In der »Georgica« empfiehlt er daher dem Landmann:

Sorglichst wähl' er die Mütter zunächst. Die trefflichste Zuchtkuh
Ist von Aussehen wild, ihr Kopf ist häßlich, der Nacken
Massig, bis zu den Schenkeln hängt vom Kinne die Wampe.
Mächtig dehnt ohne Maß sich die Flanke, alles ist wuchtend,
auch der Fuß. Unter krummem Gehörn stehn struppig die Ohren.

Vergil, Georgica, III 51-56

Die Verbindung von Schönheit und Liebe ist eine Selbstverständlichkeit der Mythologie – *pulchritudo* und *voluptas* sind die Vorzüge der Venus – und der Poesie. Im Leben konnte, solange die Eltern ihre Töchter verheirateten, ein Zusammenhang von Schönheit und Sexualität keine Rolle spielen. Seit dem späten 18. Jahrhundert aber werden poetische Träume ins Leben verwoben: Es ist zum Glaubenssatz geworden, daß Schönheit einen Reiz ausübe, dem man zwanghaft gehorche. Diese Poetisierung des Lebens macht es schwer festzustellen, inwieweit Schönheit das sexuelle Erlebnis tatsächlich beeinflußt. Bis in die Gegenwart flottiert das Reden darüber zwischen Erfahrung, Sprachanalyse und Ideologiekritik.

Zu Beginn des 20. Jahrhunderts jedenfalls wird eine Frau schön nur noch genannt, wenn sie sexuell begehrenswert ist. Jeder Mann fällt sein Urteil aus höchsteigener Kompetenz und widerspricht jedem anderen, der ein anderes hat. Eduard Fuchs macht diese Schönheit, die auf ihre sexuelle Funktion heruntergebracht ist, zur Grundlage seines Buches über die »Sozialgeschichte der Frau«: »Unter einer schönen Frau wird in erster Linie eine Erscheinung verstanden, die in einer hervorragenden Weise für die Liebe geschaffen ist.«[2] – Auch Freud zeigt sich ratlos dem Phänomen der Schönheit gegenüber, sofern er es nicht als Anreiz zur Sexualität verstehen darf. In seiner Schrift »Das Unbehagen in der Kultur« sieht er in der Schönheit des Menschen nichts als eine nutzlose Verschwendung der Natur, die, wenn überhaupt, ihren einzigen Zweck darin zu haben scheint, zur

Liebe anzuregen: »Der Genuß an der Schönheit hat einen besonderen, milde berauschenden Empfindungscharakter. Ein Nutzen der Schönheit liegt nicht klar zu Tage, ihre kulturelle Notwendigkeit ist nicht einzusehen, und doch könnte man sie in der Kultur nicht vermissen. [...] Leider weiß auch die Psychoanalyse über die Schönheit am wenigsten zu sagen. Einzig die Ableitung aus dem Gebiet des Sexualempfindens scheint gesichert. [...] Die ›Schönheit‹ und der ›Reiz‹ sind ursprünglich Eigenschaften des Sexualobjekts.«[3]

Der Konsens, daß die Schönheit des Objekts und der sexuelle Wunsch des Subjekts aufeinander abzustimmen seien, ist im 20. Jahrhundert so befestigt, daß es schwerfällt, sich an andere historische Kombinationen von Schönheit und Sexualität zu erinnern. Die allgemeine Vorstellung des 20. Jahrhunderts aber, daß eine Schönheit sich zeige, um begehrt zu werden, hat sich im Laufe der neueren europäischen Geschichte sehr allmählich entwickelt. Mit diesem Prozeß gehen zwei Veränderungen in der Definition dessen vor, was Schönheit sei, oder zumindest, welchen Bereichen sie zuzuordnen sei, ohne die die populäre Ansicht, eine schöne Frau sei eine Frau für die Liebe, nicht hätte entstehen können. Als Voraussetzungen für die Untersuchung des Verhältnisses von Schönheit und Liebe im 19. Jahrhundert sollten die beiden Veränderungen kurz skizziert werden.

Der Begriff der Schönheit wurde im Laufe der Zeit doppelt besetzt: Man unterschied zwischen der Schönheit der Kunst und einer alltäglichen Schönheit, zwischen einer hohen also und einer niederen. Diese zwar wurde mit dem Sinnesorgan des Auges wahrgenommen, das zu den edlen Organen zählt, wirkte aber dennoch auf die niederen Sinne. Christliche Moralvorstellungen verhalfen dazu, die Wirkung dieser Schönheit, sinnlich wie sie war, abzuwerten. Auf diese Weise kam es zu einer zweiten Umorientierung auf dem weiten Feld der Begriffsbildung der menschlichen oder niederen Schönheit. Sie wurde auf Frauen bezogen oder auf Dinge, die im weite-

sten Sinne dem Lebensbereich von Frauen zuzuordnen sind. Dem Fürsten galt noch die Verfügung über schöne Menschen und Gegenstände, über ein Heer livrierter Diener und schöner Frauen, über kostbare Einrichtungsgegenstände, über Parks mit getrimmten Bäumen, mit Seen, Skulpturen, Tempeln als Zeichen der Macht. Diese Statussymbole wurden allmählich zu Ornamenten des gemeinen Lebens und also der Obhut der Frauen unterstellt: Wohnungen, Gärten, Kleider, Schmuck, Schränke, Teppiche, Geschirre, Blumen sind die Utensilien, die eine Frau braucht, um als Mittelpunkt schöner Dinge selbst als schön zu erscheinen. Fast möchte man diese Alltagsschönheit die »Boudoir- und Gartenschönheit« nennen. Der Fürst hatte sie sich einst mit herrischer Gebärde angeeignet, die Frau tut es ihm mit einiger Anstrengung nach, doch bleiben die Dinge Zeichen ihrer Macht, eben ihrer erotischen Ausstrahlung. Nicht die körperliche Schönheit der Frau allein wird erotisiert, ihre gesamte Umgebung atmet den Flair der Liebe. Für Männer und für die Gesellschaft hingegen bleibt diese niedere Schönheit eine Beiläufigkeit. Die Sorge, mit der Frauen sich selbst verschönern, steht in keinem Verhältnis zum Interesse, das die Gesellschaft an dieser Mühe nimmt.
Die Antike hingegen entwickelte die menschliche Schönheit am Beispiel des Mannes, weshalb es eine Trennung in hohe und niedere Schönheit nicht geben konnte. Der Kontrast zwischen der geistigen Schönheit des Mannes, auch des geliebten, bei Platon und der Nippes-Schönheit der bürgerlichen Frau läßt sich größer nicht denken. Je schärfer er sich herausbildet, desto mehr wird die Schönheit der Geliebten eine Eigenschaft ihres Körpers und Objekt der Begierde. Der platonische Diskurs verstummt, und die Homosexualität wird verdrängt. In diesem historischen Prozeß wird das Verhältnis von Anschauen der Schönheit, Begeisterung und Ideenschau auf die Geschlechtspartner aufgeteilt, der Mann ist der Begehrende, die Frau die Führende, aber nicht mehr

zu den Ideen hinauf, sondern von ihnen weg; sie feiert ihre zweifelhaften Siege als Ver-Führende. Das Verhältnis ist nicht umkehrbar. Die begehrende Frau ist ein Ding der Unmöglichkeit, der schöne Mann ein Gegenstand gutmütigen Spottes.

Der Nimbus, den in der Antike die Schönheit aus dem Reich des Geistigen bezog, geht bei diesem Geschlechtertausch verloren; er verblaßt zum Reiz und zur Grazie der schönen Frau. Gleichwohl ist ihre Schönheit nicht ohne Macht; sie wird zum moralischen Problem, denn die Frau erreicht mit ihrer Verlockung die niederen Sinne des Mannes. Sie versteht es also, ihn gerade von der hohen Schönheit, vom Kunstschönen, die ihn ins Reich des Geistes führen würde, abzulenken. Frauen, die dies Ziel haben, den guten Dämon in die Irre zu leiten, sind selbst Priesterinnen eines bösen Dämons. Seine poetische Gestaltung fand ein solch falsches Idol in der Femme fatale des 19. Jahrhunderts.

Die Aufspaltung in die Schönheit der Kunst und in die des Lebens kennt die Antike nicht. »Für die klassische Philosophie des Schönen ist das leitende Paradigma der begehrte menschliche Körper, für die moderne Philosophie das bewunderte Kunstwerk; dort wird dem Kunst-Schönen meistens eine eher bescheidene Rolle zugewiesen, hier taucht die körperliche Schönheit allenfalls in der (umstrittenen) Frage nach dem Natur-Schönen auf. Aus dem Unterschied der leitenden Paradigmata ergibt sich erstens, daß die antike Theorie des Schönen von der Grundkategorie der Beschaffenheit (Symmetrie der Teile, Größe, Farbe) ausgeht, die moderne Ästhetik dagegen meistens von derjenigen der Darstellung (Bedeutung, Begriff, Idee); zweitens, daß der Lust und der Erotik in vielen antiken Theorien eine Schlüsselstellung zukommt, nicht aber in den meisten modernen.«[4]

Diese historische Gegenüberstellung von G. W. Most übersieht, daß sich die Moderne mit der theoretisch nicht definierten, wohl aber im gesellschaftlichen Konsens viel zitierten gemeinen Schönheit einen Zauber bewahrt hat, in dem die ideelle Schönheit immerhin als Unerfüllbarkeit des Liebesentzückens übriggeblieben ist. Der Gipfel der Erfahrung körperlicher Schönheit seit der Renaissance ist die unerreichbare Frau; erst als Erscheinung, die vorübergeht, wird sie wirklich schön. In ihr ist die geistige Ideenschau, zu der der antike Schönheitsgenuß hinanleiten sollte, wenigstens noch als Straßenbild erahnt. In Baudelaires Gedicht »A une passante« schreitet sie als eine dunkle Göttin über die Boulevards. Schon im Titel ist der wesentliche Charakter dieser irdischen Schönheit festgehalten, der noch an die geistige der Antike erinnert: sie zieht vorbei und den Blick hinter sich her, und vielleicht sogar in eine andere Welt, denn der Betrachter wird sie wahrscheinlich erst im Jenseits wiederfinden: »Ne te verrais-je plus que dans l'éternité? // Ailleurs, bien loin d'ici! Trop tard! *jamais* peut-être! / Car j'ignore où tu fous, tu ne sais où je vais, / O toi que j'eusse aimée, / ò toi qui le savais!«[5] Dann aber, in diesem Jenseits, wo vielleicht diese Schönheit wiederzufinden wäre, ist sie, und das ist der Unterschied zur Antike, weder Körper noch Geist, ist ein Schatten, keine Erscheinung mehr und also auch nicht mehr schön.

[...]

Roland Barthes hat sich, geschützt durch seine homosexuelle Disposition, durch die Verführungskünste der weiblichen Schönheit nicht betrügen lassen. Er durchschaut die Zeremonien, durch die bis in unsere Gegenwart Schönheit hergestellt wird. Die Tempel, in denen heute die Frauen in die Schönheit eingeweiht werden, sind papieren. Die Abstraktheit, ja metaphysische Allgemeinheit, mit der Modezeitschriften Schönheit vorführen, mögen Frauen zum Nutzen ihres Geschlechts irrtümlicherweise für übersetzbar in die Wirklichkeit halten. Roland Barthes erkennt den geradezu philosophischen Charakter von Modefotos: »Einerseits hat [der] Körper [des Models] den Wert einer abstrakten Institution; andererseits ist dieser Körper ein individueller. [...] Von diesem strukturalen Paradox ist das Covergirl vollkommen geprägt: im Grunde erfüllt es gar keine ästhetische Funktion; es geht gar nicht darum, einen ›schönen‹, nach kanonischen Regeln wohlgeformten Körper zu präsentieren; vielmehr muß sich dieser Körper nach den Vorgaben einer gewissen formalen Allgemeinheit, das heißt einer Struktur, richten und ist insofern ›deformiert‹. Der Körper des Covergirls ist also kein individueller Körper, sondern eine reine Form, die kein Attribut trägt [...], und durch eine Art Tautologie verweist er auf die Kleidung selbst. Die Kleidung soll hier also nicht einen rundlichen, schlanken oder schmächtigen Körper bedeuten, sondern vermittels dieses absoluten Körpers in ihrer Allgemeinheit sich selbst.«[6] Barthes weiß, wie sich dieses Abstraktum Schönheit den Frauen, die sie freilich nicht begreifen wollen, ins Herz einschleicht, so daß sie meinen, es könne in ihrem Leben Wirklichkeit werden: nicht als Bewußtsein vom absoluten, abstrakten Leib, sondern als Traum von einem vollkommenen Glück – von der eigenen Unverletzlichkeit und Überlegenheit. Die Erfüllung solcher Hoffnungen spielen die Models vor: »Dennoch gibt es einen Punkt, an dem die Frau in der Mode entscheidend von den Leitbildern der Massenkultur abweicht: Sie kennt kein Übel, in welcher Intensität auch immer. Um nicht von ihren Mißgeschicken und ihren Dramen behelligt zu werden, spricht die Mode nie von der Liebe, kennt weder Ehebruch noch Liebesaffären, nicht einmal den Flirt; in der Mode reist man immer nur mit dem Ehepartner. Kennt sie das Geld? Kaum.«[7] Die Zeitschrift ist der Tempel, in dem die Schönheit von Liebe so unberührt bleibt und von jedem Erdenrest, wie einst beim Götterfest. Eine Ikonographie der Modezeitschriften würde einen Katalog rhetorischer Pathosgesten und Götterzeichen zusammenlesen können.

Es scheint so, als habe Robert Altman mit seinem Film »Prêt-à-Porter« Barthes' Theorie der Mode in Bild und Erzählung übersetzen wollen. Altmans Film setzt die Metapher »Diva«, in die das 20. Jahrhundert die kultischen Zentralgötter übersetzt hat, in Szene. Sophia Loren, die Göttin, bewegt sich in ihm entweder in einem luxuriösen Boudoir wie in einer *cella*, die kaum je von einem anderen betreten wird, oder sie führt einen Reigen von Dienerinnen der Schönheit an, die heute Models heißen. Wo sie erscheint, öffnet sich um sie ein Ehrenhof, und wenn am Ende des Films die Funktion »Loren« ihre Rolle erfüllt hat, läßt sie ihre Priester und sterblichen Verehrer einen Blick tun in den Orkus. Der *pompe funèbre* am Schluß des Films dient der pompösen Selbstdarstellung einer stolzen Schönheit, die, unverletzlich, unzerstörbar, ein Gegenentwurf zur Vergänglichkeit ist. Dem einmaligen und ehemaligen Idol, der Diva, stehen nun die auswechselbaren Models gegenüber, deren Körper von Klecksen und Farben zerschnitten ist und deren Auftritte so blitzartig sind, daß ihre Körper selbst zu Flecken im Bild verkommen. Wie ein illuminiertes Wellengekräusel flackern Dutzende von Models über die Leinwand und lassen dieses oder jenes schöne Stück von sich sehen. Sophia Loren hingegen schwebt als letzte Venus über diesem Meer niederer Schönheit, das dem Betrachter nichts weniger als Enthusiasmus, sondern nur noch eine müßige Euphorie abverlangt. Die Schlußszene von »Prêt-à-Porter« ist fürwahr eine Ent-Hüllung, eine Ent-Larvung. Ihrer Kleider beraubt, sind die Models nichts als Hungerleider. Die Askese, um die sich kein Tuch drapiert, ist erbarmungswürdig. Das Gewand dient durchaus nicht, wie es die Moral gern hätte, als sittliche Attrappe; der unbekleidete Leib vielmehr muß versteckt werden, weil er nur eine Larve ist. Die Bösartigkeit des Regisseurs, so scheint es zunächst, läßt die Models auf dem Laufsteg Spießruten laufen, um die dürre Folie der weiblichen Schönheit bloßzustellen. In Wahrheit gibt Altmans Schlußszene den melancholischen Kommentar zur *vanitas*, der der menschliche Leib unterworfen ist. Nur die Schönheit macht aus ihm ein Bild, das des Gedenkens wert ist. Altman ist der letzte Platoniker. Er hat erkannt, daß Schönheit göttlich sein muß und kein bißchen erotisch sein kann.

Nur die Feministinnen haben, wie die lüsternen Männer, an der Schönheit nichts als den Reiz wahrgenommen und sie daher für die emanzipierte Frau verboten. Sie haben sich damit nur am letzten Akt der Jahrhunderte währenden Zerstörung der Aura beteiligt. Schönheit ist ein schützendes Hindernis nur noch für die, die weiß, was sie will. Der einzige Bereich im Leben, wo Schönheit heute noch auftritt, ist daher die fiktionale Welt des Entertainments.

Schönheit ist der Traum des Menschen von einer anderen, von einer besseren Welt jenseits der Wirklichkeit. Die Menschen leben in dieser und denken an jene. Der Erfolg der Reklame, wie alle Bilderproduktion, beruht auf dem anthropologischen Bedürfnis des Menschen nach Verdoppelung. Sie setzt vor allem die Schönheit ein, um Bilder von einem anderen Ich zu entwickeln. Sie prägt die inhaltlichen Vorstellungen davon, wie und was das *zweite Ich* zu sein habe, von Augenblick zu Augenblick, von Ware zu Ware. Das Begehrenswerte einer Ware entsteht im allgemeinen durch das Hinzutreten einer schönen Frau. Die neugegründete Bundesrepublik wurde ausstaffiert im Zeichen schöner Frauen. Die Bauzäune, hinter denen die neuen Häuser emporwuchsen, waren Reklameflächen, auf denen technische Geräte für Haushalt und Freizeit durch die Addition mit der Schönheit begehrenswert gemacht wurden. Die unschönsten Gegenstände konnte das Bild einer Frau begehrenswert machen: Kühlschränke, Fernsehapparate, Rührgeräte, Hometrainer, Staubsauger, Luftmatratzen, Rasenmäher, Höhensonnen, Rasierapparate, Autos. Jedes Ding hatte von nun an seine zwei Seiten, die praktische und die ästhetische, alles Nützliche erlebte seine Verklärung in der Schönheit; der profane Gebrauchsgegenstand, der es gar nicht nötig hätte, weil er eben brauchbar ist, erfährt durch das Attribut der Schönheit seine Verdoppelung zum Numinosum, er erobert sich mit ihr sein Teil am anderen Zustand. Sobald Gebrauchsgegenstände in die Nähe von Frauen gebracht werden, deren Größe selbst sich ästhetisch artikuliert, nehmen sie an diesem ästhetischen Austritt aus der Realität teil.

Aller Sinn, den sich Dinge zusätzlich zu ihrer praktischen Funktion aneignen, jede ethische und ästhetische Qualität, gehört in jenen zweiten Bereich, an dessen Schwelle die schöne Frau steht und den sie repräsentiert: Liebe als idealer Glückszustand, Familie, Freizeit, Ansehen, Wohlstand. Die Frau ist in der gegenwärtigen Gesellschaft die Garantin der Statussymbole. Diese sind Gebrauchsgegenstände, die sich einen anderen, höheren Sinn anmaßen. Sinnstiftung ist für Roland Barthes der Zweck von Kleidung, Mode und Schönheit: »Die Kleidung gewährleistet den Übergang von Sinnlichkeit zum Sinn«.[8] Die Gegenstände des Lebens und die Menschen selbst bekommen einen Sinn, indem sie mit der Schönheit konfrontiert werden. Das eigentlich ist die Bedeutung der Schönheit bis heute. Die Werbung und die Medien führen das vor, was Veblen die »demonstrative Vergeudung« des Kultes nennt, der heute als Luxus abgewertet wird, und dazu gehört auch die Schönheit. Der Anblick der Frau ist ein Genuß, der höher ist als der erotische Reiz. Denn die »demonstrative Vergeudung« findet stellvertretend für wirkliche Verschwendung statt. »Der religiöse Konsum ist seinem Wesen nach stellvertretender Konsum.« Es bleibt bei der Weisheit Goethes, die am Anfang zitiert wurde: Die Schönheit der Mädchen bleibt unantastbar. Stellvertretend genießen Männer und Frauen in der Erinnerung an sie die Sexualität. Schönheit und Sexualität verhalten sich umgekehrt wie Natur und Kunst, sie scheinen einander anzuziehen und wollen doch in Wahrheit nur voreinander fliehen.

ANMERKUNGEN

1 Johann Wolfgang Goethe: Epigrammatisch [Aus dem Nachlaß]. In: J. W. G.: Gedenkausgabe der Werke, Briefe und Gespräche. Hrsg. von Ernst Beutler. Bd. 2. Zürich 1913. S. 181.
2 Eduard Fuchs: Die Frau in der Karikatur. Sozialgeschichte der Frau. München 1906. S. 42.
3 Sigmund Freud: Das Unbehagen in der Kultur. In: Ges. Werke. Hrsg. von A. Freud. London 1948-1960. Bd. 14. S. 441 f.
4 G. W. Most in: Hist. Wörterbuch d. Philosophie, Sp. 1343.
5 Baudelaire: À und passante. In: Les Fleurs du Mal. Œuvre Complètes. Texte établi par Y.-G. Le Dantic et Claude Pichois. Paris 1961. S. 88 f. Übersetzung: Soll ich dich in der Ewigkeit erst wiedersehen? // Anderswo, sehr weit von hier! zu spät! *niemals* vielleicht! // Denn ich weiß nicht, wohin du enteilst, du kennst den Weg nicht, den ich gehe, // o du, die ich geliebt hätte, o du, die es wußte! (Die Blumen des Bösen. Aus dem Französischen von Friedhelm Kemp. Frankfurt a. M. 1966, S. 159.)
6 Roland Barthes: Rhetorik des Signifikats: Die Welt der Mode. Zit. nach Bovenschen 303.
7 A. a. O., S. 305.
8 A. a. O., S. 303.

CORA STEPHAN

Die Macht der Quote und die Grenzen der Demokratie

1. Vorbemerkung

Nach jeder Wahl rühmen Politiker den Souverän ob seiner weisen Entscheidung. Das gehört sich natürlich so. Ob es den Tatsachen entspricht, ist eine andere Frage. Wahlkampagnen jedenfalls lassen, woraus man aus Form und Inhalt schließen kann, keine große Wertschätzung des Souveräns erkennen. Wir wissen nicht, ob der Wähler mehrheitlich blöde ist. Politiker indes halten ihn offenbar dafür – worin sie sich mit denen einig wären, die deutsche Fernsehprogramme verantworten.

Was aber, wenn beide recht hätten? Wenn die Wahlbürger Parteien und Regierungen etwa so verantwortungsbewußt und überlegt ran- und wieder wegzappen, wie sie sich »Musikantenstadl«, »Big Brother« oder Schalke 04 gegen Eintracht Frankfurt reinziehen?

Während man in unserer behütenden Gesellschaft für vieles ein amtliches Zertifikat braucht, den Waffenschein, die Hundemarke, den Führerschein, darf man ungleich folgenschwerere Tätigkeiten völlig ungeprüft ausüben. Zum Wählen muß man lediglich 18 sein. Zum Kinderkriegen noch nicht einmal das. Dennoch schwärmt alle Welt vom mündigen Bürger, aufgeklärt bis ins letzte Glied, vom Souverän, dessen Entscheidung sich in heiliger Stille und reinen Gedankens vollzieht. Schöne Idee. Doch selbst der vom Glauben an die Demokratie beseelte Idealbürger dürfte schon mal, unversehens in Bahnhof, Park oder Fußgängerzone geraten, die Augen erstaunt aufgerissen haben: Das sind sie also! Sie alle dürfen wählen und sich vermehren! Die Cognac-Cola-Trinker, die Trainingshosenträger, die Gröler, Glotzer, Analphabeten, die Tiefergelegten, die Pizza-und-Pommes-Esser, Omis und Muttis, Spießer, Tierschützer und Sektenkader, die ... Und dann wählen sie auch noch notorisch das Falsche – siehe Österreich. Oder Italien. Und wie war das noch mit Hitler, dem Freund aller Schäferhunde?

Solche Gedanken beschämen den Wohlmeinenden, kaum sind sie unerbeten aufgetaucht. Bis – ja, bis das nächste Wahlplakat den Blick kreuzt, und er erkennen muß, daß er nicht allein ist mit dieser wenig schönen Einschätzung des Souveräns. Während des Wahlkampfes – und der ist ja dauernd – treten Parteien und Politiker just so auf, als wendeten sie sich an Menschen, die glauben, was sie im Fernsehen sehen, die eine Aufmerksamkeitsspanne von 15 Sekunden haben und deren Weitsicht höchstens bis zum nächsten Ballermannurlaub reicht: Fernsehzuschauer, die sich schon vormittags durch die Talkshows zappen und abends gerade noch Verona Feldbusch verkraften. Was Wunder – auch Politiker brauchen Quote, sprich Mehrheiten. Und dafür muß man mithalten können in der Spaßgesellschaft (Spiele) und oft genug mit dem Portemonnaie winken (Brot). [...]

So gelingen natürlich keine »Jahrhundertreformen«. Jeglicher große Wurf, ohnehin schon gebremst von den Attacken der Lobbys und Verbände, schrumpft, je öfter die Wahlforscher vor wechselnden Stimmungen der Wähler warnen. Und jeder Reformeifer erlahmt, bringt jemand das böse P-Wort ins Spiel: Politikverdrossenheit.

Was tut man gegen diesen Verdruß? Endlich einmal politische Entscheidungen treffen? Pustekuchen. Bequemer ist der Glaube, daß gegen Politikverdrossenheit nicht bessere Arbeit der Politiker, sondern die Mehrarbeit der Wähler helfe, was man hierzulande »mehr Demokratie« nennt. Neue Wahlmöglichkeiten, andere Beteiligungsformen – so stellen sich Politiker und Meinungshabende die stärkere »Einbin-

dung« des Wählers vor. Wofür das gut sein soll? Keine Ahnung. Denn der Souverän hat ja längst in mehreren Wahlen sein Mandat erteilt. Und: Mehr Bürgerbefragung mindert nicht den Druck, den die kurze Dauer der Legislaturperiode von nur vier Jahren jetzt schon ausübt. Ist »mehr Demokratie« womöglich nur das ungefährlichste und billigste Palliativ, das man dem mißmutigen Wähler andienen kann – die Ablenkung von der Entscheidungskrise der Politik? Es macht die Lage nicht schlimmer, täuscht Volksnähe vor und sichert ab.
Sieht so aus, als ob das die Austreibung des Teufels durch den Beelzebub wäre. Als sie endlich panaschieren und kumulieren durften und die Wahlzettel Saunahandtuchgröße angenommen hatten, sank die Wahlbeteiligung der Hessen in den Keller. Anders gefragt: Wählen zu viele Wähler nicht jetzt schon zuviel?

2. Das Privileg des Wählens

Es gibt gewiß Fälle, in denen der Bürger sich von Herzen wünscht, einmal außer der Reihe kräftig dazwischenrufen zu können. Doch den meisten würde es im Normalfall durchaus reichen, sich gut vertreten fühlen zu dürfen: Politik und Politiker sollen ihnen getrost die Arbeit abnehmen, die öffentliche Geschäfte fordern. Der Mensch hat schon genug zu tun.
In der Mitmach- und »Gesicht zeigen«-Gesellschaft von heute aber scheint die Einsicht flöten gegangen zu sein, daß der Bürger ein Recht darauf haben könnte, auch mal an nichts als die eigenen, kurzfristigen Interessen zu denken. Ihm ist die Weitsicht, derer über den Tag hinausweisende Projekte bedürfen, nicht stets und ständig abzuverlangen. Dafür hat er andere gewählt. Der Souverän darf beschränkt sein.
Gut, dafür braucht man keine Demokratie. Weitblickend

kann auch der Fürst sein, der seinen Untertanen den Rahmen für ihr privates Glück und ihren Gewerbefleiß garantiert, dessen Früchte er tunlichst nur moderat abschöpft. (Andererseits: Ohne ein klein wenig Fürstenwillkür in Tateinheit mit unstatthafter Bereicherung gäbe es weniger Bibliotheken, Kunstwerke, Parks und Palazzi – die auch den modernen Menschen stärker zu berühren scheinen als die unter demokratischer Kontrolle erstellten Zweckbauten mit eingebauter Sollbruchstelle.)

Demokratie hat demgegenüber den Vorteil der Verflüssigung der Verhältnisse, sie gibt dem Volk ein Mittel gegen Willkür an die Hand. Doch beware of the underdog. Unter dem Einfluß vom Demagogen, so haben es Denker seit dem alten Rom immer wieder in gräßlichen Farben ausgemalt, wird das Volk zum Mob oder, durch Brot und Spiele abhängig gemacht, zur Manövriermasse machtbewußter Tyrannen. Die Eliten bangten im Angesicht der Plebs um ihre Macht, die Weitsichtigen fürchteten, daß, wenn alles dem Votum des womöglich nicht immer sehr verständigen Wählers unterworfen ist, die demokratische Verflüssigung jeder Planung für künftige Generationen enge Grenzen setzen müsse.

Zwischen der autoritären Anordnung und der Unregierbarkeit liegt deshalb die Überredungskunst – zumindest in der Demokratie. Im Sozialismus reichten trockene Verlautbarungen aus ZK und Politbüro. In der Demokratie aber ersetzt auch schon mal die Emotion das Argument. Exemplarisch die Kampagne der damals frischgebackenen Bundesregierung für den deutschen Kriegseinsatz im Kosovo – man war offenbar davon überzeugt, daß der Appell an die Vernunft des Wählers nicht genügen würde. Na ja – vielleicht mangelte es ja auch nur an kommunizierbaren Argumenten ...

Einzig die moralische Erpressung scheint noch die nötige Legitimationsbasis herzustellen – für den Fall, daß Politik doch einmal etwas riskieren muß (wie die deutsche Einheit). Den vorauseilenden Konsens der Bürger zu fordern, statt seinem möglichen Unmut standzuhalten, geht indes entweder auf Kosten der Freiheit oder auf Kosten der Entscheidungsfreude (mal ganz zu schweigen von der auf der Strecke bleibenden Wahrheit). Überredungskunst führt zu Demagogie, die Konsenserwartung, der der latente Wunsch nach Volksgemeinschaft anzusehen ist, zur Lähmung.

Ein Ausweg aus dem Dilemma ist nicht zu erkennen. Dennoch ist es seltsam, wie schnell man hierzulande seit der Wiederentdeckung der »Basisdemokratie« durch die Grünen die Frage vergessen hat, die Denker aller Zeiten beschäftigte: Was befähigt einen Menschen eigentlich dazu, an der Entscheidung über das Gemeinwohl teilzunehmen? Wer kann von seinen Interessen absehen, Objektivität entwickeln, am ehesten über seinen Tellerrand hinwegsehen, an die Zukunft denken? Wer ist unabhängig genug, dem wohltönenden Organ und der geschliffenen Rhetorik eines Demagogen zu widerstehen? Wirklich nur die jeweils herrschenden Eliten, wie man bis ins 19. Jahrhundert glaubte? Wirklich jedermann/-frau, wovon man heute überzeugt ist?

Kaum ein Gemeinwesen, das es nicht mit Despotenwillkür allein hielt, hat in der Vergangenheit allen Bürgern die Abstimmungshoheit über Angelegenheiten von allgemeinem Belang eingeräumt. Wer es zu keinem eigenen Hausstand brachte, sprich: welcher Mann nicht verheiratet war, hatte im Mittelalter wenig zu sagen, gleich, ob er adligen Geblüts oder Handwerker war. Junge Adlige, die überaus schlechte Heiratschancen hatten, wurden im frühen Mittelalter zu einer Landplage, die das Gefüge der Gemeinschaft bedrohte, da sie keine Rechte, dadurch aber auch keine Pflichten der Allgemeinheit gegenüber hatten. Erst als man den marodierenden Horden der »Jungen« in Ritterspielen und Kreuzzügen eine Aufgabe gab, sie kultivierte, disziplinierte beziehungsweise vom Gemeinwesen fernhielt, kehrte Frieden ein – zumindest zu Hause …[1]

In anderen Kulturen früherer Zeiten war die Beteiligung an den öffentlichen Entscheidungen denen vorbehalten, die das Gemeinwesen im Konfliktfall mit der Waffe in der Hand verteidigten, was schon immer die Frauen ausgeschlossen hat. Als die griechischen Stadtstaaten um 700 vor Christus anstelle berittener Kämpfer die Hoplitenphalanx, also schwere Infanterie, ihre Konflikte entscheiden ließ, verbreiterte das die »Zahl derer, welche an der Verfassung teilnahmen« (Aristoteles).[2] Die Hopliten waren Bürgersoldaten, freie Bauern, die kein Interesse daran hatten, mit ihrem harterworbenen Geld kostspielige militärische Stellvertreter zu finanzieren. Ihre Produkte – vor allem Oliven und Wein – nötigten ihnen Stetigkeit und Vorausschau ab: Sowohl Olivenbäume wie auch Weinstöcke brauchen Zeit, bis sie Früchte tragen. Wer unter diesen Umständen ernten will, braucht stabile Verhältnisse.
In der athenischen Demokratie war die Zahl derer, die an der Verfassung teilhatten, bald weitaus größer: Athens Seemacht beruhte auf den vielen Armen, die die Kriegsschiffe, die Triremen ruderten – und damit auf der Masse der unteren Klassen, der Theten[3], denen man unterstellen kann, nur wenige über den Tag hinausreichende Interessen zu haben.
Der römische Pöbel schließlich genießt einen besonders schlechten Ruf, da er sich mit »Brot und Spielen« bei der Stange halten und beliebig manipulieren lassen habe. Daß eine Verbreiterung der Wählerbasis nur den Demagogen und autoritären Machthabern nützen und die Politik von der Befriedigung unmittelbarer Bedürfnisse großer Massen abhängig machen müsse, begleitet die Debatten über Demokratie und ihre Grenzen bis ins vergangene Jahrhundert. Erfahrungsgesättigte Bedenken über die Unkalkulierbarkeit des »Pöbels« mischten sich dabei stets mit Besitzstandswahrung und Machtpolitik. Daß es die Grundbesitzer seien, die am ehesten in langen Fristen denken und zukunftsorientiert entscheiden würden, da eine lange Ahnenreihe sie über den

Vorteil belehrt habe, Geld und Gut ungeschmälert durch Krisen und Konflikte an die Nachkommen weiterzugeben (und weil Nachhaltigkeit in der Natur ihrer Erwerbsquelle liege), ist eine Vorstellung des 18. Jahrhunderts, die ebenso plausibel wie durchsichtig erscheinen mag. Den Nachweis für solchen Gemeinsinn mußte kein Grundbesitzer je erbringen.

Natürlich diente das Klassenwahlrecht in all seinen Formen dem Machterhalt der Eliten. Die deutsche Sozialdemokratie, die seit den neunziger Jahren von Wahlerfolg zu Wahlerfolg eilte, wurde bis zum Ende des Reichs mit willkürlichen Wahlkreiseinteilungen kleingehalten. Aber auch die Linke war nur demokratisch, wo es ihr in den Kram paßte: Von Parteien hielt man in der Arbeiterbewegung des 19. Jahrhunderts wenig, man vertrete, als Partei der Arbeiter, ja schließlich keine partikularen Interessen, sondern, da der Arbeiterstand recht eigentlich mit der Menschheit identisch sei, die Gattung.[4] Gattungsfragen sind nicht verhandelbar, was später, im Zuge der Leninisierung der kommunistischen Arbeiterbewegung, folgerichtig zum Ersatz demokratischer Verfahren durch den Ratschluß der Partei führte, die, die Gesetze der Geschichte durchdringend, am besten wisse, was dem Gattungsinteresse und daher dem Arbeiter frommt. Doch selbst die angeblich so reformistische Sozialdemokratie mußte noch in den späten zwanziger Jahren davon überzeugt werden, daß der Parlamentarismus ihrem Gattungsauftrag nicht widerspreche (Hilferding 1927 in Heidelberg).

Die Massendemokratie beginnt 1914 – mit dem Krieg, nicht mit der Revolution. Mit dem Ersten Weltkrieg zeigte die breite Masse, was die feineren Kreise ihr nie zugetraut hatten: Gemeinsinn. Der erste europäische Krieg, der die Massen, ja fast die gesamte Gesellschaft der daran beteiligten Staaten erfaßte, hob zwar nicht die Klassenschranken auf, veränderte indes das der Klassenzugehörigkeit assoziierte Menschenbild. Im Krieg zeigten sich Männer aller Stände bereit, Gesundheit und Leben zu opfern. In den Schützengräben machten die Männer der Oberschicht die Erfahrung, daß Tapferkeit keine Frage des Standes und auch der »Gemeine« nebenan ein Held sein konnte. Umgekehrt galt das gleiche. Aber die Gleichberechtigung war nicht nur eine Sache des Sentiments – ohne die »Masse« hätte der Krieg gar nicht geführt werden können. Und da auch die Frauen in diesem Krieg »Gemeinsinn« gezeigt hatten, gab man ihnen dafür in Deutschland das Wahlrecht. »One man, one vote« hat mit dem Volkskrieg »aller gegen alle« (Clausewitz) mehr zu tun, als einem lieb sein mag. Der Erste Weltkrieg erwies sich als Führerschein zur Volkssouveränität.

3. Gemeinsinn und Zukunft?

Schon die Französische Revolution und die Feldzüge Napoleons hatten gezeigt, daß die »Masse« keineswegs stets die unkontrollierbare Größe ist, vor der Feldherren sich fürchteten. Mit einer Massenarmee durchquerte Napoleon den Kontinent und »befreite« die Völker, zur Not auch gegen ihren Willen. Die Identifikation der Soldaten mit der Sache machte die modernen Heere scheinbar unschlagbar und zeigte zugleich, wie gefährlich es sein konnte, sich die Loyalität der kämpfenden Truppe nicht zu sichern. Erst das allgemeine Wahlrecht gab dem modernen Staat die Legitimität, für die der absolute Fürst den lieben Gott brauchte.

Doch auch die Demagogen lieben den einfachen Mann und die einfache Frau auf der Straße. Die Weimarer Republik und das Dritte Reich brachten den demagogischen Appell an die Volksmassen deshalb in Mißkredit. In der Nachkriegsbundesrepublik wollte man das Dilemma der Demokratie mit dem Prinzip der Repräsentation lösen: Jedermann und jede Frau durfte, ja sollte wählen – freie und unabhängige Volksvertreter. Diese indes, so sah und sieht es die Theorie vor, sind gehalten, nicht einfach nur den Wählerwillen abzubilden, sondern ihn im parlamentarischen Austausch zu verfeinern, zu veredeln, ihn um die Komponente des allgemeinen Interesses zu ergänzen. Die Theorie ist wunderbar und würde viele Probleme lösen. Die Wirklichkeit sieht anders aus: Immer wieder lassen sich die unabhängigen Volksvertreter von Lobbyisten beschwatzen und erpressen und von der eigenen Partei in Fraktionszwang nehmen.

Und dann ist schon wieder Wahlzeit ...

Vom Prinzip der Repräsentation ist nicht mehr häufig die Rede. Statt dessen geistert seit dem Siegeszug der Grünen und der Debatte um die Atomenergie der Mythos von der Basisdemokratie umher. Gerade in Angelegenheiten, die nicht im unmittelbaren Interesse des einzelnen liegen, soll er nun Verantwortung tragen: Entscheidungen mit weit in die Zukunft reichenden Folgen sollen nicht den Repräsentanten überlassen sein, sondern der höheren Instanz, dem Souverän. Plötzlich ist der kleine Mann das einzig verläßliche Orakel in zukunftsweisenden Fragen.

Daß dem so nicht ist, wissen auch die Politiker, die ständig von »mehr Demokratie wagen« reden. In den meisten Fragen nämlich drückt die schlichte Mehrheit der Voten nicht nur gar nichts Allgemeines mehr aus, sie ist vielmehr geeignet, sogar starke Minderheiten zu marginalisieren. Mit der Zunahme der Älteren in der Gesellschaft nimmt zwangsläufig auch ihr Einfluß zu – jedenfalls, sofern Politiker lediglich nach Mehrheiten schielen. Das tun sie natürlich, wobei ihr Bild von »den Alten« – was heutzutage noch immer heißt: die über 50jährigen (ab 55 gibt's schon den Seniorenpaß!) – etwa dem entspricht, was das Fernsehen von seinen Zuschauern hat: Alte lassen sich nach Politikereinschätzung gern früh verrenten, um sich dann einen feuchtfröhlichen Lebensabend zwischen Mallorca und Himalaja von den vielfach belasteten Jüngeren erwirtschaften zu lassen. Seit Jahren schon werden »egoistische Alte« ähnlich kujoniert wie die angeblich nichts als egoistischen kinderlosen »Doppelverdiener«, denen man immer mal wieder die Schuld an Verhältnissen gibt, die entweder, wie die demographische Kurve, nicht mehr zu ändern sind oder, wie das auf längst vergangenen Mustern der Lebenserwartung basierende Rentenmodell, genuine Aufgabe vorausschauender Politik sind.

Vorausschauende Politik? Da stocken wir schon. Die könnte nämlich das ältere Wählerpotential verprellen, dem man, womöglich irrtümlicherweise, lediglich egoistisch beschränkte Interessen unterstellt. Besser, man beschneidet den Einfluß der älteren Wähler, etwa indem man ihnen die Mehrheitsfähigkeit nimmt. Da den Jungen im Gegensatz zu den Älteren Zukunftsorientierung unterstellt wird, sollen die einen diskriminiert, die anderen bevorzugt werden.

Ungeniert wird immer mal wieder, nicht ohne den einen Teil der Gesellschaft gegen den anderen aufzuhetzen, öffentlichkeitswirksam über eine Veränderung des Wahlmodus nachgedacht, über die Abkehr von »one man one vote« zugunsten eines neuen Klassensystems. Das hieße es jedenfalls, wenn Eltern zugleich über die Stimmen ihrer noch nicht wahlberechtigten Kinder verfügen dürften, worüber ernsthaft diskutiert wurde. Ob das zu höherer Weisheit und verstärkter Zukunftsorientierung führt, ist einigermaßen zweifelhaft. Die wenigsten Eltern sind dies geworden, weil sie an die Zukunft des Gemeinwesens dachten, für die überdies, wie gerade Eltern wissen, Kinder besonders unsichere Kantonisten sind. Wer garantiert, daß die Kids später einmal überhaupt Zukunft haben, zum Beispiel einen Job beziehungsweise die Fähigkeit, ihn auch auszuüben? Und daß Eltern, die ihre Kinder noch nicht einmal mit den Grundvoraussetzungen ausstatten, die man als geselliger Mensch unter Menschen braucht – »Pflichtbewußtsein, Fleiß, Aufrichtigkeit, Hilfsbereitschaft, Verläßlichkeit, Anstand, richtiges Benehmen« (Doris Schröder-Köpf) –, über ein besonderes Ver-

mögen der bedachtsamen Vorausschau verfügen, darf erst recht bezweifelt werden.
Man setze das Wahlalter herab, damit die zukunftsbestimmende Jugend mehr zu sagen hat, fordern wieder andere. Das ist gewißlich eine Alternative. Doch daß die Jugend wirklich lieber selbst über die Zukunft mitentscheiden möchte, die sie angeblich verkörpere, ist ein Trugschluß. 20jährige sind (Ausnahmen bestätigen die Regel) nicht unbedingt bekannt dafür, daß sie weiter als bis zur nächsten Party denken – es ist ihr Privileg, sich über die Zukunft den Kopf nicht zu zerbrechen, die bei Jugendlichen seit jeher aufhört, wenn mensch 30 ist – ab da ist nur noch Gruft. Entsprechend gering ist die Wahlbeteiligung bei den unter 30jährigen. Das ändert sich meist erst dann – und da hätten unsere Vorfahren im Mittelalter ja mal recht gehabt –, wenn sie durch Beruf und Familie eingebunden sind.

4. Der große Schwindel

Doch das ist Predigen in der Wüste. Sogar der mutige Vorstoß der SPD, die Wahlperiode auf fünf Jahre zu verlängern, kam nur im Begleitschutz flankierender Volksinitiativen auf Bundesebene unters Volk. Immerhin: Die Hessische Landesregierung versucht es neuerdings und fordert den Wähler auf, über eine Verlängerung der Legislaturperiode auf fünf Jahre abzustimmen. Wie nicht anders zu erwarten, wird dagegen allenthalben das Demokratiegebot ins Feld geführt und an die Politiker appelliert, die Wahlperiode gefälligst besser auszunutzen – als ob wir nicht alle wüßten, daß es nicht allein Vernunft, sondern vor allem Gelegenheit ist, was menschliches Handeln bestimmt.
Das Dilemma bleibt, weshalb ersatzweise über die Verbesserung des Bürgers zwecks Verbesserung der Politik nachgedacht wird – ein unerschöpfliches Thema für die Talkshows

und für Promis, die mit eigenem Konterfei und der herzigen Aufforderung »Gesicht zeigen!« fürs Gute und sich selber werben. Was sich »Wertedebatte« nennt, kehrt alle Jahre wieder und ist eine schöne Gelegenheit für meinungshabende Menschen, alle anderen zu Zivilcourage in der Mitmachgesellschaft aufzurufen. Dort ist der Bürger zum multiplen Einsatzkommando mutiert. Er soll umfassend informiert sein, wachsam durch die Straßen San Franciscos streifen, niemals wegsehen, zur Not den Hilfssheriff geben und nach getaner Arbeit Kinder für die Zukunft Deutschlands machen.

[...]

Es hilft also nichts: weder Volksnähe noch »mehr Demokratie« machen Politik automatisch besser. Politiker einfach besser zu bezahlen, damit ihr Job auch diejenigen intelligenten Zeitgenossen anzieht, die nicht einzusehen vermögen, warum ein Volksvertreter und Staatenlenker weniger verdient als ein Konzernchef, wird an dem scheitern, woran alle Politik zu scheitern scheint – am Souverän, der sich in just dieser Frage so kleinkariert zeigt, wie ihn die Wahlkampfstrategen einschätzen.

Das, was vielleicht gegen den Zwang hülfe, Politik auf die Überredungskunst in Zeiten des Wahlkampfs zu reduzieren, wäre offenbar nicht die Verstärkung, sondern die Verminderung des Einflusses des Wählers. Er wählt schon genug – jeden Tag zwischen zig Programmen. Er käme also nicht aus der Übung, wenn man ihn, sagen wir mal, nur alle sechs Jahre befragte. Dann fehlte nur noch der Mut, den Politiker brauchen, um sich in den kalten Wind der Realität jenseits der Konsensgesellschaft zu stellen.

ANMERKUNGEN

1 Vgl. C. Stephan, Das Handwerk des Krieges, Berlin 1998, S. 102 ff.
2 Politik, Buch 4, Kap. 10,9; zitiert nach C. Stephan, Das Handwerk des Krieges, S. 56.
3 Siehe C. Stephan, Das Handwerk des Krieges, S. 74.
4 Vgl. C. Stephan, »Genossen, wir dürfen uns nicht von der Geduld hinreißen lassen!« Aus der Urgeschichte der deutschen Sozialdemokratie, Frankfurt a. M. 1978.

PETER STRASSER

Bedingungen der Möglichkeit eines Lebens nach dem Tod

Eine philosophische Jenseitsbetrachtung

Zweifellos gehört zu den grundlegenden Fragen, die sich der Mensch seit jeher gestellt hat, was mit ihm passiert, nachdem er gestorben ist. Wie man weiß, gibt es Kulturen, die diese Frage damit beantworten, daß sie ein persönliches Weiterleben nach dem Tod ausschließen. Die Seele geht in einen anderen Körper über, und das heißt, man ist nicht mehr der, der man einmal war: Reinkarnationen bedingen einen Wechsel der Identität. Oder die Seele verschmilzt, falls sie rein genug ist, mit dem unpersönlich gedachten All-Geist, in dem sie glücklich aufgehoben scheint, ohne sich freilich über ihr Glück selbstbewußt Rechenschaft ablegen zu können: »Unbewußte Glückseligkeit«, Nirwana – das sind die Stichworte. Sie stammen aus dem Fernen Osten. In unserer christlich geprägten Kultur haben sie höchstens einen marginalen Stellenwert, obwohl die europäische Spiritualitätsszene seit langem mit Versatzstücken asiatischer Religiosität hantiert. Unser traditionelles Modell des Fortlebens nach dem Tod ist hingegen das des persönlichen Überdauerns, wobei die radikalste Variante, die zugleich zu den ältesten zählt, ein körperliches Weiterexistieren nach dem Weltende vorsieht, und zwar nach einer spektakulären Wiederherstellung aus dem Grabe heraus.

Wie auch immer, die Vorstellungen des Lebens nach dem Tod konfrontieren uns mit dem Problem des Überdauerns oder Nichtüberdauerns an einer denkbar extremen Schnittstelle. Sie haben daher über ihren religiösen Stellenwert hinaus – auf den im folgenden kaum Bezug genommen wird – große Bedeutung für die Metaphysik der Person. Denn der Gedanke eines Lebens nach dem Tod läßt uns, philosophisch gesehen, keine Wahl. Wir müssen zu einem Urteil finden, ob zum Personsein das Körpersein dazugehört. In einem trivialen Sinne ist die Antwort auf diese Frage unstrittig. Sie lautet: ja. Alles, was wir aus der gewöhnlichen Erfahrung über Personen wissen, setzt voraus, daß es sich dabei um Wesen handelt, die als Körper existieren. Aber die philosophische Ebene zu betreten geht einher mit der Neugierde, die »Bedingungen der Möglichkeit« einer Erscheinung zu erkunden, hier also des Seins der Person in der Form eines menschlichen Individuums, z. B. jenes Individuums, das den Namen Peter Strasser trägt. Was genau sind die Bedingungen meiner Möglichkeit, die Person zu sein, die ich bin? Gehört zu diesen Bedingungen, daß ich einen Körper habe, zumal einen Körper mit Gehirn? Um wissen zu können, wer ich bin, muß ich versuchen, darauf eine Antwort zu finden.

Vertritt man die Ansicht, der heute viele aufgeklärte Menschen zuneigen, daß nämlich – wie man so sagt – mit dem Tod »alles aus ist«, dann hat man das Problem auf eine radikal negative Weise gelöst: Der Tod markiert das definitive Ende nicht nur der Person, die man war, solange man über Selbstbewußtsein verfügte, sondern auch das Ende jeder Art von geistiger Fortdauer, einschließlich jener, der man sich mangels Individualität gar nicht mehr individuell bewußt ist. Die These, daß der Tod auch der Tod des Bewußtseins sei, paßt gut in ein Weltbild, das dem Primat des Zentralnervensystems huldigt. Dessen Grundthese lautet, daß das Gehirn das Bewußtsein »produziert« oder, neutraler gesagt, hervorbringt.

[...]

Es ist eine Tatsache, daß mit dem sukzessiven Ausfall der Nervenfunktionen auch unsere Möglichkeiten, Erfahrungen zu machen, Erlebnisse zu haben und geistige Aktivitäten zu vollziehen, Schritt für Schritt abhanden kommen. Wir haben keinen Begriff davon, was es heißen könnte, ein Bewußtsein außerhalb des zentralnervösen Funktionsraums zu haben. Wenn wir also über ein Leben nach dem Tod nachzudenken versuchen, dann bleibt uns nichts anderes übrig, als unsere zentralnervös fundierte Art des bewußten Lebens in ein Jenseits des Diesseits zu projizieren. Diese Form der Projektion wäre jedoch nur statthaft, wenn wir davon ausgehen dürften, daß im Jenseits ein Äquivalent der zentralnervösen Fundierung unseres bewußten Lebens im Diesseits vorfindbar wäre. Doch was könnten wir uns unter einem solchen Äquivalent vorstellen, wenn nicht irgendein physikalisch-chemisch-biologisches System, das auf eine hinreichend ähnliche Weise funktioniert wie das, welches wir kennen? Erübrigt sich damit nicht die ganze Idee eines Lebens nach dem Tod, eines Geistlebens, das in einem körperlosen Jenseits plaziert wäre?

Ich denke, daß die aufgeworfene Frage komplex ist und eine Antwort in drei Schritten erfordert, wobei die Schritte in Abhängigkeit von dem, was wir überhaupt zu wissen imstande sind, ihrerseits unterschiedlich komplex sein werden. Der erste Schritt betrifft jenes Problem, das man versucht ist, ironisch als das »spiritistische« zu etikettieren: ob nämlich ein Leben nach dem Tod jeder materiellen Grundlage entbehren könnte. Der zweite Schritt umfaßt das Gebiet der Identität. Denn eines scheint klar: Nicht jede Form des Weiterlebens wäre für uns ein Leben nach dem Tod; wir wollen – wie gesagt – als diejenigen weiterleben, die *wissen,* daß sie weiterleben, andernfalls bestünde zwischen einem Leben nach dem Tod und dem schlichten Tot-Sein für uns als Individuen gar kein Unterschied. Der dritte Schritt schließlich betrifft das Rätsel der Transformation. Denn es wäre ein naiver Jenseitsglaube – vergleichbar dem des naiven Realismus – anzunehmen, unsere Identität würde durch den Tod nicht tiefgreifend verändert. Die Frage lautet also: Kann es eine Hoffnung geben, daß wir von unserem Körper befreit werden und dennoch keinen Tod durch Vergeistigung erleiden?

1. Schritt. Es mag den Gehirnforscher erstaunen, wenn man ihn darauf hinweist, daß es bei der Frage des Lebens nach dem Tod in erster Linie nicht um irgendwelche physiologischen Grundlagen, sondern um die angemessene Repräsentation unserer Identität geht. Nach allem, was wir empirisch wissen, hängt unsere Identität als Person daran, daß wir in der Lage sind, uns selbstreflexiv als ein individuelles Wesen in Raum und Zeit zu erfassen, als ein Wesen, das eine Biographie hat und über die Fähigkeit zur autonomen Handlungsweise verfügt; dabei sind diese notwendigen Voraussetzungen des Personseins an eine zentralnervöse Basis gebunden. Aber wenn wir nach einem Leben nach dem Tod fragen, fragen wir definitionsgemäß nach einem Leben jenseits der empirischen Beschränkungen, die uns im Diesseits bekannt und auferlegt sind. Das führt uns geradewegs zu einem *Nescio:* Es muß uns genügen anzunehmen, daß es im Jenseits eine *Möglichkeit* der Repräsentation von Bewußtsein gibt, die es uns gestattet, personal zu existieren. Da indessen das Jenseits das Jenseits ist – ich verwende den Begriff möglichst neutral, als Terminus für die Welt postmortaler Existenz –, läßt sich über eine derartige Möglichkeit nicht mit den uns zugänglichen empirischen Begriffen Auskunft geben.

Tatsächlich jedoch ist die Annahme, daß das Jenseits ein Feld des rein Geistigen und daher immateriell sein müßte, zugleich ideologisch und naiv. Sie ist ideologisch, weil sie eine Geist-Körper-Dualität voraussetzt, die alles Materielle abwertet und es vom Geist in einer prinzipiellen Weise trennt, so daß es zu einem schieren Mysterium wird, wie beide überhaupt zusammenhängen können. Und sie ist naiv, weil sie das angeblich rein Geistige, gleichsam das Jenseitsgeistige, in hohem Maße dem Modell des Diesseitsgeistigen nachbildet, ohne zu bemerken, daß eine derartige Nachbildung das Zusammenspiel zwischen Bewußtsein und Körper notwendig mittransportiert. Der reine Geist ist demnach eine Art Gespenst, nicht stofflich, aber feinstofflich, nicht materiell, aber feinmateriell. Im jenseitigen Reich des Feinstofflichen bleibt jedoch der Sprung aus der Materie ins Bewußtsein ebenso unerklärlich – ein Zauberkunststück der Emergenz – wie hierorts, im Reich des Grobstofflichen.

Nein, wir haben keine Vorstellung davon, wie eine Repräsentation von Personalität im Jenseits vonstatten gehen könnte, doch wir haben immerhin eine Ahnung, woran das liegt. Die Art und Weise, wie wir die Tatsachen der materiellen Welt konzipieren, zu denen die des Gehirns dazugehören, ist durch die Funktionsweise unseres Gehirns bestimmt. Es wäre vermessen, ja unsinnig zu meinen, die gehirnabhängige Repräsentation des Verhältnisses von Bewußtsein und Gehirn wäre schon die ganze Wahrheit. Im Gegenteil, bei dieser Wahrheit handelt es sich um eine *gehirnspezifische* Wahrheit, und das heißt, nach allem was wir als Wesen der Evolution vermuten dürfen: Diese Wahrheit ist äußerst beschränkt und äußerst perspektivisch auf unsere Überlebensbedürfnisse zugeschnitten.

Von den Dingen, wie sie wirklich liegen, wissen wir fast nichts. Nur daß wir in der Lage sind, zu überleben und überlebend Erfahrungen mit der Welt zu machen, läßt uns hoffen, daß das, was wir für die Wahrheit halten, zumindest ein Schatten davon ist, was den Namen »Wahrheit« im eigentlichen Sinne verdient – der Wahrheit nämlich, *die von allen Repräsentationsperspektiven aus Gültigkeit hätte.* Jene uns unzugängliche Wahrheit müßte, in Begriffe gefaßt, den Zusammenhang zwischen Bewußtsein und Materie als einen solchen kenntlich machen, der *ein und dasselbe Geschehen* betrifft.

[...]

2. Schritt. Die Frage, ob ein Leben nach dem Tod ohne jede materielle Grundlage denkbar ist, erscheint vor dem Hintergrund des Gesagten als mißverständlich. Denn wenn wir

überhaupt von einem Leben nach dem Tod reden wollen, so kommen wir nicht umhin, ein Weltmodell ins Auge zu fassen, in dem die materielle Welt, gedacht als die Welt der Physik, Chemie, Biologie, nichts ontologisch Letztes ist. Das Fundament allen Seins kann nicht adäquat durch etwas dargestellt werden, das ausschließlich mit den Begriffen der Naturwissenschaften benannt und analysiert wird. Um für so etwas wie Bewußtsein Platz zu machen, muß im Fundament des Seins von einem Grundvorgang ausgegangen werden, der es gestattet, die zugleich gehirndeterminierte und einem Subjekt bewußte Repräsentation dessen hervorzubringen, was die Wissenschaft schließlich als die »materielle Grundlage des Bewußtseins« benennt und analysiert.

Erst wenn dies zugestanden wird, stellt sich die zweite Frage: die nach dem Überdauern der Personidentität. Das ist eine verwirrende Frage. Denn von einem Leben nach dem Tod kann nur dann die Rede sein, falls die Person, die überlebt, weiß, daß sie die Person ist, die überlebt. Ich, Peter Strasser, lebe nach dem Tod gewiß nur dann weiter, falls ich weiß, daß ich es bin, der weiterlebt. Aber was muß ich wissen, um *das* zu wissen?

Im Diesseits habe ich eine Basisidentität, die darin besteht, daß ich in der Lage bin, meine Bewußtseinsinhalte als *meine* Bewußtseinsinhalte zu registrieren, gleichgültig, um welche Inhalte es sich dabei handelt. Habe ich mein Gedächtnis verloren, so weiß ich immerhin, daß *ich* es bin, der nichts mehr von sich weiß, auch wenn ich mich nicht mehr an mich und meine Geschichte vor dem Gedächtnisverlust erinnere. Jedenfalls muß meine Basisidentität die Fähigkeit umfassen, mich als ein in Raum und Zeit lokalisiertes, von anderen Dingen und Personen abgegrenztes Individuum zu begreifen. Das setzt voraus, daß ich ab einem bestimmten Zeitpunkt in mir und meiner Welt genügend Konstanten vorfinde, um ein hinlänglich kompaktes Selbstbild zu entwickeln. Pointiert gesagt: Ich kann nur ich sein, wenn ich nicht jeden Au-

genblick mein Gedächtnis verliere und nicht in einer chaotischen Welt lebe, die sich einer widerspruchsfreien Beschreibung entzieht.
Was passiert nun, wenn ich sterbe und keinen Körper mehr habe, um mich zu lokalisieren und abzugrenzen? Man ist geneigt, jemandem, der so fragt, folgendermaßen zu antworten: Nun, dann wirst du eben einen Körperersatz haben – sagen wir, einen Geistkörper –, um dich raumzeitlich zu situieren. Doch das ist einfacher gesagt als verstanden. Denn obwohl wir, laut Voraussetzung, bereit sind anzunehmen, daß im Grundvorgang der Welt die empirische Trennung von Subjekt und Objekt, Bewußtsein und Materie ihre Gültigkeit verliert, bleibt es doch rätselhaft, wie der, der sich mit Hilfe seines Geistkörpers identifiziert, weiß, daß er dieselbe Person ist wie vor seinem Tod. Wenn der Tod eine Reise wäre, die darin bestünde, daß ich erlebe, wie ich von meinem empirischen in meinen Geistkörper überwechsle, dann wäre die Lage einfach. Der, der von einem Körper in den anderen reist, wäre ebenderselbe: ich. Doch die Reise in den Tod ist keine Reise von einem empirischen Körper in einen anderen empirischen Körper, der nur ein wenig fadenscheiniger anmutet, so wie die Körper der Gespenster in den Horrorgeschichten. Nein, es handelt sich um eine Reise – falls man hier von »Reise« reden will –, die einen radikalen Bruch darstellt: Im Leben nach dem Tod habe ich keinen physischen Körper mehr; wie immer mir meine Selbstlokalisierung gelingt, sie gelingt nicht mit den Mitteln, die wir im Diesseits empirisch nennen. Das macht die Frage, wie ich wissen kann, daß ich nach dem Tod weiterlebe, extrem irritierend. Solange ich im Jenseits eine Basisidentität habe – oder besser gesagt: etwas Analoges zu dem, was im Diesseits meine Basisidentität ist –, gelingt es mir zwar zu leisten, was mir hierorts gelingt, wenn ich aufwache und an Gedächtnisverlust leide: Ich weiß, daß ich der bin, der sich seine Erlebnisse als *seine* Erlebnisse zuschreibt. Ich erlebe ichhaft in Analogie zu dem, was im Dies-

seits »ichhaft erleben« bedeutet. Aber wie könnte ich, von da ausgehend, wissen, daß ich dieselbe Person bin, die zu Lebzeiten Peter Strasser war? Nur wenn ich *das* weiß, habe ich das Leben im Diesseits überlebt.

[...]

Wenn wir darüber nachdenken, ob es ein Leben nach dem Tod gibt, dann müssen wir auch darüber nachdenken, wie über die Basisidentität hinaus unsere personale Identität gewährleistet wird. Wie ist es möglich, daß ich im Jenseits noch Peter Strasser bin? Bevor wir diese Frage genauer ins Auge fassen, sollten wir erkennen, daß sie zweideutig ist. Denn die Frage nach der personalen Identität ist einerseits eine Frage nach den Merkmalen, über die ich identifizierbar bin und mich selbst identifizieren kann; andererseits jedoch die Frage nach meinem Wesen als Person, und zwar der bestimmten Person, die ich und nur ich bin. Wie wir wissen, handelt es sich hier um zwei Probleme, die voneinander nicht unabhängig sind, sobald es darum geht, die Merkmale, über die ich identifizierbar bin, zugleich als Merkmale aufzufassen, die mir (und anderen) dabei helfen, über mein Wesen als die bestimmte Person, die ich bin – eben Peter Strasser –, Auskunft zu geben.

Im Diesseits bin ich identifizierbar durch meine Biographie, und ich selbst wüßte nicht, wie ich die bestimmte Person, die ich bin, ohne Bezugnahme auf mein Leben charakterisieren sollte. Gleichzeitig jedoch weiß ich, daß meine Biographie mir in bestimmtem Sinne äußerlich bleibt, denn mein Leben hätte auch ganz anders verlaufen können. Obwohl das ein extremes Gedankenexperiment ist, mag ich mich in manchen Momenten meines Lebens sogar fragen, welche Bedeutung es für mich hätte, wenn ich nicht das Kind meiner Eltern wäre. Das konfrontiert mich mit der Schwierigkeit, wer ich denn *eigentlich* sei? Gewiß, ich bin Peter Strasser, und so, wie die Dinge im Diesseits liegen, bin ich über bestimmte Merkmale eindeutig als Peter Strasser identifizierbar. Doch

wer ist das, der auf diese Weise, über seine Eltern, sein Geburtsdatum, seine Schullaufbahn, seine Sozialversicherungsnummer et cetera, identifiziert werden kann?
Was ich wissen möchte, ist, welche Eigenschaften für mich als die Person, die ich bin, *wesentlich* sind, so daß gilt: Wenn mir diese Eigenschaften nicht mehr zukommen, verliere ich meine personale Identität, das heißt, ohne diese Eigenschaften höre ich als die Person, die ich bin – als Peter Strasser –, zu existieren auf. [...] Unser Wesen ist offenbar nichts, das wir einfach vorfinden. Vielmehr bemühen wir uns, so zu handeln und zu sein, daß wir unser Leben zunehmend als eines begreifen können, das für unsere Identität tatsächlich konstitutiv ist. Wir wollen auf einen Punkt hinaus, von dem aus wir sagen dürfen: Wir sind genau die, als die wir uns durch die Wechselfälle des Lebens hindurch selbst verwirklicht haben.

[...]

Nur als Peter Strasser kann es für mich ein Leben nach dem Tod geben, aber dazu genügt es nicht, daß ich im Jenseits eine Basisidentität habe. Abgesehen davon, daß wir uns nicht vorzustellen vermögen, wie sie funktioniert, wissen wir, wie sie *nicht* funktioniert. Wir wissen, daß keines der Merkmale, die ich zur Konstruktion meiner Identität verwende, als Erinnerungsspur mein Gehirn überlebt. Als Erinnerungsspuren, die ich dazu verwende, mich als erlebendes Subjekt mit mir selbst in Beziehung zu setzen, existieren jene Merkmale nur in Abhängigkeit von meinem Gehirn. Sogar unter der Voraussetzung, daß ich im Jenseits in der Lage wäre, zu mir selbst auf eine nichtgehirndeterminierte Weise »ich« zu sagen, könnte ich nicht wissen, ob der, der »ich« sagt, tatsächlich Peter Strasser wäre, also niemand anderes als ich.

[...]

Wenn es Nachlebensmythen gibt, welche die Seele des Menschen in einem noch wesensfernen Zustand überdauern lassen, dann handelt es sich dabei um abgesenkte Formen des

Jenseits. Diese nehmen um so stärker diesseitsnahe Züge an, je mehr sich die Vorstellung eines Jenseits als des Ortes, an dem Erlösung eintritt, bereits aus dem grob Bildhaften befreit hat. Die Seele wird im Fegefeuer gereinigt, oder sie wird in einer Art Geistlooping in einen anderen Körper verfrachtet. Wo der Mythos düster davon ausgeht, daß der wesensferne Zustand der Seele mangels Vervollkommnungsfähigkeit unaufhebbar ist, dort wird die Seele entweder vernichtet oder in einer Folterkammer namens Hölle endgelagert. Wie auch immer, das Leben nach dem Tod und die Erlösung vom Übel gehören innerlich zusammen, was philosophisch betrachtet jedenfalls meint, daß ich, als erlöstes Individuum, der geworden sein werde, der ich bin – mit meinem Wesen identisch. Dieses Resultat bringt uns nun zum dritten Teil unserer Jenseitsfrage: zum Problem der Transformation.
3. Schritt. Was alle Spekulationen über ein Leben nach dem Tod besonders interessant macht, ist die Gewißheit, daß wir als diejenigen, die *gehirndeterminiert* zu sich selbst »ich« sagen, *nicht* überleben werden. Mit dem Tod endet unser Gehirnleben. Auch unter der Voraussetzung, daß wir es für richtig halten, den Primat des Zentralnervensystems durch einen Primat des Bewußtseins zu ersetzen, müssen wir uns damit abfinden, nach dem Tod als die, die wir sind, in einer transformierten Form weiterzuexistieren. Das mag den einen beruhigen, den anderen ängstigen. Das Hauptproblem ist hier jedoch, ein Verständnis dafür zu entwickeln, was »Transformation« meint, soll der Begriff nicht eine Leerformel bleiben oder bloß eine Verschleierung unserer puren Unwissenheit. Ich schlage vor, uns jenen Transformationsvorgang zu vergegenwärtigen, der im Übergang von einem Bewußtsein liegt, das aller Voraussicht nach nicht über Selbstbewußtsein verfügt – sagen wir, dem Bewußtsein eines Hundes –, zu einem Bewußtsein wie dem des Menschen, der über Selbstbewußtsein verfügt. Was immer die Evolutionstheoretiker und Gehirnforscher zu diesem Übergang sagen mögen, er ist vom

Standpunkt jener aus, die über Selbstbewußtsein verfügen und daher von innen her über den Transformationsvorgang nachdenken können, eine Herausforderung. Denn was bei dem Übergang passiert (unabhängig von der Frage, wie er passiert), ist ein Mysterium für sich: Der gesamte Bereich wird neuorganisiert, und zwar in dem Sinne, daß der neue Bereich nicht mehr auf den alten reduzierbar ist. Aus den Elementen des bloß bewußten Lebens allein läßt sich kein selbstbewußtes Leben aufbauen.

[...]

Kommen wir nun zurück zu der Frage des Lebens nach dem Tod. In einem reflektierten Milieu ist allen klar, daß diese Frage, wie immer man sie beantworten möchte, eine Transformation des Bewußtseins voraussetzt. Wir können dabei die Transformation vom Bewußtsein zum Selbstbewußtsein als Modell auffassen und daran die Überlegung knüpfen, was eine *weitergehende Transformation* zum Inhalt haben könnte. Nach dem bisher Gesagten liegt folgende Antwort nahe: Auf unserer Ebene des Daseins ist es unvermeidlich, daß mit der Tatsache des Selbstbewußtseins die Kluft zwischen Basisidentität und personaler Identität nicht zu schließen ist. Solange ich bloß weiß, daß ich der bin, der ich bin, weiß ich nicht, wer ich bin; und alle empirischen Merkmale, die im Laufe meines Lebens meine personale Identität festlegen und verdichten, bleiben mir mehr oder minder äußerlich. Um die zu werden, die wir sind, bedarf es einer Transformation. Ist sie vollzogen, dann werden wir noch immer die sein, die wir sind, aber auf eine Weise, die uns jetzt, im Zustand der Gehirndeterminiertheit unseres Bewußtseins, ebensowenig zugänglich ist wie meinem Hund jene Art der Erlebnisse, auf die ich mich stütze, wenn ich meinem Hund Erlebnisse zuschreibe. Nennen wir den Zustand, in dem wir zu uns selbst gefunden haben werden, das Leben nach dem Tod. Denn ohne Tod keine Transformation.

So stellt sich am Schluß heraus, daß in einer philosophischen

Rekonstruktion die Frage nach dem Jenseits auf das engste mit der Frage nach unserer Identität verknüpft ist. Ja, man könnte sagen, daß erst dadurch, daß wir die Frage nach dem Jenseits auf der philosophischen Ebene ernst nehmen, uns bemerkbar wird, daß unsere Identität als die bestimmte Person, die wir sind, von Anfang an eine Tendenz zur Transformation in sich birgt. Denn was die Bedeutung meiner Identität ist – die Bedeutung davon, daß ich bin, der ich bin –, weiß ich erst dann, wenn ich weiß, was es bedeutet, daß ich sein werde, der ich bin. Das ist kein Wissen, welches sich hierorts, am Ort des Gehirns, den wir Diesseits nannten, gewinnen ließe. Trotzdem sind wir als Ich-Sucher metaphysisch bewegt; wir sind transformationsstrebig. Das ist die zentrale Tugend des Selbstseinwollens in der Welt.

ROBERT PFALLER

Das Unglaubliche

Über Illusion, Lust und Kultur

In meinem Beitrag möchte ich zeigen, daß sich hinter der beliebten moralischen Frage nach dem Wert oder Unwert von Lüge und Täuschung eine ganz andere, kulturtheoretische Frage verbirgt. Denn der entscheidende Punkt des Problems liegt darin, daß Täuschungen eine wichtige soziale Funktion erfüllen und daß sogar eine beträchtliche zivilisierende Wirkung von ihnen ausgehen kann. Lassen Sie mich, um das zu illustrieren, mit einer kleinen Anekdote beginnen. Eine ältere Dame hat sich vor einiger Zeit einen Hund angeschafft. Dame und Hund bewohnen eine Mietwohnung in einem mehrstöckigen Haus in der Stadt. Immer wenn der Hund nun jemanden im Stiegenhaus des Gebäudes wahrgenommen hat, ist er zur Wohnungstür gelaufen, um den Fremden draußen energisch zu verbellen. Die Dame, die aufgrund des häufigen und immer lang anhaltenden Gebells einen Verdruß mit den übrigen Hausbewohnern befürchtete, hat daraufhin eingegriffen und den Hund erzogen. Die neue Regel, die sie ihm beigebracht hat, lautet so: Wenn draußen jemand ist, soll der Hund zweimal bellen, dann aber muß er zu bellen aufhören und zur Dame kommen. Dort bekommt er zur Belohnung dafür, daß er gebellt und wieder zu bellen aufgehört hat, ein Keks. Wie Sie vielleicht schon vermuten werden, ist diese schöne Regel natürlich anfällig für Mißbrauch. So hat die Dame seit einiger Zeit den Verdacht, daß der Hund mitunter auch dann zweimal bellt, wenn draußen gar niemand ist, sondern wenn er einfach nur mal Lust darauf hat, ein Keks zu bekommen.

Wenn wir uns überlegen, welche Motivation hinter diesem

trügerischen Verhalten steckt, so scheint uns zunächst eine Antwort naheliegend, ja fast unausweichlich: Aus listigem Eigennutz, möchten wir meinen, hat das Tier so gehandelt. Immerhin springt ja am Ende ein Keks heraus. Aber es gibt in dieser Anekdote noch eine zweite Episode. Da die Philosophie, wie Ludwig Wittgenstein gezeigt hat, eine Kunst ist, aus Beispielen zu lernen, möchte ich Ihnen auch diese zweite Episode erzählen. Sehen Sie sich einmal die an, und überlegen Sie, ob diese Episode die Perspektive auf diese Frage nicht beträchtlich verändert – und in welchem anderen Licht sie das Verhalten des Tieres zeigt.

Die Dame hat es verstanden, ihrem Hund auch beizubringen, mit ihr Verstecken zu spielen. Das geht so: Sie zeigt ihm einen kleinen Gegenstand, dann muß der Hund hinter einen Vorhang, die Dame verbirgt das Objekt irgendwo und ruft den Hund, der es suchen muß. Nun hat sie aber seit einiger Zeit bemerken müssen, daß der Hund bei diesem Spiel schwindelt. Er guckt nämlich zwischendurch kurz hinter dem Vorhang hervor, um zu sehen, wo sie das Objekt hingibt. Aber nicht genug damit: Wenn er gerufen wird, kommt er heraus und sucht zunächst ganz woanders, um das Ding, von dem er doch genau weiß, wo es ist, erst am Ende einer längeren Suche zu finden.

Wenn wir bei diesem Beispiel nach der Motivation der Täuschung fragen, so stellt sich die Lage weitaus komplexer dar als zuvor. Denn hier springt für das schlaue Tier kein Keks heraus. Ich glaube, wenn wir erklären wollen, weshalb der kleine Kerl sich zu einer solch beachtlichen Intelligenzleistung aufrafft, dann müssen wir nun vielmehr sagen: Der will seiner Besitzerin eine Freude machen. Er hat vielleicht nicht ganz mitbekommen (oder es ist ihm nicht wichtig), worin der Sinn oder der Reiz des Versteckspiels liegt. Aber er hat sehr sensibel darauf geachtet, welche Bedingungen gegeben sein müssen, damit seine Besitzerin am Ende froh ist. Er hat verstanden: Es kommt bei der Sache offenbar darauf an, daß er zuerst woanders nachsieht und erst nach einer Weile dort, wo das Ding wirklich ist. So spielt der Hund mithilfe seines kleinen Tricks eben genau, was sie will (beziehungsweise wovon er das glaubt): Erst spielt er Suchen, dann Finden. Dame und Hund spielen somit, genau betrachtet, eigentlich nicht dasselbe, sondern zwei verschiedene Spiele: Die Dame spielt mit dem Hund »Verstecken« – ein Geschicklichkeits- beziehungsweise Wettkampfspiel; er hingegen spielt mit ihr »Verstecken spielen« – eine Mimikry[1], ein Imitations- oder Schauspiel (bei dem es allerdings auch auf eine Geschicklichkeit – eben die der Täuschung – ankommt).

Täuschung und Rücksicht.
Lügen mit der Wahrheit

Aus dieser spielerischen Verstellung des gelehrigen Haustieres können wir, glaube ich, eine Lehre ziehen und eine wichtige Schlußfolgerung über die Rolle der Täuschung innerhalb der Kultur gewinnen[2]: *Die Täuschung setzt eine Rücksichtnahme auf den anderen voraus.* Um jemanden täuschen zu können, müssen Sie sich ein Bild von den Wünschen und Erwartungen des anderen gemacht haben. Um die Wahrheit zu sagen, brauchen Sie das hingegen nicht. Da müssen Sie sich nur mit dem Sachverhalt beschäftigen, den Sie beschreiben, nicht aber mit der Person, zu der Sie sprechen. Die Wahrhaftigkeit ist also oft nicht mehr als eine Form der Bequemlichkeit; man erspart es sich einfach, sich mit dem anderen zu beschäftigen, mit dem man kommuniziert. Deshalb gibt es eben viele verletzende Wahrheiten – und sie sind oft sogar dann verletzend, wenn ihr Inhalt selbst gar nicht so schlimm wäre: denn sie verraten einen Mangel an Beschäftigung mit dem anderen.

Auf der anderen Seite läßt sich damit erklären, weshalb man sogar mit der Wahrheit lügen kann. Denn Lügen besteht nicht einfach darin, absichtlich Dinge zu sagen, die nicht der Wahrheit entsprechen. Die Lüge hat ihre Grundlage nicht im Verhältnis der Aussage *zu ihrem Gegenstand*, sondern vielmehr in einem bestimmten Verhältnis der Aussage *zu den Erwartungen des Kommunikationspartners*.

Denken Sie nur an den berühmten »Lemberg-Krakau«-Witz, den Freud untersucht hat – wo ein Mann den anderen fragt: »Fährst du nach Lemberg oder nach Krakau?«, und der andere antwortet: »Nach Krakau.« Der erste wird dann wütend und sagt: »Du sagst doch nur, du fährst nach Krakau, damit ich, der ich glaube, daß du lügst, glaube, du fährst nach Lemberg. Nun weiß ich aber zufällig, daß du wirklich nach Krakau fährst, also wozu lügst du mich an!«[3]

Was der Zornige seinem Bekannten – nicht ganz ohne Recht – vorwirft, ist, daß dieser eine Konvention verletzt hat, die zwischen ihnen besteht. Die beiden lügen eben immer, wenn sie miteinander reden, und so kann man sich darauf verlassen, daß das Gegenteil von dem wahr sein wird, was der andere sagt. Genau diese Gewißheit scheint dem Zornigen aber nun erschüttert, und er sieht die Lüge darin, daß der andere die Erwartung, er werde lügen, enttäuscht und ihn eben genau dadurch täuscht. [...]

Als Philosoph, der an einer Kunstuniversität beschäftigt ist, habe ich Anlaß gehabt, mich mit dieser sozialen Dimension der Täuschung auseinanderzusetzen. Insbesondere deshalb, weil gerade in der Kunst, die doch seit Platon dafür berüchtigt war, mit Täuschungen zu operieren, in den letzten Jahren – fast so, als hätte sie sich diesen alten Vorwurf nun zu Herzen genommen – eine eigentümliche Wahrheitsbesessenheit und Wissenschaftsgläubigkeit ausgebrochen ist. Während die Naturwissenschaften uns fast jede Woche mit einer neuen unglaublichen Erfindung, mit »Quarks«, »Wurmlöchern« oder ähnlichen Fabelwesen amüsieren und verführen, präsentiert uns die Kunst unter der Anleitung ihrer Kuratoren derzeit oft nur möglichst wahrheitsgetreu,

etwas oberlehrerhaft und sehr glanzlos ein sorgfältig recherchiertes soziales, identitätspolitisches oder ökologisches Problem.
Bei dieser Vorherrschaft des sozialen Interesses wird allerdings von den Künstlern oft übersehen, daß gerade die Täuschung selbst, wie wir an den zuvor erläuterten Beispielen erkennen konnten, ein zutiefst sozialer Vorgang ist und daß sie ein hohes Maß von Beschäftigung mit dem anderen voraussetzt. Auch die gesellschaftliche Wirksamkeit der Kunst ist gerade in diesem sozialen Bereich der Täuschungen am größten: Denn die Kunst kann nur dann etwas bewirken, wenn sie im gesellschaftlichen Imaginären interveniert. Sie kann nur dort wirksam eingreifen, wo die Leute etwas glauben, glauben möchten oder wünschen; nicht aber dort, wo sie etwas wissen oder nicht wissen.

Täuschungen, die niemanden täuschen

Gerade an jener anderen, früheren Kunst, die noch massiv getäuscht hat, kann man hingegen erkennen, wie sehr das Täuschen mit sozialen Vorgängen zu tun hat. Insbesondere ein Typ von Täuschung spielt dabei eine wichtige Rolle: nämlich jene Täuschung, die für alle Beteiligten als Täuschung durchschaubar ist. Die Täuschungen der Kunst waren, glaube ich, immer von dieser Art: Denken Sie zum Beispiel an die sogenannte Trompe-l'œil-Malerei. Dort wird etwa ein Stück Landschaftsmalerei gezeigt, und es sieht so aus, als ob über dem Gemälde eine Glasplatte läge, die zerbrochen ist. Nun ist aber allen Beteiligten sofort klar, daß auch die gebrochene Glasplatte gemalt, ein Kunstgriff des Malers ist. »Man hätte glauben können ...«, sagen die Betrachter dann amüsiert. Sie selbst haben es allerdings keinen Augenblick lang geglaubt. Das Durchschauen der Täuschung ist dabei eine entscheidende Bedingung für den Genuß: Nur wer die Illusion durchschaut, kann sich an dem Gesehenen erfreuen; wer den Glasbruch hingegen für einen Transportschaden hält, wird kaum Lust daraus beziehen können. Der soziale Vorgang dieser Kunst, der Transfer von Lust vom Maler zu den Betrachtern, verläuft also über eine von beiden Seiten durchschaute Täuschung.

Dieser Austausch von durchschauten Täuschungen bildet das Prinzip einer Reihe von sozialen Vorgängen, ohne die ein Leben in Gesellschaft kaum möglich wäre. Immanuel Kant hat das sehr präzise in bezug auf die Höflichkeit festgestellt. Denn die Höflichkeit ist, so Kant, eine Täuschung, von der niemand getäuscht wird. Zugleich aber bildet dieser Austausch von durchschauten Illusionen selbst eine Realität, die von großer Wirkungskraft ist. Die Täuschungen, die niemanden täuschen, betrügen nämlich, wie Kant feststellt, letztlich die »Betrüger« selbst. Gerade dadurch, daß sie für bloße Illusionen und mithin für unbedeutend gehalten werden, bewirken sie eine bedeutende Besserung der Sitten: Sie leiten eine Zivilisierung der Menschen ein und führen dadurch, so Kant, auch eine wirkliche Veränderung ihrer Gesinnungen herbei.[4]

Ausgehend von solchen Überlegungen habe ich vor kurzem eine allgemeine kulturtheoretische These formuliert. Sie lautet: *Gesellschaften sind umso kultivierter, je eher sie in der Lage sind, an durchschauten Täuschungen zärtlich festzuhalten.* Mit dem Begriff des Unglaublichen im Titel meines Vortrages möchte ich also genau diese Illusionen der Kunst und der Kultur bezeichnen – diese von Kant so präzise beschriebenen Täuschungen, die zwar niemanden täuschen, wohl aber die »Betrüger« selbst betrügen und dadurch bessern.

Um diesen eigenartigen Typ von Täuschung begrifflich zu fassen und die Schwankungen seiner in der Geschichte so unterschiedlichen Wertschätzung nachzuzeichnen und erklärbar zu machen, benötigen wir eine erste theoretische Operation. Wir müssen danach fragen, in welchem Verhältnis die Illusionen zu den Leuten stehen, die mit diesen Illusionen Umgang haben. Nicht ob die Illusionen wahr oder unwahr sind, ist also die Frage, sondern vielmehr, was die Leute damit tun, obwohl sie alle wissen (oder zu wissen glauben), daß sie unwahr sind. Diese Fragestellung hat mich zu einem neuen Begriff geführt – dem Begriff der Einbildungen ohne Eigentümer.

Einbildungen ohne Eigentümer

Erlauben Sie mir dazu eine erneute Veranschaulichung. Stellen Sie sich vor, Sie sitzen in einem Café und lesen Zeitung, während Sie auf einen Freund warten. Dann kommt der Freund, er begrüßt Sie und sagt: »Entschuldige, kann ich kurz deine Zeitung haben? Ich weiß, es ist dumm, aber ich muß jetzt unbedingt wissen, wie das gestrige Fußballmatch ausgegangen ist.«

Was wir hier antreffen, ist eine sehr eigenartige Beziehung zwischen einem Subjekt und einer Illusion (in diesem Fall der Illusion, daß Sportresultate von Bedeutung wären): Der Freund stimmt keineswegs mit der Illusion überein. Im Gegenteil: Indem er feststellt, daß er genau weiß, daß sie ganz dumm ist, begibt er sich auf Distanz zu dieser Illusion. Er erklärt sich nicht zum Subjekt dieser Illusion. Er behauptet nicht, daß das seine Illusion wäre, er erhebt keinen Anspruch darauf, ihr Eigentümer zu sein.

Diese Struktur ist sehr verschieden von dem, was wir üblicherweise antreffen. Denn das übliche Verhältnis zwischen einer Illusion und einem Subjekt besteht darin, daß sich das Subjekt stolz zum Eigentümer der Illusion erklärt – indem es zum Beispiel festhält, daß es an Gott glaubt oder an ein Leben nach dem Tod oder an die menschliche Vernunft oder auch an die Selbstregulierung der Finanzmärkte.

Solche Subjekte stimmen völlig mit ihren Illusionen überein, und sie machen ihren Besitzanspruch an diesen Einbildungen mit Stolz geltend. Sie würden sich niemals auf Distanz zu ihren Einbildungen begeben, zum Beispiel indem sie etwas sagen würden wie: »Ich weiß, es ist ganz dumm, aber ich muß jetzt in die Kirche gehen«, oder: »Ich weiß, es ist idiotisch, aber ich glaube an die Selbstregulierung der Finanzmärkte.«

Es scheint also, daß wir es mit zwei verschiedenen Typen von Einbildung zu tun haben: Einbildungen mit Eigentümern und Einbildungen mit Leuten, die nicht ihre Eigentümer sind; Illusionen mit Subjekten und Illusionen ohne Subjekte. Wir haben somit eine Unterscheidung entdeckt, die sich nicht so sehr auf den Inhalt der Einbildungen bezieht als vielmehr auf die Form; auf die unterschiedlichen Verhältnisse, die zwischen Illusionen und Subjekten bestehen können; auf die verschiedenen Arten, wie Leute sich zu Einbildungen verhalten können (mag deren Inhalt derselbe sein oder nicht).

Der französische Psychoanalytiker Octave Mannoni hat, indem er sein Interesse auf diese formale Differenz zwischen Einbildungen richtete, eine wichtige begriffliche Unterscheidung getroffen. Er bezeichnete eine Einbildung *mit Eigentümern* als »foi«. Einbildungen *ohne Eigentümer* dagegen nannte er »croyances« (ein Wort, das im Französischen, ebenso wie das Wort »beliefs« im Englischen, einen Plural hat; im Deutschen kann dieser Terminus darum nur mit Verlusten als »Aberglaube« wiedergegeben werden). Bezeichnen wir also eine Einbildung, zu der wir Eigentümer, das heißt bekennende Subjekte, vorfinden, als *Bekenntnis* (foi); und unterscheiden wir davon die Einbildung ohne solche bekennende Eigentümer, den *Aberglauben* (croyance).

Mannoni betonte nun, daß viele dieser abergläubischen »croyances«, dieser Einbildungen ohne Eigentümer, *mit Notwendigkeit ohne Eigentümer* sind – daß sie also niemals von irgend jemandem geglaubt worden sind. Indem er sie mit der

Formel »Ich weiß zwar, dennoch aber ...« (»Je sais bien, mais quand même ...«) kennzeichnete, machte Mannoni zugleich deutlich, daß diese Einbildungen gerade denjenigen kulturellen Feldern zugehören, die mit der Erzeugung von *Lust* zu tun haben: Sie sind am Werk im Film, im Theater, im Varieté et cetera. (So können zum Beispiel Zuschauer, die den Film »Ein Fisch namens Wanda« gesehen haben, die Formel Mannonis zum Ausdruck bringen, indem sie sagen: »*Ich weiß zwar*, daß das ein Riesenblödsinn ist, *dennoch aber* ist es wahnsinnig lustig.«) Die *croyances*, die Einbildungen ohne Eigentümer, können als das Lustprinzip in der Kultur bezeichnet werden.[5] In der »foi« hingegen, in der Einbildung mit Eigentümern, geht es überhaupt nicht um Lust; ihre Libido-Ökonomie ist vielmehr auf den Effekt der *Selbstachtung* ausgerichtet, der einer narzißtischen Leidenschaft entspricht.

Mithilfe dieser begrifflichen Instrumente war es Mannoni möglich, zu erkennen, daß das Imaginäre innerhalb einer Gesellschaft in zwei möglichen Formen existieren kann: Entweder gibt es *croyance* alleine, das heißt: nichts als Einbildungen ohne Eigentümer, oder es gibt Einbildungen ohne Eigentümer, überlagert von solchen mit Eigentümern – *croyances*, überdeckt und dominiert durch *foi*. Beispiele für den ersten Fall – Kulturen, die nur *croyances* kannten – sind die antike griechische Kultur (die bekanntlich die erstaunten Gelehrten immer wieder dazu brachte, sich zu fragen, ob die Griechen »wirklich« an ihre Götter geglaubt hätten) und die magischen Kulturen, wie Sigmund Freud sie in seiner Studie »Totem und Tabu« beschreibt: In solchen Kulturen hätte niemals jemand einen Besitzanspruch auf jene Illusionen erhoben, die das gesellschaftliche Imaginäre ausmachen (zum Beispiel indem er gesagt hätte: »Ich glaube fest an Götter, die Ehebruch begehen«, oder »... an magische Praktiken«).

Den zweiten möglichen Fall – Aberglauben, der durch ein Bekenntnis überdeckt wird, *croyances* überlagert von *foi* – finden wir zum Beispiel in den gegenwärtigen westlichen Gesellschaften: Wir sind Eigentümer bestimmter Einbildungen, und wir erheben Anspruch auf ihren Besitz, aber das bringt immer auch einige Elemente von Aberglauben mit sich. Christen zum Beispiel glauben an einen einzigen guten, allwissenden und unsichtbaren Gott, aber irgendwie können sie es nicht vermeiden, dabei auch an sichtbare Figuren wie den Weihnachtsmann oder den Osterhasen zu glauben. Einige ihrer Rituale würden sie als Ausdruck ihres Bekenntnisses betrachten (zum Beispiel die heilige Messe), aber ebenso haben sie auch andere Rituale, die sie sich nicht in derselben Weise aneignen können – zum Beispiel die Karnevalsriten. Das Christentum hat es also niemals fertiggebracht, den Status des »alleinigen Glaubens« (»faith alone«) zu erreichen; bis heute wurde es immer begleitet von »unsinnigen«, abergläubischen Elementen. Es gelang ihm nie, jene »Religion der reinen Vernunft« zu werden, von der die Philosophen der Aufklärung wie David Hume und Immanuel Kant geträumt haben.

Die Selbsttäuschungen der Aufgeklärten

Mannonis Entdeckung – daß der Aberglaube unabhängig vom Bekenntnis, das Bekenntnis jedoch niemals unabhängig vom Aberglauben bestehen kann – ist von enormer Bedeutung für die Kulturwissenschaften. Ausgehend von dieser Entdeckung ist es möglich, eine grundlegende Tendenz innerhalb vieler Kulturen zu entdecken: einen Prozeß, innerhalb dessen der Aberglaube mehr und mehr vom Bekenntnis überlagert und überdeckt wird. Es gibt nahezu in jeder Kultur eine sich steigernde Feindseligkeit gegen ihre eigenen abergläubischen Elemente. So unterscheiden sich urbane Eliten zum Beispiel von der ländlichen Bevölkerung, indem sie keinerlei Karnevalsriten praktizieren: »Wir sind nicht so blöd«, sagen sie dann, »daß wir solche kindischen

Sachen machen würden« (zum Beispiel Verkleidungen oder rote Pappnasen zu tragen). Aber auf diese Weise übersehen die Stadtbewohner, daß auch die Leute vom Land, die solche Dinge sehr wohl machen, nicht so dumm sind, an sie zu glauben: Vielmehr gerade weil sie wissen, daß diese Sachen Blödsinn sind, können sie so viel Vergnügen daraus ziehen. Beide Gruppen verfügen über das »bessere Wissen«, das sie auf Distanz bringt gegenüber dem Glauben an Karnevalsverkleidungen – aber nur die eine der beiden Gruppen macht aus diesem Wissen ein Argument, keine Lust daraus zu gewinnen. Im Namen eines »Erkenntnisfortschritts«, der in Wahrheit keiner ist, wird ein Verlust an Vergnügen gerechtfertigt. Was sich selbst als ein »aufklärerischer Fortschritt« ausgibt, ist in Wahrheit eine gesteigerte Feindseligkeit gegen den Aberglauben in der Kultur sowie gegen die Lust, die dieser mit sich bringt.

Eine weitere wichtige Konsequenz aus Mannonis Entdeckung betrifft eine bestimmte Verkennung, die charakteristisch ist für Kulturen, in denen das Bekenntnis über den Aberglauben dominiert. Solche Bekenntniskulturen neigen zu einem doppelten Mißverständnis: *Erstens übersehen sie ihren eigenen Aberglauben, und zweitens halten sie den Aberglauben der anderen für deren Bekenntnis.* In der Auseinandersetzung mit einer fremden Kultur neigen die sogenannten »Zivilisierten« (wie zum Beispiel der englische Anthropologe James George Frazer) zur Ansicht, sie selbst würden keine Magie betreiben, weil sie nicht daran glaubten; die »Wilden« hingegen, so meinen sie, würden an die magischen Praktiken glauben, die sie pflegen.

Beide Annahmen sind jedoch falsch, wie Ludwig Wittgenstein in seiner Kritik an Frazer gezeigt hat: Auf der einen Seite glauben die sogenannten Wilden nicht wirklich (das heißt bekenntnishaft) an ihre magischen, symbolischen Praktiken. Denn sie verwechseln sie niemals mit wirklichen, technischen Maßnahmen. Vielmehr sind sie durchaus in der

Lage, zwischen Situationen zu unterscheiden, in denen sie Voodoo praktizieren, und solchen, in denen sie mit Pfeilen auf ihre Feinde schießen. Auf der anderen Seite begehen die »Zivilisierten«, die ja bekanntlich nicht an Magie glauben, dennoch auch magische Akte: Sie küssen die Fotos ihrer Geliebten, oder sie sprechen zu ihren Autos, wenn die nicht starten. [...]
Es ist das Verdienst der psychoanalytischen Theorie von Octave Mannoni, uns den entscheidenden Hinweis für eine Wertschätzung des Unglaublichen geliefert zu haben. Das zärtliche Festhalten an den durchschauten Illusionen wird es uns ermöglichen, geselliger, politisch handlungsfähiger und – da das Unglaubliche das Lustprinzip in der Kultur darstellt – auch glücklicher zu werden.

LITERATUR

Caillois, Roger, [1958], Die Spiele und die Menschen. Maske und Rausch, München/Wien: Langen Müller o. J.

Freud, Sigmund, 1905c, Der Witz und seine Beziehung zum Unbewußten, in: ders., Studienausgabe, Bd. IV, Frankfurt a. M.: Fischer 1989, S. 9–219.

Freud, Sigmund, 1907b, Zwangshandlungen und Religionsübungen, in: ders., Studienausgabe, Bd. VII, Frankfurt a. M.: Fischer 1989, S. 11–21.

Grunberger, Béla/Dessuant, Pierre, 2000, Narzißmus, Christentum, Antisemitismus. Eine psychoanalytische Untersuchung, Stuttgart: Klett-Cotta.

Hughes, Robert, 1994, Nachrichten aus dem Jammertal (The Culture of complaint). Wie sich die Amerikaner in »political correctness« verstrickt haben, München: Kindler.

Huizinga, Johan, 1956, Homo Ludens. Vom Ursprung der Kultur im Spiel, Reinbek: Rowohlt.

Kant, Immanuel, 1978, Anthropologie in pragmatischer Hinsicht, in: ders., Werkausgabe, Bd. XII, 2. Aufl. Frankfurt a. M.: Suhrkamp.

Mannoni, Octave, 1985, Clefs pour l'Imaginaire ou l'Autre Scène, Mayenne: Seuil.

Pfaller, Robert, 2002, Die Illusionen der anderen. Über das Lustprinzip in der Kultur, Frankfurt a. M.: Suhrkamp.

Sennett, Richard, 2001, Verfall und Ende des öffentlichen Lebens. Die Tyrannei der Intimität, 12. Aufl. Frankfurt a. M.: Fischer.
Wittgenstein, Ludwig, 1989, Bemerkungen über Frazers *Golden Bough*, in: L. Wittgenstein, Vortrag über Ethik und andere kleine Schriften, hrsg. u. übers. v. J. Schulte, Frankfurt a. M. 1989, S. 29–46.
Zizek, Slavoj, 1991, Liebe dein Symptom wie dich selbst! Jacques Lacans Psychoanalyse und die Medien, Berlin: Merve.

ANMERKUNGEN

1 Ich beziehe mich hier auf die Klassifikation der Spiele, die Roger Caillois entwickelt hat (s. Caillois, [1958]: S. 18).
2 Daß wir hier ausgerechnet von einem Tier etwas über die Kultur lernen, sollte uns nicht abschrecken. Wie Johan Huizinga, der das Spiel als Ursprung jeglicher Kultur betrachtete, betont hat, müssen wir die Tatsache, daß Tiere zu spielen verstehen, zur Kenntnis nehmen – und bereit sein, die entsprechenden Schlußfolgerungen zu ziehen: zum Beispiel, daß die Tiere eben nicht »an den Pfahl des Augenblicks« gebunden sind, sondern vielmehr zwischen einem Moment des Spiels, in dem es »nicht echt« ist, und einem Moment »echter«, außerspielerischer Wirklichkeit zu unterscheiden vermögen (s. Huizinga, 1956: S. 9).
3 Siehe Freud, 1905c: S. 109.
4 Siehe Kant, 1978: S. 442 ff. (BA 42–45).
5 Klarerweise wird der Begriff des Lustprinzips hier in einem anderen Sinn gebraucht als bei Freud. Dort bezeichnet er das Theorem, demzufolge alle psychischen Vorgänge durch einen Zustand der Unlust ausgelöst werden und auf die Beseitigung dieser Unlust beziehungsweise auf die Erzeugung von Lust gerichtet sind. Hier hingegen wird unter »Lustprinzip« nur jene Struktur verstanden, die dem Erleben von Lust zugrunde liegt.

ANNEMARIE PIEPER

Der evaluierte Mensch

Von der Menschenwürde zum Humankapital

In unserer Lebenswelt hat alles seinen Preis, nicht nur die natürlichen Ressourcen und die Dinge, sondern auch die Menschen. Zwar läuft niemand mit einem angehefteten Preisetikett durch die Gegend, aber wir taxieren andere automatisch: anhand ihres Aussehens, ihrer Kleidung, der Art, wie sie sich bewegen, sprechen, sich verhalten. In lange zurückliegenden Zeiten mag die blitzschnelle Einschätzung, insbesondere von Fremden, überlebenswichtig gewesen sein: Freund oder Feind? Besser, man bemächtigt sich seines Skalps als Trophäe für die eigene Überlegenheit, als die Konfrontation mit dem Leben zu bezahlen. Die heutigen Kopfjäger hingegen, die so genannten Headhunter, bemessen den Wert einer Person an den Spitzengehältern, die der freie Markt für die Fähigkeiten ihres Kopfes zu zahlen bereit ist. Letztendlich ist dieser freie Markt den alten Sklavenmärkten in mancher Hinsicht nicht unähnlich. Nur dass man nicht von anderen feilgeboten wird, sondern als sein eigener Sklavenhalter agiert, indem man selbst seine Vorzüge anpreist: zum Beispiel in Bewerbungsschreiben und Vorstellungsgesprächen, aber auch in Heiratsannoncen und Bekanntschaftsanzeigen. Das Selbstwertgefühl leidet enorm, wenn man weder hier noch da Erfolg hat, als Muster ohne Wert wegrationalisiert oder abqualifiziert wird.

Ich möchte im Folgenden drei Fragen nachgehen. Die erste fragt nach der Herkunft der Werte. Woher kommen unsere Wertvorstellungen? Die zweite Frage geht der Entwertung von Werten nach. Was führt zu einem Wertewandel? Die dritte Frage bezieht sich auf den Maßstab von Werturteilen. Wie lassen sich Werturteile hinsichtlich ihrer Verbindlichkeit begründen?

1. Woher kommen unsere Wertvorstellungen?

[…] Werte kamen erst mit einem Wesen ins Spiel, das Pläne entwerfen und Alternativen gegeneinander abwägen konnte, um herauszufinden, welche von vorstellbaren, in Gedanken vorwegnehmbaren Wirklichkeiten die wünschenswerteste und damit vorzuziehen ist. Der Mensch ist aufgrund seiner Fähigkeit, seine Zukunft planend zu gestalten, Urheber der Werte. Indem er eigene Zielsetzungen zu verfolgen begann, um einen Zusammenhang und Sinn in das von ihm Überschaubare zu bringen, klinkte er sich bis zu einem gewissen Grad aus der biologischen Evolution aus und leitete die kulturelle Evolution ein. Dieser Akt der Emanzipation durch Wertschöpfung machte den Menschen zu einem autonomen Wesen, das sich Freiheit zuschrieb, Freiheit im negativen Sinn als Freiheit von der Kausalität des Zufälligen und Freiheit im positiven Sinn als Freiheit zu selbstbestimmten Lebensentwürfen. Er strebt danach, etwas Eigenes zu verwirklichen, etwas, das für ihn Wert hat, weil er es als wünschenswert erachtet und umzusetzen trachtet, anstatt sich durch Vorgegebenes instrumentalisieren zu lassen.
[…] Nietzsche war es, der den Menschen geradezu als wertendes, schätzendes Wesen definierte. »Werthe legte erst der Mensch in die Dinge, sich zu erhalten, – er schuf erst den Dingen Sinn, einen Menschen-Sinn! Darum nennt er sich ›Mensch‹, das ist: der Schätzende.« (KSA 4, 75) In seiner Rede »Von tausend und Einem Ziele« macht Zarathustra den Ursprung der Werte am schöpferischen, schaffenden Menschen fest. »Schätzen ist Schaffen […] Schätzen selber ist aller geschätzten Dinge Schatz und Kleinod. / Durch das Schätzen

erst giebt es Werth: und ohne das Schätzen wäre die Nuss des Daseins hohl.« (Ebd.)
Nietzsche rekonstruiert die Genealogie der Werte im Rückgang auf das Sinnverlangen des Menschen, der die Dinge zu sich ins Verhältnis setzt und daraufhin taxiert, welchen Wert sie für ihn haben. Es gibt demnach keine Werte an sich, keine dem menschlichen Urteilsvermögen vorgegebenen Wertstandards, an denen der Einzelne oder die Gemeinschaft sich orientiert. Vielmehr repräsentieren Werte »oberste Wünschbarkeit[en]«. (6, 172) Anfänglich war es laut Nietzsche die Perspektive der Nützlichkeit, aus welcher den Dingen Wert respektive Unwert zugeschrieben und als ihr Sinn eingeschrieben wurde. Was mir nützt, ist gut, was mir schadet, schlecht. [...]

2. Was führt zu einem Wertewandel?

[...] Werte und Normen sind der stabilisierende Faktor in einer Handlungsgemeinschaft; sie regeln die Praxis nach generell anerkannten, exemplarischen oder typischen Handlungsmustern, die zugleich das Handlungsgefüge insgesamt durchschaubar und einzelne Handlungen bis zu einem gewissen Grad prognostizierbar machen. Wir verlassen uns in der Regel darauf, dass wir ein Wertbewusstsein teilen, welches bestimmte Formen von Praxis auszeichnet, andere mit Sanktionen belegt. Umso beunruhigender muss daher die Konstatierung eines Wertewandels wirken, wenn damit gemeint ist, dass Werte und Normen ebendieser stabilisierenden, das Kollektiv zusammenhaltenden Kraft verlustig gehen und dadurch möglicherweise den Zerfall der Handlungsgemeinschaft herbeiführen.
Man muss jedoch klären, was genau es eigentlich ist, das sich ändert, wenn man in der Praxis von einem Wertewandel spricht, warum und woraufhin die Veränderung geschieht.

Was also ändert sich, wenn jemand mit Besorgnis, vielleicht aber auch mit Genugtuung feststellt, bestimmte Wertüberzeugungen hätten sich geändert? Dies kann grob vereinfacht dreierlei bedeuten:

(1) Was gestern noch galt, hat heute seine Verbindlichkeit verloren, und an dessen Stelle ist eine neue Norm auf der Basis eines anderen Wertes getreten. Es handelt sich hierbei um einen Prozess der Abwertung und Ersetzung althergebrachter Wertvorstellungen und damit verbundener normativer Ansprüche durch neue Wertsetzungen, wenn man etwa im Bereich der Erziehung und im Verhältnis der Geschlechter zueinander den Wert des Gehorsams durch den Wert der Emanzipation ersetzt.

(2) Die Norm und der an sie gekoppelte Wert bleiben in Bezug auf die Geltung unverändert; was sich ändert, sind die typischen Handlungsmuster oder Sachverhalte, denen dieser Wert zugesprochen wird. So bezieht man zum Beispiel den Wert der Tapferkeit nicht mehr in erster Linie auf Kriegshandlungen, sondern auf die Bewältigung schwieriger Alltagssituationen, in denen jemand seinen Mann respektive ihre Frau steht. Mit der Veränderung geht in diesem Fall von Wertewandel keine Abwertung einher, sondern eine Umwertung, ausgelöst durch das geschichtlich sich ändernde Selbstverständnis von Menschen und die durch raschen soziokulturellen Fortschritt sich neu eröffnenden Situationen, für welche nach Maßgabe der alten, überlebten Werte neue, verbindliche Handlungsmuster erst gefunden werden müssen.

(3) Die radikalste Möglichkeit eines Wertewandels ist die Negation von einzelnen Normen und Werten im Sinne einer ersatzlosen Streichung. Es soll weder für neue Werte Platz gemacht, noch sollen traditionelle Werte umgewertet werden. Vielmehr wird für einen bestimmten Lebensbereich beansprucht, dass für ihn überhaupt nichts verbindlich gelten soll, zum Beispiel weil er als Privatsphäre deklariert wird, in

der allein das Individuum sozusagen unter Ausschluss der Öffentlichkeit zu entscheiden berechtigt ist, ohne weitergehenden Anspruch. Die Eliminierung eines Wertes erfolgt mithin um eines als höher erachteten Wertes willen: zum Schutz des Privat- und Intimbereichs, der höher veranschlagt wird als das bisher Geltende. [...]

3. Wie lassen sich Werturteile begründen?

Diese Frage ist normativ gemeint. Die Wertmaßstäbe, die den Werturteilen zugrunde liegen, sollen nicht hinsichtlich ihrer empirisch-faktischen Geltung, sondern bezüglich ihres Gültigkeitsanspruchs problematisiert werden.
Wenn man mit Nietzsche davon ausgeht, dass nicht ein Gott vorgängig seine Schöpfung mit einem Wert versehen hat, dann bleibt nur der Mensch selber als wertende Instanz übrig. Wir sind es, die Dingen und Menschen Wert zuschreiben. Gold ist zum Beispiel nicht an sich ein wertvolles Metall, sondern weil wir es als wertvoll erachten – als wertvoll für uns. Thomas Morus hat in seiner *Utopia* das Gold als etwas Wertloses deklariert. Um die Bedeutungslosigkeit materieller Güter zu demonstrieren, stellte man in Utopia aus Gold Nachttöpfe und Sklavenketten her. Als dann die Utopier einmal Besuch von einer ausländischen Delegation bekamen, deren Würdenträger mit goldenen Ketten und Ringen prunkvoll ausgestattet auftraten, lachten die Utopier über diesen albernen Tand. Sie hatten andere Wertvorstellungen.
Wert hat also etwas nicht an sich als eine intrinsische Wesensqualität, sondern es hat Wert für uns, wir sind es, die einer Sache Wert beimessen, weil wir sie als für uns wertvoll taxieren. Bei den materiellen Dingen bemisst sich der Wert oft an der Rarität oder dem Überfluss seines Vorkommens. Seltene Ressourcen schätzen wir als wertvoller ein. Früher

war der Hering ein Armeleuteessen, heute, nach der Überfischung der Meere, gilt er als Delikatesse. Je knapper das Öl wird, desto wertvoller, sprich teurer wird es. Der Wert einer Sache hängt somit von unserer Hochschätzung und ihrer Verknappung ab. Auf dem Kunstmarkt zeigt sich dies ebenfalls an den Preisen. Ein Picasso ist nicht an sich mehrere Millionen Franken wert, doch der Kunstliebhaber ist bereit, diesen Preis zu zahlen, weil das Gemälde es ihm wert ist. Bei den immateriellen Dingen verhält es sich nicht anders, nur dass ihr Wert nicht als Geldwert ausgewiesen wird. Moralische Werte haben etwas mit jenem Grundwert zu tun, den wir als Menschenwürde bezeichnen und jedem Individuum diskussionslos zugestehen. Menschenwürde kann ohne Bezugnahme auf einen Gott gefordert und legitimiert werden, weil wir das Leben mit einem hohen Wert versehen. [...]

4. Von der Menschenwürde zum Humankapital

Wirtschaft und Ethik scheinen aufgrund ihrer unterschiedlichen Interessen nicht miteinander vereinbar zu sein. Während in der Wirtschaft vor allem der Profit zählt und entsprechend die Gesetze des Marktes ausschlaggebend sind für ökonomische Zielsetzungen, schätzt die Ethik das soziale Wohl der menschlichen Gemeinschaft und deren inneren Zusammenhalt hoch ein. Wirtschaft und Ethik berufen sich zur Rechtfertigung ihrer jeweiligen Präferenzen auf höchst verschiedene Wertvorstellungen: quantitative Werte auf der einen, qualitative Werte auf der anderen Seite. Wo es um die Steigerung des Nutzenwachstums geht, wird alles über den Leisten der Berechenbarkeit geschlagen: Produkte, Herstellungsprozesse und Investitionen werden ebenso bezüglich ihres Preises taxiert wie Menschen und ihre Arbeitskraft. Wo es hingegen um die in unserer abendländischen Kultur gewachsenen humanistischen Wertvorstellungen geht, die mit

Würde der Person, Selbstbestimmung, Solidarität umschrieben sind, steht ein unverrechenbarer Wert auf dem Spiel, der menschlichen Individuen ungeachtet ihrer Leistung zugesprochen wird.

Eine Trennung von Wirtschaft, Ethik und Politik ist nicht wünschenswert, weil sie unsere demokratischen Grundlagen zerstört, die soziale Verträglichkeit destabilisiert und die Menschen in ihrem Selbstverständnis spaltet. Doch wie lassen sich Wirtschaft, Ethik und Politik trotz ihrer unterschiedlichen Wertsysteme zusammenspannen, sodass sie sich nicht gegenseitig bekämpfen, sondern an einem Strick ziehen? Niemand wird die Erfolge von Wirtschaft, auch von Wissenschaft und Technik leugnen; sie haben zu einer Verbesserung der Lebensqualität einer sehr großen Anzahl von Menschen beigetragen. Es genügt hier, exemplarisch an die Fortschritte auf dem Gesundheitssektor und an die Erleichterung manueller Arbeit durch Maschinen zu erinnern. Die Kehrseite dieser Verbesserungen ist jedoch in dem zu sehen, was Herbert Marcuse schon 1964 den »eindimensionalen« Menschen genannt hat. Durch einseitige Betonung des Leistungsprinzips, damit verbunden eine Ideologie unbegrenzten Fortschritts im Bereich des Wissens und Wirtschaftens, ist das Individuum westlicher Prägung seiner Ganzheitlichkeit verlustig gegangen.

Die in der humanistischen Idee des *Homo sapiens* – des weisen Menschen – zusammengefasste Vorstellung von Ganzheitlichkeit beinhaltete, dass die Tätigkeiten von Kopf, Herz und Hand (Johann Heinrich Pestalozzi) miteinander kooperieren, und zwar derart, dass sie sich gegenseitig zur Entwicklung und kreativen Umsetzung von Idealen anspornen. Aus diesem dem *Homo sapiens* immanenten, aufeinander eingespielten Dreierverbund von Kopf, Herz und Hand haben sich im Verlauf der Zeit als Erster *Homo Faber* – der Werkzeuge herstellende und handwerklich tätige Mensch – und als Nächster *Homo oeconomicus* – der wirtschaftlich kalkulierende

Mensch – abgesetzt und für sich etabliert, indem sie vom Kopf lediglich das zweckrationale Denken und die technische Erfindungsgabe, von der Hand nur die Bedienungsfunktion mitnahmen und das Herz in den Privatbereich verbannten.

In der Folge verstieg sich der Kopf ohne die emotionale Kraft des Herzens in Rationalisierungsprozessen und Nutzenkalkülen, die der Steigerung von Macht durch ungebremsten wissenschaftlichen und wirtschaftlichen Fortschritt dienen. Die Hand verlor im Zuge der Technisierung von Arbeitsprozessen über der immer gleichen mechanischen Betätigung und mit der abnehmenden Vielseitigkeit von Handlungen ihre Gelenkigkeit. Und das Herz verstrickte sich ohne den mäßigenden Einfluss des Kopfes in irrationale Gefühligkeit. Das inzwischen vorherrschende Ideal einer instrumentell verkürzten menschlichen Praxis, die auf der Basis von Nutzenkalkülen und Maximierungsstrategien ein maschinell unterstütztes quantitatives Wachstum in Gang setzte, hat dazu geführt, dass die auf diese Weise nicht nur arbeitenden, sondern ihr ganzes Leben organisierenden Menschen ebenso fragmentarisiert und einseitig wurden. Sie betrachteten von nun an den Teil, auf den sie ihr Selbstverständnis reduzierten, als das Ganze, mit dem Resultat, dass der Rest des ursprünglichen Ganzen verkümmerte. Das Ergebnis ist *Homo consumens:* der bauchfixierte, genusssüchtige Mensch.

Die den Wünschen des *Homo consumens* angepasste ökonomische Lebensform bedarf einer Neubesinnung auf die kollektiven Grundlagen der Menschheit, einschließlich der kommenden Generationen, deren Glück von den heute Lebenden verspielt wird. Der zum Selbstzweck entartete utilitaristische Nutzenkalkül muss auf das Fundament einer Wert- und Güterlehre gestellt werden, die neben dem in einem materiellen Sinn guten Leben der Individuen das Wohl aller im Auge hat und zur politischen Verantwortung verpflichtet.

Andererseits haben auch demokratische Verhältnisse nicht verhindern können, dass im Zuge der Globalisierung die Industrie- und Wirtschaftsbosse im Verbund mit den Präsidenten der Großbanken zu heimlichen Drahtziehern in der Politik geworden sind. Die Politik ist durch die Machtkonzentration des Kapitals erpressbar geworden. Und mittlerweile bestimmen ökonomische Prinzipien und Rationalisierungsstrategien in zunehmendem Maß nicht mehr nur das berufliche, sondern auch das Privatleben, das den gleichen Effizienzkriterien unterworfen wird: Angefangen vom Jogging über die Zuwendung zu Lebenspartnern und Kindern bis hin zur Pflege freundschaftlicher Beziehungen werden menschliche Aktivitäten zunehmend am Nutzenprinzip ausgerichtet. Ob und mit welchen Verträgen Ehen geschlossen, Kinder gezeugt, Freundschaften aufrechterhalten werden, hängt vom errechneten Vorteil und damit vom Kostenfaktor als Glücksindikator ab.

Die Investitionen in derartige Kalküle machen sich bezahlt, aber eine auf bloße Nutzenmaximierungsstrategien reduzierte Lebensform bringt Probleme mit sich, die das Glück, das vor allem der Utilitarismus zum Prinzip des Handelns erhoben hat, mindern. Abgesehen davon, dass emotionale Intelligenz und soziale Kompetenz verkümmern, erregt wachsender Wohlstand bei denen, die nicht mithalten können oder wollen, Unlustgefühle, und es ist zweifellos eine kurzsichtige Unterstellung des *Homo oeconomicus*, darin nichts als Unmutsbezeugungen von Neidern und Zukurzgekommenen zu sehen, die selbst an ihrer Misere schuld sind.

Was nötig ist, ist eine Prioritätenordnung der Werte. Die ethisch-demokratischen Grundwerte müssen eben wieder als das, was sie sein sollen, als Grundwerte, anerkannt werden, denen die moralischen und die ökonomischen Werte nachzuordnen sind.

WERTE

Ethisch-demokratische Grundwerte: Menschenwürde

Freiheit

– der Person
Religions-
Gewissens-
Meinungs-
Presse-
– der Wissenschaft
– der Kunst

Gleichheit

Gleichberechtigung
– von Mann und Frau
– von Angehörigen
anderer Rassen,
Kulturen, Nationen
Chancengleichheit
Bildungschancen-
gleichheit

Gerechtigkeit

austeilende –
(allg. Wohlfahrt)
ausgleichende –
richterliche –

Moralische Werte: Gutes Leben

Individualwerte

Selbstbestimmung/
-verantwortung
Liebe
Freundschaft
Leben
Gesundheit
(= phys./psych. Integrität)
Glück

Sozialwerte

Solidarität
»Brüderlichkeit«
Subsidiarität
Toleranz
Fairness
kollekt. Verantwortung
Frieden/Sicherheit
Gemein-/Bürgersinn
Familie
kulturelle Identität/
Geborgenheit

Ökologische Werte

»Würde« der Kreatur
Nachhaltigkeit
»Rechte« der Natur

Ökonomische Werte: Freie Marktwirtschaft/ Vertragsfreiheit

Arbeit/Handel

Ertragswert
Tauschwert
Mehrwert
Gebrauchswert

Güterwerte

Eigentum/Besitz
Waren
Geld

Zu unterscheiden sind drei Gruppen von Werten: zuoberst die *demokratischen oder ethischen Grundwerte*, die im Begriff Menschenwürde verankert sind. Der Wert der Menschenwürde verpflichtet dazu, Freiheit, Gleichheit und Gerechtigkeit als Grundwerte zu respektieren, auf die jedes Individuum ein unantastbares Recht hat. Wie sich Freiheit, Gleichheit und Gerechtigkeit weiter spezifizieren lassen, können Sie der Grafik entnehmen.

Die zweite Gruppe von Werten umfasst die im Verlauf der kulturellen Evolution quasi naturwüchsig entstandenen *moralischen Werte*, die für alle Mitglieder der Handlungsgemeinschaft ein gutes Leben ermöglichen sollen. Die Individualwerte sichern das Recht auf persönliche Selbstentfaltung, die Sozialwerte sichern das einvernehmliche Miteinanderumgehen der Individuen, und die ökologischen Werte sichern nicht nur die Lebensqualität durch einen pfleglichen Umgang mit der Umwelt, sondern gestehen auch außermenschlichen Lebewesen einen Quasi-Subjektstatus zu.

Die dritte Gruppe von Werten umfasst die ökonomischen Werte. Freie Marktwirtschaft und Vertragsfreiheit garantieren das Recht, durch Arbeit und Handel Werte zu erwirtschaften und Güterwerte zu erwerben.

Entscheidend bei dieser Wertetafel ist die Rang- beziehungsweise Prioritätenordnung unter den drei Wertgruppen. Aus normativer Perspektive ist die Grafik von oben nach unten zu lesen. Das heißt: Die moralischen Werte und die ökonomischen Werte setzen die Anerkennung der ethisch-demokratischen Grundwerte zwingend voraus. Ohne die im Begriff der Menschenwürde zusammengefassten Werte Freiheit, Gleichheit und Gerechtigkeit verlieren die moralischen und die ökonomischen Werte ihren Wertcharakter. Individueller oder nationaler Egoismus sind die Folge.

Selbstverständlich kann man die Grafik auch von unten nach oben lesen, aber nur in einem deskriptiven, nichtnormativen Sinn. Das heißt: Die ökonomischen Werte sind die materielle Basis, auf welcher die moralischen Werte und die ethisch-demokratischen Grundwerte ihre normative Kraft entwickeln. Die Tendenz geht jedoch heute – und zwar in einer negativen Bedeutung von Wertewandel – dahin, die Rangordnung umzukehren. Die ökonomischen Werte werden als die eigentlichen, global verbindlichen Werte deklariert, während die beiden übrigen Wertgruppen als Überbauphänomene abgetan werden – als ein idealistischer Luxus, auf den man glaubt verzichten zu können.

Die Folge ist ein extremer Materialismus, der unsere heutigen Wertvorstellungen dominiert. Wir kennen trotz der Vielfalt an Werten in den verschiedenen Dimensionen unserer Lebenswelt nur noch einen Grundwert: den des Profits. Der Wertbegriff hat sein moralisches und sein ethisches Profil verloren und wird primär auf quantifizierbare Gegenstände bezogen. Wo von Wertakkumulierung und Wertsteigerung die Rede ist, gilt nur das als wertvoll, was zur Gewinnmaximierung beiträgt. Das Geld avanciert zum Wert schlechthin, weil es das Mittel ist, durch das man sich alles das verschaffen kann, was einem lieb und teuer ist.

Die in der Menschenwürde verankerten demokratischen Grundwerte sind also jene ethischen Werte, auf deren Basis die moralischen Werte angemessen verwirklicht werden können und die ökonomischen Werte zur materiellen Absicherung eines für alle guten Lebens an die beiden anderen Wertgruppen angebunden werden. Diese Rangordnung wird jedoch verkehrt, wenn die Grafik von unten nach oben nicht deskriptiv, sondern normativ gelesen wird, wie dies in der Wirtschaft heute gang und gäbe ist: Die Verabsolutierung der ökonomischen Werte hat dazu geführt, dass moralische Werte und ethische Grundwerte, die eigentlich die Bedingungen sind, unter denen ein freier Markt legitimiert ist, ausgehebelt und aus dem öffentlichen in den privaten Bereich abgedrängt wurden. Die Anerkennung des Menschen als Mensch und damit als gleichwertige Person ist jedoch die Grundvoraussetzung, unter der eine Verständigung über die Verbindlichkeit und den Geltungsbereich von Werten herbeigeführt werden muss. In einer von Raubtieren beherrschten Gemeinschaft fehlt der gemeinsame Boden, auf dem über die Respektierung von Werten sinnvoll geredet werden und eine Handlungsgemeinschaft von gleichberechtigten und einander als gleichwertig anerkennenden Individuen gegründet werden kann.

Eine Korrektur der Diktatur der ökonomischen Werte kann jedoch, um einem Missverständnis vorzubeugen, nicht durch eine Diktatur der ethisch-demokratischen oder der moralischen Werte in die Schranken gewiesen werden. Die Verabsolutierung ethisch-demokratischer Grundwerte führt in den Fundamentalismus, der kulturelle Unterschiede, wie sie sich in einer Vielzahl regionaler Moralen niederschlagen, nicht zur Kenntnis nimmt und ökonomische Werte verächtlich macht. Gemäß der Maxime *fiat iustitia, pereat mundus* (Gerechtigkeit muss sein, und sollte dabei die Welt zugrunde gehen) bekämpft der Fundamentalist rücksichtslos jeden Andersdenkenden.

Die Verabsolutierung moralischer Werte hat einen rigorosen Moralismus zur Folge, der sich um allgemein verbindliche, ethisch-demokratische Prinzipien nicht schert, sondern die eigenen kulturellen Errungenschaften als allgemeinmenschliches Interesse ideologisiert und die ökonomischen Werte in dessen Dienst stellt.

Fundamentalismus, Moralismus und Ökonomismus sind das Resultat einer Aufspaltung der drei Wertgruppen. Nur wenn es gelingt, sie nach Maßgabe der praktischen Vernunft wieder in eine Rangordnung zu integrieren, welche die Prioritäten festlegt, lassen sich Wertkonflikte lösen.

FRANZ SCHUH

»… und sprach sich als Ratsvorsitzender dafür aus, die Freiheit von Zensur nicht aufs Spiel zu setzen.«

Zur Komödie der Meinungsfreiheit

Es herrscht … das Faustrecht der Komödie.
Jeder Schlag ein Witz. Jeder Witz ein Schlag.

Gerhard Stadelmaier

Medienfromm wie ich bin, von Natur aus gleichsam, stimme ich mit allen Menschen überein, die im Ernst meinen, Zeitungsverlage zum Beispiel seien nicht nur Wirtschaftsunternehmen (Gewinnstreben, Werbemarktabhängigkeit), sondern gemäß der Verfassung auch Institutionen für die Meinungs- und Willensbildung im demokratischen System. Die Pressefreiheit ist der … wie soll ich es sagen, ist der – sozusagen – mediale Niederschlag einer demokratischen Verfassung. Ich zögere, verlese und verschreibe mich dabei, weil mir hin und wieder Gegenbeispiele aufgefallen sind, Ausnahmen, die, wenn wir Glück haben, die Regel bestätigen, und die eine ganz andere Qualität haben; eine Qualität, die ich keineswegs missen möchte und die für mich mindestens ebenso wie das Demokratische die freie Presse ausmacht. […] Die Medien mit ihrer globalen Informiererei stecken in einer Zwickmühle: Einerseits leben sie davon, und sei es nicht nur des Geldes wegen, sondern aus ihrem Ethos heraus, dass sie berichten, was auf der Welt los ist; andererseits stiften diese Berichte zu Handlungen an, die überhaupt keinen Sinn hätten, wäre mit ihrem Hinausposaunen in die Welt nicht zu rechnen. Zu solchen Handlungen zählt das Verbrechen von

9/11, und es ist nur schmerzlich einzusehen, dass Verbrechen, die doch im Geheimen, gleichsam im Hinterzimmer, ihren Kern haben, mit der Öffentlichkeit kalkulieren, um sich durch sie zu verstärken; nicht zuletzt im Hinblick auf die demokratischen Funktionen der Medien, die es möglicherweise ja wirklich gibt, fällt es mir nicht ein zu behaupten, die Medien seien »schuld«, und weil die Untaten ohne sie nicht geschehen würden, sollen sie zusperren.

Diese Medien sind ja, wie immer mystisch verwurzelt und zugleich technisch integriert, Medien dieser Gesellschaft, weshalb man dann gleich sagen könnte: Diese Gesellschaft sollte zusperren – und selbst wenn man so dächte, kann man sicher sein, dass diese Gesellschaft einem den Gefallen nicht tun wird. So haben »wir« Medien, die in ihrer Zwickmühle und im Idealfall die Kunst beherrschen müssen, über Geschehnisse zu berichten, ohne sich von deren Verursachern instrumentalisieren zu lassen. Ausgerechnet Haider und seine Partei von damals scheinen ein Beweis dafür zu sein, wie Medien, ihrer Meinungsfreiheit pflichtgemäß nachgehend, Propaganda für jemanden machen, und zwar nicht zuletzt durch ihm persönlich feindselige und politisch oppositionelle Meinungen.

Wie mit dem guten Willen geht es auch mit einer Meinung: Man hat es durch sie nicht in der Hand, was man durch sie ausrichtet, und es liegt vielleicht auch daran, dass die notwendige kommerzielle Aufmache, vor allem von Massenmedien, ein affirmatives Verhältnis gerade zu den Objekten ihres Hasses bedingt. Man lebt von ihnen, nicht zuletzt lebt man von den Gegnerschaften, und außerdem: Bloßes Vorkommen genügt, um hervorgehoben zu sein; diese Medien haben am Ende keine Wahl, geschweige denn irgendeine Freiheit: Was sie hassen, scheinen sie zu lieben, und was sie lieben, könnten sie genauso gut hassen, und wenn man dieses Spiel vor allem »instinktiv«-unwillkürlich spielen kann (weil man Fleisch aus dem Fleische der Medien, weil man mediengeboren, für sie geboren ist), dann kann man es zu seinen Gunsten nutzen. Man kann gewinnen gegen die Medien, aber immer nur mit ihnen.

Als Strategie empfiehlt sich vor allem die von Soziologen so genannte »kontrollierte Skandalisierung«, also die Verursachung eines Skandals, der echt genug ist, dass man in der Zeitung seiner bezichtigt werden kann, und dass man so den polarisierenden Meinungsstreit (dafür/dagegen), dieses ewige Pro und Kontra auslöst; eines Skandals, der aber wenig genug Substanz hat, damit man seine Auswirkungen unter Kontrolle behält. Die kontrollierte Skandalisierung ist manchen Meinenden zum Habitus geworden. [...]

Die so genannte Meinungsfreiheit zieht die Medien in den tragischen Konflikt; soviel ich weiß, besteht ein tragischer Konflikt genuin darin, dass von den Handlungsmöglichkeiten einer Alternative beide Möglichkeiten in den Untergang führen. Geben die Medien also dem Druck nach und drucken die Karikaturen, die doch nur komisch sein wollen, nicht ab, dann dispensieren sie sich von der Pflicht zur Meinungsfreiheit. Drucken sie sie ab – zur Freiheit verdammt –, dann gehen sie das Risiko ein, Verbrechensopfer zu verschulden. Den Konflikt klassisch zu entschärfen, indem man auf der Meinungsfreiheit beharrt, ohne sie zu realisieren/oder indem man umgekehrt sie realisiert, aber klug, also auf irgendeine Weise, die bei den darauf Lauernden keinen Anstoß erregt, das scheint mir unmöglich.

Ideale wie »Meinungsfreiheit« haben, wenn überhaupt, ihre Stärke darin, dass man heute im Kampf für sie sein Leben nicht mehr einsetzen muss. Es ist ein Fortschritt im Zivilisationsprozess – Gesellschaften, in denen Menschen ermordet werden, weil sie ihre Meinung sagen, sind in finsteren Zeiten zurückgeblieben. In solchen Gesellschaften, die Helden benötigen, steigert sich der Freiheitskampf ins Heroisch-Übermenschliche; für das simpel Moralische erfordern sie Größe. Ideale, die nicht auf der Basis: »Wer sein Leben verliert, gewinnt es«, in Kraft sind, stellen, behaupte ich, eine »höhere« Form des Idealismus dar. Allerdings ist dieser Idealismus mehr diffus und viel weniger entschieden. Meinungsfreiheit muss aber andererseits sein, keine Bombe darf sie einem nehmen, der Bedrohung soll sie nicht weichen; würde sie es feige tun, sie würde das Ideal entwerten, gänzlich wertlos machen.

Tragische Konflikte kann ich nicht lösen, aber ich kann mich am Komischen erfreuen, und ich behaupte, dass das Komische überhaupt die Grundlage der real existierenden Meinungsfreiheit ist. Die grundlegende Komik der real existierenden Meinungsfreiheit ist aber nicht lustig, sondern sie resultiert aus einem verfehlten Erhabenen. Um Meinungsfreiheit durchzusetzen, waren heroische Akte, war Auflehnung notwendig. Die Zahl der verfolgten Autoren, Verleger und Buchhändler in Geschichte und Gegenwart würde die Größe des Kampfes statistisch belegen. Die einfachste Formel für Meinungsfreiheit lautet: *nicht Zensur*, und im Kampf gegen die Zensur ist eine Fraktion des edelsten Teils der Menschheit vereint. Wo freilich die Meinungsfreiheit durchgesetzt ist, lese ich – beliebtes Beispiel – im Ernst eine Debatte: Mozart würde KPÖ wählen – pro und kontra – nein, Mozart würde Wolfgang Schüssel wählen … (*Die Presse*, 7. September 2006, S. 33).

Gewiss, die Debatte hatte etwas Augenzwinkerndes, aber die dabei zum Einsatz kommenden Augenlider waren aus Beton. Kein wirkliches Zwinkern möglich. Bei Gott, die Kontrahenten meinten es ernst, sie selber nämlich wählten spürbar jeweils die KPÖ oder spürbar Wolfgang Schüssel, für den in Bezug auf Mozart ja spricht, dass er – jaja (man muss seine Argumente aufzählen) – musikalisch ist, ein talentierter Pianist und einfühlsamer Cellist, jemand, der Taktgefühl besitzt und um Harmonien Bescheid weiß – alles gleichrangige Gründe, die Mozart an das Wien Haydns, Glucks, Salieris, an den von der Musik faszinierten Joseph II. band, und schon hat man einen Vergleich gemacht und seine Meinung gebildet.

Das grundlegend Komische der real existierenden Meinungsfreiheit resultiert aus der Diskrepanz zwischen den erhabenen Kämpfen, die notwendig waren (und notwendig sind), um diese Freiheit durchzusetzen, und dem Unsinn, den die Meinungsfreiheit, ist sie einmal durchgesetzt, nicht verhindert, ja ermöglicht. Zwei Schutzbehauptungen in eigener Sache – erstens habe ich schon im einleitenden Satz dieses Essays, wenn auch etwas hölzern und so, als wäre es mir ganz fremd, daran erinnert, dass zum Beispiel Zeitungsverlage Institutionen für die Meinungs- und Willensbildung im demokratischen System sind. Ich leugne diese mögliche Funktion keineswegs, sie ist nur zu meinem Glück hier nicht mein Thema, und zweitens: Ich bin für den Unsinn, den die Meinungsfreiheit nicht verhinderte, ja ermöglichte, mir selbst ist nicht selten ein Unsinn, den ich prinzipiell zu vermeiden suche, gut gelungen, aber ich sehe auf zu jenen, denen es immer besser gelingt, zum Beispiel zu Erfindern einer Schlagzeile über einen bayrischen Fleischskandal. Die Zeile lautet: »Schwein und Zeit« (*Frankfurter Allgemeine Zeitung*, 7. September 2006, S. 37), und sie ist wahrlich ein Zeichen von Sein und Zeit (was immerhin ein Witz auf derselben schiefen Ebene, also ein schlechter Witz ist).

So humorlos bin ich aber schon, um »Schwein und Zeit« für nur um eine Nuance weniger widerwärtig zu halten als ausgeliefertes verdorbenes Fleisch. Wenn der besagte Unsinn aus Freiheit umschlägt in Verletzung der Menschenwürde, ersparen Sie mir bitte die Beispiele (über manche müsste man streiten), dann wäre ich keineswegs dafür zu haben, und von Komik wäre dabei von mir keine Rede. Es ist nur dies bekannte Problem: Wer sollte denn die unter kommerziellen Bedingungen sich selbst an vielen Stellen ad absurdum führende Meinungsfreiheit regulieren, kontrollieren, wer sollte den Unsinn zur Vernunft bringen?

Die Zensur – die Zensur; sie hat den Ruf, ziemlich blöde zu sein. Das verdankt sie nicht zuletzt den von ihr Betroffenen, ihr aber maßlos Überlegenen, wie zum Beispiel Nestroy oder Hašek. Jedoch, liest man dies erlesene Beispiel, das Erneuerte Censur-Edict Friedrich Wilhelms II vom 19. Dezember 1788 (ich hab's im Wikipedia-Artikel zur »Geschichte der Zensur« gelesen), dann könnte man auf Ideen kommen. Es richtet sich nämlich unter anderem gegen die »*Verbreitung gemeinschädlicher praktischer Irrthümer über die wichtigsten Angelegenheiten der Menschen, zum Verderbniß der Sitten durch schlüpfrige Bilder und lockende Darstellungen des Lasters, zum hämischen Spott und boßhaften Tadel öffentlicher Anstalten und Verfügungen, wodurch in manchen nicht genugsam unterrichteten Gemüthern, Kummer und Unzufriedenheit darüber erzeugt und genährt werden, und zur Befriedigung niedriger Privat-Leidenschaften, der Verläumdung, des Neides, und der Rachgier, welche die Ruhe guter und nützlicher Staatsbürger stöhren, auch ihre Achtung vor dem Publiko kränken, besonders in den so genannten Volksschriften bisher gemißbraucht worden.*«
Das ist reaktionär, aber es ist aufgeklärt; jedenfalls klingt es fast so, als gründete das Edict auf einer Ahnung davon, was aus dem Pressewesen einmal werden könnte. Karl Kraus hat sein ganzes denkendes Leben lang die Presse, das heißt für ihn, die Verbreitung gemeinschädlicher praktischer Irrtümer über die wichtigsten Angelegenheiten der Menschen bekämpft; er war auch folgerichtig ein Feind des (Wirtschafts-)Liberalismus, von heute aus gesehen, auf gut zitierbarem, aber verlorenem Posten; aus seiner Sicht ohnedies der einzige, der es wert ist. Das Ökonomische als Idee hinter den Ideen, die sich in der Öffentlichkeit den Meinungsstreit liefern, die Raiffeisenkassa als Medien-Eigentümer, hat sich durchgesetzt. Gewiss, die ökonomischen Kräfte räumen den geistigen einen Raum ein, aber das Umgekehrte, dass die geistigen Kräfte der Ökonomie den Platz anweisen, ist peinlich selten. Jedoch, und das spricht für das System, es ist möglich – man kann es einmal risikolos, ein andermal mit relativ

wenig Risiko an Leib und Leben erkämpfen. Andererseits hält sich das Ökonomische als Idee nicht bloß hinter den Ideen auf, sondern es prägt die Meinungen; so 'ne richtig gute scharfe Meinung ist wie eine Münze, die man in einen Glücksspielapparat steckt, und es kommt viel Geld heraus. Vorher aber muss man sie so zurechtschleifen, dass sie in den Apparat überhaupt erst hineinpasst.

Ich meine, dass die Idealisierung der Meinungsfreiheit, das propagierte journalistische Ethos, nicht zuletzt deshalb im Einsatz ist, weil man nicht schon wieder gesagt bekommen möchte, dass schon wieder eine Freiheit nur die Freiheit, Geschäfte zu machen, ist. Davon ist man müde – so müde, wie es mein katholischer Universitätslehrer für Philosophie war, als er von der Psychoanalyse schon wieder hören musste, dass der Mensch nicht unbedingt aufs Höhere angelegt ist. Man braucht, um die Chose in Gang zu halten, nicht bloß Geld, sondern auch Ideale, und es ist nicht unkomisch, wenn die Kollegen in der Branche, die zu wenig Geld haben, sich auf die Ideale berufen. [...]

Alles wegen der Meinungsfreiheit; eine Meinung, ich fasse mich darüber kurz, zu kurz – eine Meinung hat man, wenn man etwas Bestimmtes behauptet, das man bestimmt auch ganz anders sehen könnte. Die Art der Meinung, die Qualität meines Meinens, hängt davon ab, wie ich mit diesem »anders sehen« und mit denen, die es anders sehen, umgehen kann, wie ich damit zurechtkomme. Meinungen lassen sich begründen und, wenn man Glück hat, in Argumente umwandeln. Aber – in den Konstellationen, in denen man was meinen möchte, liegt durchaus etwas, was der Verwandlung in ein Argument, was dieser Intellektualisierung widerspricht. Man *will* recht haben, und all die Energien der Selbstbehauptung, nicht immer gespeist aus den schönsten Antrieben, zum Beispiel nicht aus der Selbstsicherheit, all diese Energien hängen plötzlich an einer Meinung. Meinen ist eine unsichere Sache, was den Willen, seine Meinung durchzuset-

zen, nur steigert. Das gilt für die private Meinung, für den Streit am heimischen Herd, genauso wie für die öffentliche Meinung, die oft genug paranoide Spuren durch das gesellschaftliche Leben zieht. [...]
Zum Glück ist das Bewusstsein im Fortschritt der Freiheit so weit gediehen, dass sich nur eine Minderheit von jemand anderem, sei es von einer Autorität oder gar von einer Behörde, sagen lassen möchte, was denn konkret die besagten theoretischen und praktischen Irrtümer sind oder was überhaupt die wichtigsten menschlichen Angelegenheiten sind. Ich muss sagen: sagen *lassen möchte*, denn wie viele es dann doch sind, die sich's sagen lassen, was für sie wichtig ist, weiß ich nicht: Ich glaube nur, dass das Freiheitspathos lauter ist, als es die tatsächlich in Anspruch genommenen Freiheiten erlauben. Aber immerhin – Zensur, bloßes Verbot, hat keine Chance; die Strategie, mir eine Meinung zu injizieren, die nicht die berühmte »eigene« ist, muss subtiler sein. Erlauben Sie mir die simplifizierende Analogie: So wie die Zensur dem Absolutismus entsprach, entspricht die Meinungsfreiheit dem Parlamentarismus: Die Parteien konfrontieren einander lautsprechend mit ihren Gegensätzen. Die zur Zensur gegensätzliche Utopie kommt aus der Verlagerung des Glaubens, es ließe sich durch eine Behörde entscheiden, festsetzen, kontrollieren, was die wichtigsten Angelegenheiten der Menschheit und die diesbezüglichen Irrtümer sind, auf *einen Meinungsstreit*, der einem die Möglichkeit einräumt einzugreifen oder der einem wenigstens vor die Augen führt, was man alles meinen kann, sodass ein jeder sowohl emotional als auch intellektuell in die Lage versetzt wird, sich in diesem Theater die »eigene« Meinung zu bilden. [...]
Aber was ist *meine* Meinungsfreiheit? Ich erinnere mich mit Freuden an die Anfänge meiner Karriere; diese Verklärung der Anfänge kommt bei mir davon, dass ich hinterher denke, der Anfang war wenigstens ein Zeitpunkt, an dem man noch hätte aufhören können. Aber was heißt bei mir Karriere? Es

heißt, dass ich keine Aufträge entgegennehme, nur schreibe, was ich will, und immer nur geschrieben habe, was ich tatsächlich meinte – ein Faktum, das man gegen mich und gegen niemand sonst verwenden kann. Karriere heißt bei mir auch, dass ich überall veröffentlichen kann, wo ich veröffentlicht werden möchte, und dass ich dort, wo man nicht möchte, dass ich schreibe, wenigstens eine Person persönlich kenne, die mir sagen muss: Nö, das wollen wir nicht!

Ist das die Meinungsfreiheit? Am Anfang meiner Meinungskarriere geriet ich an einen Chefredakteur, der – wie er sich mir darbot – ein Feudalherr in der Redaktion war. [...] Wer im Ernst Meinungsfreiheit für sich beansprucht, will einen Anteil an der Medienmacht, die in Institutionen konzentriert ist, die sich auf dem Markt durchgesetzt haben und in denen ein »Chefredakteur« sitzt, der kontrolliert, wie viel Macht einem zugestanden wird [...].

[...] Die Eigendynamik, die die Meinungsfreiheit entwickelt, steht – jenseits des Horrors ihrer Gefährdung und Abschaffung – zur Debatte, auch weil Meinungsfreiheit ein Ideal ist, und weil Ideale durch den Rest, den ihre kaum jemals totale Durchführbarkeit übrig lässt, kritische Anstrengungen provozieren.

Die Meinungsfreiheit hat sozusagen eine Meta-Ebene, auf der sie ganz in ihrem Sinne zu kritisieren ist, und eben nicht im Sinne irgendeines Glaubens, sei er religiös oder politisch. Und wenn ich schon nichts, überhaupt nichts von den anrollenden Meinungslawinen halte, keine Freiheit darin zu sehen in der Lage bin, so halte ich doch (so halte ich mich doch), wie es mich der Chefredakteur gelehrt hat, am formalen Moment der Meinungsfreiheit fest, am negativen, nämlich daran, dass ich mir nicht den Mund verbieten lassen muss: Ich kann ja an der Haltestelle Burggasse-Stadthalle die mir wichtigen Zettel verteilen.

Außerdem gibt es für mich als schreibenden Menschen neben der Meinungsfreiheit noch eine andere Freiheit; sie ist

noch schwerer zu fassen, und sie ist überhaupt nicht institutionalisierbar; es ist diese merkwürdige Freiheit, die sich als selbstregulativer, nicht kontrollierbarer Prozess der Befreiung darstellt – der Befreiung, die mit dem Abschütteln all der einmal so willkommenen Fremdbestimmungen, der Denkgewohnheiten und der Gedankenkrücken zu tun hat. Diese Freiheit kam, wenn überhaupt, mit der Zeit, und es gibt keinen Zeitpunkt, an dem sie ganz, geschweige denn endgültig da wäre; es ist die Freiheit, die es einem ermöglicht, für Momente mit dem zu kommunizieren, was an einem selbst nichts als Individuum ist und was einem die *eine* eigene, in nichts erzwungene Sicht auf die Welt eröffnet. Man kann auch sagen, es ist die künstlerische Freiheit, eine merkwürdige Freiheit auch deshalb, weil sie in keiner Weise einem Determinismus widerspricht, den irgendeine Forschung nachweist. Diese Freiheit, die ich leider nicht für mich beanspruchen kann, von der ich aber eine leise Ahnung habe (auch ein Schlaganfall muss einen nicht treffen, er kann einen auch streifen), diese Freiheit ist determiniert, und sie realisiert nur, was da ist – aber in ihr ist die Differenz von Müssen, Sollen und Können aufgehoben.
Man soll nicht glauben, dass das nicht erst recht zur Komödie werden kann – »Was für ein unmögliches Wesen man doch hat!«, heißt es in *Das sterbende Tier* von Philip Roth. »Die Dummheit, man selbst zu sein! Die unvermeidliche Komödie überhaupt irgend jemand zu sein!« In dieser Komödie habe ich dem Chefredakteur (oder war er schon Herausgeber?) noch etwas Wesentliches zu verdanken; er wird am Ende, und das ohne Ironie, zu den wichtigsten Menschen meines Lebens gehört haben. Wie er dasaß und mit diesem Stift Stücke aus meiner kleinen Buchstabenwelt unter der Schwärze versenkte ... Ich habe – ist es ein Zeichen meiner Autoritätsgläubigkeit oder eines für das spiegelnde Ineinander von Zensur und Meinungsfreiheit? – ich habe ihm eine meiner Arbeitsweisen abgeschaut: Wenn ich nicht mit dem

Computer schreibe, weil ich zum Beispiel beim Verfassen eines Textes das Gefühl des Zeichnerischen, wie es einem die Handschrift gewährt, haben möchte, dann schreibe ich erst so vor mich hin, und dann nehme ich diesen Filzstift, den gleichen, den er benützte, und bringe damit alles, was nicht stehen bleiben darf, zum Verschwinden.

MARTIN SEEL

Ist eine rein säkulare Gesellschaft denkbar?

Der Titel meines Beitrags ist alles andere als eindeutig – er ist es so wenig, dass ich fast bis zum Schluss damit beschäftigt sein werde, ihm einen derart klaren Sinn zu verleihen, dass sich eine Antwort beinahe erübrigt. *Denkbar* ist bekanntlich vieles, *konsistent* denkbar schon erheblich weniger, und – im Einklang mit unserem übrigen Wissen von der Welt – plausibel denkbar schon gar nicht mehr so viel. Meine Frage zielt darauf, ob und wie plausibel die Idee einer säkularen Gesellschaft ist – und damit: was wir mit einer voranschreitenden oder zurückgehenden Säkularisierung unserer Gesellschaften möglicherweise verlieren oder gewinnen würden.

Freilich könnte man sich fragen, was es da eigentlich zu fragen gibt. Säkulare Staaten und säkulares Recht haben wir immerhin in einigen Weltgegenden schon. Warum sich also mit philosophischer Denkbarkeit aufhalten, wo es doch hinreichend Wirklichkeiten gibt, an denen sich der Zustand säkularer Gesellschaften untersuchen lässt? Die einfachste Antwort hierauf liegt in der bekannten, immer wieder zitierten, mit zweifelnder Intonation vorgebrachten, aber in Form einer These formulierten Sentenz von Ernst-Wolfgang Böckenförde aus dem Jahr 1967: »Der freiheitliche, säkularisierte Staat lebt von Voraussetzungen, die er selbst nicht garantieren kann.«[1] Diese Vermutung setzt voraus und erkennt an, dass es säkulare Staaten gibt, weist aber darauf hin, dass sie als säkulare einer möglicherweise konstitutiven Instabilität ausgesetzt sind. Denn als säkulares Gebilde, so Böckenförde im Anschluss an Hegel, bleibt er »ohne geistiges Prinzip«.[2] Er kann seine Normen und Werte nicht mehr mit objektivem Anspruch begründen. Er hat »Grundlage und Halt nur im aktuellen Konsens der Bürger«.[3] Diese Beobachtung führt den Autor zu einer »prinzipiellen« Frage: »Wieweit können staatlich geeinte Völker allein aus der Gewährleistung der Freiheit des einzelnen leben ohne ein einigendes Band, das dieser Freiheit vorausliegt?«[4] Das Band, das er hier im Auge hat, ist kein anderes als das der Religion.

Eine Frage dieser Art möchte ich meinerseits stellen – die Frage nämlich, ob es trotz dieser Unkenrufe eine säkulare Sittlichkeit geben kann und damit eine demokratische Gesellschaft, die für ihr Bestehen nicht mehr auf die unterstützende Kur eines religiösen Bewusstseins angewiesen wäre. Meine Frage lautet nicht, ob eine Gesellschaft, in der, anders als in unseren heutigen, das Interesse an religiösen Praktiken gänzlich verschwunden wäre, *wünschbar* sein könnte. In meinen Augen stellt sich diese Frage nicht, denn die Antwort ist klar: Ein solcher Zustand ist alles andere als wünschbar. Ein Wegfall religiösen Bewusstseins und religiöser Praxis wäre ganz unabhängig von dem spirituellen Schaden aus der Sicht der jeweiligen Religionen ein Verlust an historischer Tiefe und kultureller Differenz. Sie lautet vielmehr: Kann es Gesellschaften (und ihnen zugehörige Staatsformen) geben, die in moralischer, rechtlicher und politischer Hinsicht wenigstens so gut eingerichtet wären wie einige der westlichen Demokratien, obwohl in ihren Lebenszusammenhängen religiöse Praktiken in irgendeinem spezifischen Sinn des Wortes keinerlei Rolle mehr spielen?

1. Selbsttranszendenz

Der springende Punkt liegt hier freilich in der Rede von religiösen Praktiken »in irgendeinem spezifischen Sinn des Wortes«. In unseren Tagen wird ja nahezu alles zu Formen einer – wenn auch oft, nach Thomas Luckmanns Wort, »unsichtbaren« – Religion erklärt und verklärt, der Medienkonsum, die Spektakel des professionellen Sports, der Wandertourismus auf Jakobs- und anderen Wegen, und die Naturbegeisterung ohnehin.[5] Vielen dieser Praktiken kann man sich aber auch ohne alles religiöse Empfinden widmen. Etwas genauer sollten wir daher die Sache schon betrachten. Zu diesem Zweck möchte ich ein Stichwort aufgreifen, das Hans Joas in seiner Aufsatzsammlung *Braucht der Mensch Religion?* gegeben hat. *Über Erfahrungen der Selbsttranszendenz*, lautet sein Untertitel.[6] »Selbsttranszendenz« ist gerade deswegen ein Schlüssel für die Frage nach der Differenz von religiöser und säkularer Lebenspraxis, weil sie beide, wie auch Joas mit Nachdruck betont, über diese Dimension verfügen. Religiöse und säkulare Lebensformen unterscheiden sich nicht in dem Bedürfnis nach Selbstüberschreitung als solchem. Denn dieses teilen sie, auch wenn sie es auf unterschiedliche Weise realisieren und kultivieren. Was sie unterscheidet, ist die Art, in der ihre Angehörigen über sich selbst hinaus zu sein suchen. Es sind Stile der Selbsttranszendenz, die hier den Unterschied machen.

Joas selbst nennt einige Beispiele dafür, wo und wie Selbsttranszendenz auch diesseits einer religiösen Haltung erfahren und praktiziert werden kann, als da sind die Erfahrung der Liebe, eines intensiven Gesprächs, einer erotischen Begegnung, die Erfahrung ästhetischer Natur, des Helfens und Empfangens von Hilfe, Gefühle der Scham und der Empörung sowie Formen kollektiver Begeisterung und Ekstase, wie sie sich in Versammlungen der Politik oder des Sports ereignen können.[7] Man könnte auch bestimmte Formen des Humors ins Feld führen oder die Begegnung mit Werken der Kunst. Was die kollektiven Transzendenzerfahrungen betrifft, so vergisst Joas nicht, auf ihren manchmal ambivalenten, ja möglicherweise destruktiven Charakter hinzuweisen. Vielleicht muss man sogar sagen, dass allen Gelegenheiten der Selbsttranszendenz eine solche Gefährdung innewohnt: Wer sich auf andere und anderes hin überschreitet, steht in der Gefahr, sich selbst – seinen Verstand, seine Urteilskraft, seine Balance – zu verlieren. Aber es wäre töricht, darum in dem Hinausgehen über das eigene Meinen, Wollen und Können als solchem bereits einen Abgrund zu sehen. Denn solange es nicht zur Selbstpreisgabe führt, übt es etwas für eine gelingende Lebensführung Entscheidendes ein: die Bereitschaft, die eigene Position – die eigenen Ansichten und Ansprüche, Erwartungen und Befürchtungen, Sicherheiten und Unsicherheiten – zur Disposition zu stellen. Es handelt sich um Erfahrungen, die meinen bisherigen Gesichtskreis übersteigen und mir dabei zeigen, dass ich nicht der Nabel der Welt bin, dass es in bestimmten Zusammenhängen nicht allein – und manchmal gar nicht – auf mich ankommt, dass ich als einer unter anderen diesen anderen dieselbe Rücksicht schulde, die ich von ihnen erwarte, dass es Phänomene gibt, die sich meinem Verständnis entziehen, und Fähigkeiten, von denen ich nicht einmal träumen kann. Zugleich aber erwachsen mir aus diesen Erfahrungen verlockende Möglichkeiten des Erlebens und Handelns, über die ich allein weder verfügen kann noch verfügen will. Ich gewinne eine Selbstdistanz, die es mir ermöglicht, mich von meiner *Fixierung* auf mein eigenes Meinen und Wünschen zu befreien und also: mich auf die Welt einzulassen in einer Weise, wie ich es anders nicht könnte.

Diese Beschreibung der Dynamik der Selbstüberschreitung verhält sich gegenüber der Alternative ihrer religiösen und nichtreligiösen Vollzüge vorerst neutral. Die Transzendenz, um die es geht, kann zum einen als eine rein *innerweltliche* Transzendenz verstanden werden – als ein Übersichhinausgehen in Situationen innerhalb der natürlichen und kulturellen Welt. Sie kann aber zum andern als eine deutlich *stärkere* Überschreitung verstanden werden – als ein Übergang über die phänomenale Welt hinaus. Wir müssen zu verstehen versuchen, worin sich diese beiden Bewegungen unterscheiden, um beurteilen zu können, wie viel an der zweiten, der religiösen Transzendenz für den Bestand grundsätzlich befriedeter Gesellschaften liegt.

Um hier zu einer Antwort zu gelangen, möchte ich die Grundstruktur der Bereitschaft zur Selbsttranszendenz, die ihren unterschiedlichen Modi gemeinsam ist, noch etwas prägnanter charakterisieren. Sie liegt in der Fähigkeit, *sich aus freien Stücken bestimmen zu lassen* – sich bestimmen zu lassen durch etwas, das das bloß subjektive Wünschen und Wollen übersteigt, mit sich etwas geschehen zu lassen, das einen auf unabsehbare Weise bereichert, und also: etwas aus sich machen zu können, das man alleine nicht machen kann. Dies aber ist zunächst nur eine Grundbedingung menschlicher *Selbstbestimmung*.[8] Wer zu ihr in der Lage ist, vermag sich einzulassen auf Verhältnisse und Verständnisse, die nicht nur eine Funktion der eigenen Interessen sind, sondern ohne weiteres als gut erkannt und angenommen werden können, sei es für einige, sei es für alle. Dadurch entsteht eine Orientierung an Möglichkeiten des Erlebens und Handelns, die nicht einfach im Sinn Böckenfördes subjektive Werte sind, sondern solche, die unter Subjekten aus Erfahrung und Einsicht geteilt werden können, und zwar so, dass diese Teilhabe die gemeinsame Sorge um diese Teilhabe miteinschließt. Die Entdeckung, Bewahrung, Revision und Transformation solcher Lebensmöglichkeiten verleihen den Beteiligten die Freiheit (und erst das ist wirkliche Freiheit), sich in ihren *bestimmten* Zielen auf noch *unbestimmte* Ziele hin bestimmen zu lassen. Sie erlaubt es ihnen, in ihrem endlichen Leben ein unendliches Leben zu führen – eines, das sich in unausschöpfbaren Möglichkeiten der Variation der eigenen Möglichkeiten vollzieht.

Meine These ist nun, und auch hierin stimme ich der Diagnose von Hans Joas zu, dass eine religiöse Lebensführung dieser Potenzialität des Menschen eine bestimmte Deutung verleiht. Sie ist ein besonderer Modus der Realisierung dieser Struktur einer nichtegomanen Selbstbestimmung. Sie ist ein besonderer Stil eines freizügigen Sichbestimmenlassens und stellt damit ein besonderes Weltverhältnis bereit, aus dem heraus gelebt oder zu leben versucht wird.

Von einer säkularen Realisierung der genannten Struktur unterscheidet sich die religiöse im Kern dadurch, dass sie sich an Bezügen des Lebens orientiert, die nicht allein je meine und je unsere, sondern die *menschlichen* Möglichkeiten übersteigen. Eine religiöse Lebensführung vollzieht sich aus einer Erfahrung der Teilhabe an einem Sinn, den die Menschen und die Menschheit allein nicht gewähren und garantieren können. Die oben beschriebene Transzendierung der jeweils eigenen Fähigkeiten und Möglichkeiten wird hier gleichsam ein zweites Mal vollzogen: über das hinaus, was die Kräfte Einzelner oder einiger übersteigt, über das hinaus, was von den Menschen als wahr und falsch, sinnlos und sinnvoll ausgemacht werden kann. Sie tritt in Kontakt zu einer gegenüber der phänomenalen ebenso wie der von den Wissenschaften erforschten Welt jenseitigen Sphäre, von der her sie sich bestimmen zu lassen sucht. Genauer muss es freilich heißen: *In dem*, was allen Menschen bekannt ist, was unter ihnen als richtig und falsch, gut und schlecht erscheint, spürt, erfährt und entdeckt das religiöse Bewusstsein eine Dimension der Verbundenheit und Verbindlichkeit, die nicht mehr nur Menschenwerk ist. Die erweiterte Transzendierung, das ist ja ihr ganzer Sinn, führt nicht aus der Welt der Menschen heraus, sondern aus der Sicht derer, die sie vollziehen, anders, besser, erfüllender und somit reicher in sie hinein. So eröffnen sich Bereiche und Bezüge eines Göttlichen oder Heiligen, an denen sich die Lebensführung ausrichten, an denen sie Kraft und gegenüber dem Weltlauf widerständige Zuversicht gewinnen kann.

2. Verlust und Vertrauen

Ich bin jetzt in der Lage, genauer zu sagen, worin der Verlust bestünde, der sich mit dem Eintritt in eine durchgängig säkularisierte Gesellschaft vollzöge. Es wäre der Verlust einer einzigartigen Quelle zugleich des Weltvertrauens und des Weltmisstrauens. Es wäre das Versiegen einer spezifischen Motivation, sich auf die Welt, wie sie nun einmal ist, tätig einzulassen und sich doch von ihr – von ihren Konventionen und Konsensen, Versprechungen und Verführungen nicht gefangen nehmen zu lassen. Was aber hätten die Angehörigen einer durchweg säkularen Gesellschaft dem entgegenzusetzen? Was könnten sie an die Stelle des verlorenen religiösen Bewusstseins setzen?

Sie müssten sich mit der ersten, rein innerweltlichen Transzendenz begnügen, so wie viele von uns dies heute schon tun. Der Ausdruck »begnügen« freilich hat etwas Unangemessenes. Denn sosehr eine durchgehend säkulare *Gesellschaft* mit vergleichsweise schwächeren Formen der Transzendenz auskommen müsste; so gewiss also die *Kultur* dieser Gesellschaft um einiges ärmer wäre, was ihre mit historischem Bewusstsein versehenen Mitglieder durchaus bedauern müssten: Für jeden *Einzelnen* unter ihnen könnte von einem Sichbegnügenmüssen gar keine Rede sein. Denn sie würden nichts anderes wünschen und wollen. Ihnen ginge nichts ab. Die Frage, um deren Klärung es immer noch geht, lautete aber, ob das *genügen* würde – ob eine Gesellschaft ohne starke Transzendenzerfahrung genügend soziale Bindungskräfte für ein einigermaßen friedliches Zusammenleben aufbringen könnte.

Das religiöse Bedürfnis, so habe ich ausgeführt, hat eine seiner Wurzeln in dem Wunsch, sich bestimmen zu lassen durch Faktoren, die nicht in der Hand von einer oder einigen liegen. Aber, so hatte die Analyse der Grundstruktur einer zur Selbsttranszendierung fähigen Selbstbestimmung ergeben, dieser Wunsch *ist* nicht das religiöse Bedürfnis. Er kann auf andere Weise befriedigt werden. Etwas zu finden, worauf ich vertrauen kann, das Autorität über mich hat, das über mich hinausgeht, das nicht in meiner Macht liegt und mir gerade darum Gewissheit, Stärke und manchmal auch Macht verleiht – dergleichen findet sich überall. Schon Wahrnehmungen und Gründe können dieses Kriterium erfüllen – sie geben mir etwas, an das ich mich halten und das mich über die Fixierungen auf meine bisherigen Ansichten und Absichten hinausführen kann: Eltern versuchen es gegenüber ihren Kindern und diese gegenüber ihren Eltern; andere Personen – Freunde, Lehrer, Wissenschaftler, Sportler, Künstler und weitere Figuren des öffentlichen Lebens – tun es für wenige oder viele andere, wenn auch mit der unvermeidlichen Gefahr der Manipulation und Verführung, von der oben schon die Rede war; Institutionen aller Art können die Gelegenheit zu Daseinsformen eröffnen, die niemand allein für sich einrichten kann. Eine Solidarität unter miteinander vertrauten wie unvertrauten Menschen, solchen, die einander nahestehen, und solchen, die einander ansonsten egal sind, kann allein aus der Erfahrung entstehen, eine oder einer unter anderen zu sein wie die anderen auch, jemand, der, gerade was sein Selbstvertrauen und Selbstverständnis, seine Fähigkeiten und Fertigkeiten betrifft, vor einem unbestimmten und unverfügbaren Schicksal steht wie diese. Für ein profanes Bewusstsein sind es diese Formen der Partizipation innerhalb der geschichtlichen Welt, die im Verhältnis und Verhalten unter den Menschen zählen – und nichts darüber hinaus. An ihnen und in ihnen muss zwischen Wahrheit und Falschheit, Recht und Unrecht, Schuld und Vergebung unterschieden und über sie entschieden werden.[9] Denn wer sollte darüber entscheiden als diejenigen, die sich selbst und den anderen gegenüber für ihr Urteil einstehen müssen – im Wissen, dass sie nur über ein begrenztes Wissen verfügen, im Wissen auch, dass nicht die geringste Bedeutung des Bezugs auf Wahrheit gerade in einer Anerkennung dieser Grenze liegt?[10]

Wir sollten nicht das besondere Pathos verkennen, das in einer solchen agnostischen Haltung liegt oder doch liegen kann. Denn es entspringt gerade der Erfahrung, *keine* andere Instanz zu kennen und keiner anderen zu bedürfen, als das Forum derjenigen, die allein und gemeinsam den Kurs ihres Lebens zu bestimmen versuchen. Aus dieser Sicht führt nichts daran vorbei, dass es die Menschen und nur die Menschen sind, an denen es liegt, etwas aus sich zu machen und werden zu lassen. Für sie gibt es keine Verbindlichkeit in der menschlichen Welt, die deren Grenzen überschreiten könnte, wie sehr auch die Welt, in der sie sich strebend bemühen, die Horizonte ihres Verstehens übersteigen mag, weil es, wie sie bereitwillig anerkennen, nun einmal die Prosa und Poesie des Wirklichen ausmacht, allen Versuchen ihrer theoretischen wie praktischen Bestimmung immer neue Seiten des Unbestimmten zu zeigen. In einer rein säkularen Gesellschaft wäre Transzendenz eine Hingabe (nur mehr) an das, was ihren Angehörigen inmitten ihrer Sphäre die Augen und Ohren zu öffnen vermag.

Was dies bedeutet, wird klarer, wenn wir den Standpunkt einer dezidiert weltlichen Lebensführung noch einmal von einer stärker existenziellen Seite her betrachten. Was den Angehörigen einer säkularen Lebensform mangelt, ohne dass sie es als einen Mangel empfinden, ist ein Verlangen nach Erlösung. Salopp gesagt: Säkulare Zeitgenossen können – und folglich könnte eine rein säkulare Gesellschaft – mit der Idee der Erlösung nichts anfangen. Ihnen liegt nichts daran, weil Erlösung in ihren Augen nicht geht. Sie erscheint ihnen weder ein denkbarer noch ein wünschbarer Zustand des Lebens. »Sie ist erlöst«, so meinen sie, sagen wir nur, wenn der Tod einem qualvollen Leiden und also dem Leben ein Ende gemacht hat. Von allen Übeln erlöst, aller Sorgen ledig zu sein, hieße demnach, keines Erlebens mehr fähig zu sein. Ein gänzlich sorgenfreies wäre zugleich ein gänzlich sorgloses Leben und damit eines, das wir weder im eigenen Interesse noch in dem der anderen wollen können. In ihm ginge es um nichts. Sobald uns aber an etwas liegt, *sorgen* wir uns darum (und um unsere Sorge darum), womit *Leidenschaft* dieser oder jener Art im Spiel ist – und mit ihr dasjenige *Leiden*, das uns fehlt, sobald es uns fehlt. Deshalb erscheint die Sehnsucht nach Erlösung innerhalb einer säkularen Lebensform als eine Verirrung. Das bedeutet allerdings nicht, dass ihre Teilnehmer sich nicht an *partieller* Erlösung erfreuen könnten, wie sie sich in Augenblicken einstellt, in denen wir uns zwar nicht von aller, aber doch von einer größeren Last befreit fühlen, und dann mit gutem Grund sagen: »Ich bin erlöst.« Aber das ist natürlich keine Erlösung im religiösen Wortsinn, und es ist auch kein Äquivalent dafür. Denn hier handelt es sich nur um eine – wenn auch manchmal für die Betreffenden außerordentliche – *Erleichterung*, der keineswegs das Telos innewohnt, von *allen* Bedrängnissen befreit zu werden. Ähnlich könnte man sagen, dass auch und gerade die Anhänger einer nichtreligiösen Lebensführung dann und wann der *Erleuchtung* bedürfen und sich daher nach ihr sehnen. Jedoch hat auch diese hier den vergleichsweise nüchternen Sinn, dass ihnen etwas über sich selbst oder die Welt aufgeht, das sich ihnen bisher entzogen hat – ohne die Erwartung und ohne die Hoffnung, dass nun *alles* in einem milderen oder klareren Licht erscheint. Mit einem Wort: Denen, die mit einer agnostischen Lebenseinstellung auszukommen glauben, steht die Erwartung einer grundsätzlichen Befreiung von den Nöten und den Ungewissheiten ihres endlichen Lebens fern. Dann und wann Erleichterung, dann und wann Erleuchtung, damit müssen sie auskommen, aber mit mehr *wollen* sie auch gar nicht auskommen müssen.

Warum nicht? Weil ihnen die schwächere Transzendenz als die ungleich stärkere erscheint. Ihnen erscheint jede stärkere Transzendierung als ein Ausweichen vor dem tatsächlichen

Zustand der Welt – und zwar im Guten wie im Schlechten. Das Glück, nach dem sie streben, ist ihnen ein durch und durch von der Endlichkeit ihres Lebens gezeichnetes und nur darum kostbares Glück. Jede Hoffnung auf Glückseligkeit erscheint ihnen diesem fragilen Glück gegenüber beengend und sogar beklemmend. Mit etwas Glück (aber das braucht es schließlich immer) finden sie in dieser Einstellung ein starkes und doch zugleich erschütterbares Weltvertrauen, das dem eines religiösen Menschen zwar in manchen Aspekten, aber nicht grundsätzlich nachsteht – ein Weltvertrauen, das den Rückhalt bildet für die Anerkennung anderer Menschen und Kulturen. Wo aber ein mit moralischem Gespür (und also einem Zweifel an der gerechten Einrichtung der menschlichen Verhältnisse) gepaartes Weltvertrauen wenigstens möglich ist, da ist eine gerechte Gesellschaft ebenfalls – wenigstens – möglich.

Deshalb lautet die Antwort auf meine Frage, ob eine leidlich gerechte säkulare Gesellschaft denkbar ist, nunmehr wenig überraschend, schlicht und ergreifend: Ja. Damit aber, ich möchte es noch einmal betonen, sage ich nicht, dass eine solche Gesellschaft besser wäre. Sie wäre es aus Gründen, die ich genannt habe, eher nicht. Denn ihr wäre eine spezifische Quelle – und mit ihr: wäre ein spezifisches Spektrum von Formen – eines für andere und anderes empfindsamen Weltvertrauens abhandengekommen, und von Quellen dieser Art kann eine freie Sozietät gar nicht genug haben. Insofern wäre das moralische und politische Immunsystem einer rein säkularen Gesellschaft möglicherweise geschwächt. Jedoch darf das Versiegen dieser spezifisch religiösen Haltungen nicht mit dem Versiegen der Quellen der Sittlichkeit gleichgesetzt werden. Es geht auch ohne sie. Zumindest, und mehr wollte ich weder sagen noch zeigen, ist es konsistent *denkbar*, dass auch eine solche Gesellschaft in moralisch-rechtlicher Hinsicht intakt sein könnte, wie es ebenso denkbar ist, dass sie ein *erweitertes* Spektrum profaner Abstandspraktiken ausbilden würde, das es ihr erlauben könnte, sich intakt zu halten. Menschliche Gesellschaften könnten auf säkularem Grund errichtet und erhalten werden, auch wenn wir weder zu befürchten noch zu erwarten haben, dass es so kommt.

Unwahrscheinlich ist ein Verschwinden religiösen Bewusstseins neben allen anderen Gründen, die sich hierfür anführen lassen, schon allein deshalb, weil zwischen den Grundhaltungen einer religiösen oder areligiösen Lebensführung keine scharfe Grenze besteht. Die stärkeren Transzendenzen, die den einen schwächer, und die schwächeren, die den anderen zu schwach erscheinen, sind historisch und kulturell nicht durch einen Schlagbaum getrennt, der sich nur durch spektakuläre Konversionen überwinden ließe, auch wenn sich, wie ich es hier versucht habe, paradigmatische Fälle klar voneinander unterscheiden lassen. Das allein schon bedeutet, dass wir auf absehbare Zeit weiterhin mit einer Koexistenz religiöser und nichtreligiöser Gestalten der Lebenspraxis zu rechnen haben. Diese Koexistenz kann sich jedoch in einer befriedeten Form allein auf dem Boden säkularer Verfassungen entfalten. Schon Religionsfreiheit und religiöse Toleranz lassen sich nicht religiös, sondern allein mit säkularen Mitteln begründen.[11] Erst recht ist das gewaltfreie Zusammenbestehen von religiösen und säkularen Lebensauffassungen nur im Rahmen eines säkular verstandenen Rechts und im Kontext einer im Kern säkular verstandenen Moral möglich – also auf dem Boden von Gesellschaften, die zumindest *so weit* säkularisiert sind, dass eine profane Haltung zu Fragen der Lebensführung eine ebenso natürliche wie verbreitete Option darstellt. Dies zeigt am Ende nochmals, wie abwegig es wäre, das aus den Prozessen der Aufklärung hervorgegangene säkulare Selbst- und Weltverständnis historisch und politisch für eine Verfallserscheinung zu halten. Im Gegenteil nämlich stellt es die geschichtliche Basis und die rechtfertigende Bedingung dafür bereit, dass Religionen und religiöses Empfinden in demokratischen Gesellschaften weiterhin fortleben und auch zu deren Vorteil gedeihen können.

Ich möchte mit einer metaphorischen Koda schließen. Eine säkulare Gesellschaft ist so gut denkbar wie eine Kultur des Machens und Hörens von Musik, die an der klassischen Musik oder dem Jazz keinen Gefallen mehr finden würde. So frivol dieser Satz auch erscheinen mag, er macht nochmals deutlich, wie groß der Verlust religiöser Wahrnehmungsfähigkeit wäre. Denn das Verschwinden eines der großen Stile der Musik wäre durchaus eine Beeinträchtigung des musikalischen Empfindens im Ganzen – da künftig alle anderen Musikarten nicht mehr in Kontrast und Korrespondenz zu diesen gehört und gemacht werden könnten. Aber das Verkümmern eines Stils der Musik wäre kein Verkümmern der Musik; diese könnte sich auf andere und neue Weisen entwickeln. So verhält es sich auch mit den Stilen der Selbsttranszendierung, die ich unterschieden habe. Die Taubheit für einen dieser Stile ist keine Taubheit für alle. Die Kraft der Musik, uns aus unseren Verkapselungen hinauszuführen, oder ein wenig buchstäblicher, die Attraktion einer Selbstbestimmung, die im Klang der Welt nicht nur den eigenen Puls vernimmt, so dürfen wir hoffen, ist stärker als die Macht ihrer sei es religiösen, sei es säkularen Deutung.

ANMERKUNGEN

1 E.-W. Böckenförde, Die Entstehung des Staates als Vorgang der Säkularisation, in: ders., Recht, Staat, Freiheit, Frankfurt a. M. 2006, S. 92–114.

2 E.-W. Böckenförde, Bemerkungen zum Verhältnis von Staat und Religion bei Hegel, in: ders., Recht, Staat, Freiheit, a. a. O., S. 115–142, S. 141.

3 Ebd.

4 Ebd.

5 Th. Luckmann, Die unsichtbare Religion, Frankfurt a. M. 1991. Gegen eine unangemessene Ausdünnung des Begriffs der Religiosität

argumentiert überzeugend A. Keppler, Mediale Erfahrung, Kunsterfahrung, religiöse Erfahrung. Über den Ort von Kunst und Religion in der Mediengesellschaft, in: A. Honer/R. Kurt/J. Reichertz (Hrsg.), Diesseitsreligion, Konstanz 1999, S. 183–199; vgl. auch dies., ›Medienreligion‹ ist keine Religion. Fünf Thesen zu den Grenzen einer erhellenden Analogie, in: G. Thomas (Hrsg.), Religiöse Funktionen des Fernsehens?, Wiesbaden 2000, S. 223–230.

6 H. Joas, Braucht der Mensch Religion? Über Erfahrungen der Selbsttranszendenz, Freiburg 2004.

7 H. Joas, Braucht der Mensch Religion?, in: ders., Braucht der Mensch Religion?, a. a. O., S. 12–31, bes. S. 17 ff.

8 Vgl. hierzu M. Seel, Sich bestimmen lassen. Ein revidierter Begriff der Selbstbestimmung, in: ders., Sich bestimmen lassen, a. a. O., S. 279–298.

9 Dabei behält sogar die Rede vom »Heiligen« einen herabgestuften Sinn, wenn von jemandem gesagt wird, dass ihm »nichts heilig« sei, weil er alles missachtet, was sich unter Menschen gehört.

10 Und, wie man mit erkenntnistheoretischen Argumenten ergänzen könnte, im Bewusstsein, dass der Begriff eines vollständigen Wissens und erst recht der Allwissenheit ein hölzernes Eisen und darum als regulative Idee der menschlichen – und überhaupt jeder konsistent denkbaren – Rechtfertigungspraxis untauglich ist. Hierzu M. Seel, Kenntnis und Erkenntnis. Zur Bestimmtheit in Sprache, Welt und Wahrnehmung, in: G. W. Bertram/D. Lauer/J. Liptow/M. Seel (Hrsg.),Die Artikulation der Welt. Über die Rolle der Sprache für das menschliche Denken, Wahrnehmen und Erkennen, Frankfurt a. M. 2006, S. 209–230.

11 Hierzu eindrucksvoll R. Forst, Toleranz im Konflikt. Geschichte, Gehalt und Gegenwart eines umstrittenen Begriffs, Frankfurt a. M. 2003, bes. S. 312 ff.

NORBERT BOLZ

Wo Geld fließt, fließt kein Blut

[…] Nachdem sich die Kapitalismuskritik in die soziologischen Bibliotheken zurückgezogen hat, können wir besser erkennen, dass genau das, was die guten Seelen und heißen Herzen der modernen Geldwirtschaft vorwerfen, ihre eigentliche Kulturleistung ist. Geld entlastet die Gesellschaft von Menschlichkeiten wie Hass und Gewalt. Man kann leicht zeigen, dass sich Zivilität und Urbanität unserer Kultur der Geldwirtschaft verdanken. Wo Geld die Welt regiert, bleibt uns der Terror von nackter Faust und guter Gesinnung erspart. So könnte ein Wirtschaftsliberaler mit guten Gründen argumentieren, dass das weltweite Netzwerk der vielgescholtenen multinationalen Konzerne mehr für den Weltfrieden tut als die Vereinten Nationen. Bekanntlich hat die US-Regierung auf Kosten der Steuerzahler ein Netzwerk von Abfüllstationen rund um die Welt installieren lassen, damit sich die GIs im Zweiten Weltkrieg stets mit Coca-Cola erfrischen konnten. Danach war es für Coke natürlich leicht, die Weltherrschaft auf dem Soda-Markt anzutreten. Und das Coke-Netzwerk tut mehr für die Verwestlichung der Welt, als es die Präsenz amerikanischer Truppen je könnte.

Wo Geld die Welt regiert, herrschen eben nicht: fanatische Ideologie und blutige Gewalt. Die monetarisierte Habsucht zähmt die anderen Leidenschaften. Auf die Liebe zum Geld ist Verlass – hier entfaltet sich ein ruhiges Begehren nach Reichtum. Das autonome Kreisen des Geldes entlastet uns in verschiedenster Weise. Es funktioniert wie ein Medium. Man könnte auch sagen: Geld ist eine Macht ohne Eigenschaften. Und nur weil unsere Wirtschaft von einer eigenschaftslosen

Macht geprägt wird, kann sie sich als offenes System entwickeln.

Geld definiert die ökonomischen Rahmenbedingungen unseres Lebens vor allem durch Ausschließungen, und diese Ausschließungen wirken entlastend. Geld heißt eben: nicht Gewalt. Wir prügeln uns nicht um die letzten freien Plätze an der Sonne, sondern manche zahlen, andere können oder wollen eben nicht zahlen. Und dieser Code Zahlen/Nichtzahlen heißt eben auch: nicht Moral. Nicht der bekommt ein Häuschen im Grünen, der es (womöglich nach lebenslangem Malochen) »verdient« hat, sondern der, der zahlen kann. Und jeder wird zugeben müssen: Das ist gut so. Gerade die Unpersönlichkeit und Neutralität des Geldes entlastet unser Leben.

Der Umgang mit Geld ist die beste Schule für den Umgang mit knappen Ressourcen. Dass es so etwas wie eine Gesellschaft überhaupt geben kann, setzt voraus, dass sich die Menschen über den Zugriff auf das, was knapp ist, verständigen. Zugleich stabilisiert sich das Gesellschaftssystem immer wieder über die Erwartung von Knappheiten. Wir können immer davon ausgehen, dass das, was zählt, nicht im Überfluss vorhanden ist. Nun lehrt uns Bürger der westlichen Welt schon der Augenschein, dass das, was knapp ist, doch zugleich im Überfluss vorhanden ist: etwa Bentleys in Wolfsburg – nur nicht für mich. Wohnungen sind extrem knapp, und doch werden Tausende in den Immobilienanzeigen angeboten. Umgekehrt erzeugt die Produktion von Überfluss Knappheit – knapp nämlich wird dann die Nachfrage. Seit Jahrzehnten bezahlt man EU-Bauern dafür, Felder brachliegen zu lassen.

Der Grundgedanke ist also sehr einfach: Auch das, was im Überfluss vorhanden scheint, wird knapp, wenn ein anderer darauf zugreift. Durch den Zugriff des anderen, der zahlt, wird mir erst erkennbar, dass es sich hier um eine Ressource handelt. Und Ressourcen sind immer knapp; heute bemerken wir das sogar bei Luft und Wasser. Nun kommt es bei derartigen Zugriffen nicht mehr zu Mord und Totschlag. Warum? Offenbar darf der andere zugreifen, weil er zahlt. Der prüde Hauseigentümer akzeptiert den Pornoshop in seiner Ladenzeile, der rassistische Oberbürgermeister den Araber im Westend – weil er zahlt. Indem ich zahle, verwandle ich alle anderen in Zuschauer des Geldzaubers. Anders gesagt: Alle anderen Menschen versinken im Akt dieser meiner Zahlung in eine wohltuende Neutralität. Denn für Verkäufer, Käufer und Zuschauer der wirtschaftlichen Transaktionen gilt, dass sie den jeweils anderen nicht mehr als »Individuum« behandeln müssen. Das erleichtert das soziale Leben. Personen zu vertrauen ist zu riskant. In der modernen Welt kann man sich glücklicherweise Personvertrauen durch Systemvertrauen ersparen. Doch das System ist undurchschaubar und unkontrollierbar. Deshalb ist das Angebot der modernen Wirtschaft unwiderstehlich, Systemvertrauen durch Geldvertrauen zu ersetzen. Geldvertrauen erspart mir das Vertrauen in andere Personen und die Information, die zum Verständnis des Systems nötig wäre. Wo mir die notwendigen Informationen fehlen, um eine komplexe Situation zu analysieren, genügt ein Blick auf die Preise und Geldflüsse.

Um diese faszinierende Leistungskraft des Geldes zu verstehen, muss man sehen, dass es als Medium funktioniert. Geld lässt sich beliebig stückeln, die Zahlungen sind miteinander extrem locker verknüpft. Man kann im Medium Geld nicht steuern und nicht prognostizieren, sondern nur kurzfristig reagieren. Geldverkehr hat keine Integrationseffekte und sorgt immer für absoluten Informationsverlust. Man sieht es den Scheinen in der Brieftasche nicht an, wer sie als Letzter wann wozu benutzt hat. Bedingungen der Möglichkeit und Folgelasten von Zahlungen spielen keine Rolle. Pecunia non olet. Geld hat kein Gedächtnis und ist deshalb maximal anpassungsfähig.

Geld bringt uns eines der seltenen Lebensstücke realer

Gleichheit: die Gleichheit der ausreichenden Kaufkraft. Es ist egal, ob der andere mehr Geld hat als ich; es genügt, dass ich genug Geld habe, um den Flug zu buchen, die Hi-Fi-Anlage zu kaufen oder die überteuerte Wohnung zu mieten. Wenn die Maschine ausgebucht ist, hilft es dem anderen nichts, dass er mehr Geld hat; auch der Wohlhabende sucht monatelang nach der neuen Wohnung. Und das Altbier an der Rheinpromenade kostet für den Staatssekretär genau so viel wie für den Arbeitslosen. Talcott Parsons hat dafür die schöne ironische Formel gefunden, alle Dollars seien frei und gleich geschaffen. Denn Geld ist auch reale Freiheit. Es funktioniert nämlich unabhängig von seiner Herkunft, und es ermöglicht jedem, der es besitzt, sich von seiner Herkunft befreien zu können.

Warum ist man immer knapp bei Kasse? Antwort: weil Knappheit weder eine Natureigenschaft noch eine Mangelerscheinung ist. Knappheit entsteht als Artefakt der Gesellschaft, sobald zukünftige Bedürfnisse als heutiges Problem behandelt werden. Ich muss heute schon sicherstellen, dass ich die Bedürfnisse von morgen befriedigen kann – das wird durch die Knappheit des Geldes ausgedrückt. Im Medium Geld wird diese chronische Knappheit beobachtet. Das Knappheitsproblem mit Geld zu codieren heißt vor allem: es nicht moralisch bewerten. Geld ist also das Mittel, mit dem die Gesellschaft unseren Umgang mit dem, was knapp ist, steuert. Deshalb ist man immer knapp bei Kasse. Da hilft auch Sparen nichts. Denn mein Geld nicht auszugeben ergibt ja nur Sinn, wenn ich im Blick auf spätere Zahlungen spare. Und ich darf auch nie so viel Geld ausgeben, dass meine Zahlungsfähigkeit zu einem späteren Zeitpunkt infrage gestellt wäre. So stellt sich unser modernes Leben als ein Spiel der Knappheit dar. Und wenn man die Welt so sieht, wird dann immer mehr knapp. Globalisierung heißt also: Universalisierung der Knappheit. [...]

Wenn man die Wirtschaft, wie gerade geschehen, im Blick

auf Knappheit beobachtet, bekommt man also etwas ganz anderes zu sehen, als wenn man sich am Tauschgeschehen orientiert. Formelhaft gesagt: Der Tausch ist symbolisch – Knappheit ist diabolisch. Wer versucht, die Wirtschaft vom Tausch her zu begreifen, fixiert sich auf die Interaktionen. Der eine liefert die Ware, der andere gibt das Geld. Der Tausch verbindet, und andere können in ungestörtem Operieren daran anschließen. Ein viel teuflischeres Bild von der Wirtschaft ergibt sich, wenn man das Trennende beobachtet. Wer nicht zahlt, muss ja beobachten, wie ein anderer zugreift. Tauschtheoretiker vergessen diesen ausgeschlossenen Dritten der Transaktion, also den Zuschauer. Und Zuschauer, Ausgeschlossene der Wirtschaftstransaktionen, sind wir eben fast immer.

Wer aber ganz durch die Maschen des Wirtschaftssystems gefallen, also zahlungsunfähig ist, muss auf Hilfe hoffen – oder müssen wir sagen: kann auf Hilfe rechnen? Caritas unterstellt, dass Nächstenliebe Geldform annehmen kann. Aber Almosen und Nächstenliebe sind unökonomisch und irrational – denn Geld ist knapp. Tony Blair hat sich bei seinem Regierungsantritt damit gebrüstet, niemals einem Bettler Geld gegeben zu haben. Das ist sehr modern. Denn dem Ende der Mildtätigkeit entspricht der Anspruch auf organisierte, quantifizierte Hilfe. Man hilft modern, indem man dem Bedürftigen die Stelle nennt, die für derartige Bedürftigkeiten zuständig ist. Ich muss im konkreten Fall dann nichts geben, denn erstens haben andere mehr Geld, und zweitens sind andere noch bedürftiger.

Die jährliche Spende, die ich steuerlich geltend machen kann, schließt es natürlich nicht aus, dass ich dem armen Nachbarn beim Umzug helfe oder dem frierenden Mädchen aus Afghanistan einen Becher Punsch bringe. Aber es ist doch klar, dass Danken, Helfen und Freundlichsein privatisiert sind. Kapital ist das funktionale Äquivalent von Dankbarkeit und Hilfe. In der Öffentlichkeit genügt Geld als Inbegriff aller menschlichen Motive. Und oft wird anderes auch gar nicht mehr honoriert; so kann man schiefe Blicke ernten, wenn man dem, der einen um »'ne Mark« angegangen ist, ein belegtes Brötchen anbietet.

Zwischenmenschlichkeit kann auf dem freien Markt schlecht Fuß fassen. Gerade deshalb aber funktioniert das Geld so reibungslos. Geld ist entlastet vom Menschlich-Allzumenschlichen. Um sich in der Wirtschaft zu orientieren, genügt es ja, die Preise zu kennen. Der Preis ist eine harte Information, in der Geschichte, Bedürfnisse und Individualitäten verschwinden. Das ökonomische System operiert also ohne Gedächtnis. Das gilt natürlich auch für jede einzelne Zahlung: Geld erinnert sich nicht. Deshalb ist so etwas wie »Geldwäsche« möglich, obwohl wir ständig einer detektivischen Beobachtung durch das Finanzamt oder den Bundesrechnungshof ausgesetzt sind.

Der Kosmos der modernen Wirtschaft besteht also nur aus Ereignissen der Zahlung – nicht mehr aus Menschen. Gewissermaßen als Ausgleich dafür, dass sie in den Wirtschaftsprozessen nicht mehr »vorkommen«, haben die Menschen der Moderne dann einen neuen Kosmos der Innerlichkeit erfunden. Es ist also ganz falsch, dem modernen Kapitalismus Seelenlosigkeit vorzuwerfen. Im Gegenteil: Individuelle Seelengeschichten gibt es erst, seit die Strukturen unseres gesellschaftlichen Lebens vom autonomen Geldverkehr geprägt werden.

«Das Bezugsproblem der Wirtschaft«, heißt es bei Niklas Luhmann, ist »die Reizbarkeit der Gegenwart durch die Zukunft.« Prinzipiell gilt ja: Aufmerksamkeit wird erregt durch Bewegung, Neuheit und Schmerz. Das sind immer unmittelbare Erfahrungen im Hier und Jetzt. Wie kann man aber Aufmerksamkeit für Zukünftiges wecken? Genau das leistet Geld. Der Verlust von Geld ist ein »Schmerzsurrogat«. Im Wirtschaftsleben lernen die Menschen, Bedürfnisbefriedigungen zu vertagen, aufzuschieben – und in der Zukunft sicherzustellen. So leistet das System der Geldwirtschaft für das Leben die »Eröffnung, Erschließung und Pazifizierung einer Zukunft«. Durch Verzicht auf die Befriedigung konkreter Bedürfnisse heute sichere ich abstrakt die Befriedigung zukünftiger Bedürfnisse – ich habe Geld. Dabei muss man sich deutlich machen, dass man immer verzichtet: Entweder man verzichtet auf Befriedigung und hat dann Geld, d. h. die Freiheit der Auswahl. Oder man befriedigt konkrete Bedürfnisse und verzichtet damit auf die Freiheit der Auswahl, die sich eben im Geld verkörpert.

Der Engpass der Geldwirtschaft liegt im konkreten Konsum, der ja rasch an anthropologische Schranken stößt. Man kann nicht endlos Sushi essen; man kann nicht ständig nach Mallorca pendeln. Thorstein Veblens immer noch aktueller Begriff der *conspicious consumption* hat erstmals deutlich gemacht, wie die moderne Wirtschaft dieses Problem löst. Sie »schafft sich die für eine umfassende Zukunftsbeherrschung benötigte Schätzung von Geld heute durch illusionäre Aufwertungen des Konsumgeschehens«.

Geld hat den einzigen Sinn, ausgegeben zu werden, weil es keinen eigenen Wert hat. Deshalb stößt es in den Kunden eine Dauerreflexion auf Konsummöglichkeiten an. Der Konsum ist also der Realitätstest auf den Zukunftshorizont der Geldwirtschaft. Weil ihm aber, wie gesagt, sehr enge anthropologische Schranken gesetzt sind, geht es beim Konsumgeschehen in der Wirtschaft des 21. Jahrhunderts zunehmend um virtuelle Erfüllungen. Ich könnte über Weihnachten nach San Francisco fliegen; einfach so. Ich kann das Geld aber auch in ein Mountainbike investieren, mit dem ich dann tolle Touren unternehmen könnte. Je moderner ein Produkt, desto unausgeschöpfter sein Potenzial, desto virtueller die Befriedigung, die es gewährt. Man denke nur an den Computer – was man mit dem Grafikprogramm alles machen könnte! Das Funktionieren des Marktes hängt also an Fiktionen – am Als ob.

Das Geld ist gerade deshalb auch das faszinierendste aller Medien, weil es nicht durch reale Konsumchancen gedeckt ist, sondern – durch sich selbst! Anders gesagt: Die Wirtschaft schuldet sich das Geld, das sie zirkulieren lässt, selbst. Das Geld ist viel mehr Wahlmöglichkeit als Konsumwirklichkeit. Die Wirtschaft hat deshalb viel mehr Zukunft, als je Gegenwart werden kann. Weder Profit noch Bedürfnisbefriedigung setzen dem Geldausgeben eine Grenze. Man kann aber auch die Entscheidung des Konsums verschieben und im Geldhaben abstrakt die Möglichkeiten genießen.

Genau wie Macht gibt Geld schon in der Gegenwart die Sicherheit, dass künftige, unvorhersehbare Probleme gelöst werden können. Macht und Geld sind Gewissheitsäquivalente und ersparen uns Information beziehungsweise Voraussicht. Nicht mehr Gott, sondern Geld garantiert Weltsicherheit. Es geht dabei wohlgemerkt nicht um ein sorgenfreies Leben, sondern um die Verwandlung der Zukunftsungewissheit in das Risiko der Geldverwendung. Man kann leicht zeigen, dass Geld das Medium ist, in dem wir am sichersten in eine offene Zukunft steuern können. Geld hat also die Funktion der Zukunftsvorsorge. Umgang mit Geld ist immer *trading in futures*. Und nur im Umgang mit Geld kann man die Zukunft in die eigenen Hände nehmen.

Diese abstrakte Zukunftssicherheit der modernen Geldwirtschaft wird an der Funktion der Preise besonders deutlich. Nach Friedrich von Hayek haben Preise die Funktion, Anzeichen von Veränderungen zu signalisieren, die der Einzelne zwar nicht kennen kann, an die er aber seine Pläne anpassen muss. »Es ist nicht nur ein Gleichnis, wenn man das Preissystem als eine Art von Maschinerie zur Registrierung von Veränderungen bezeichnet, oder als ein System von Fernvermittlung, das die einzelnen Produzenten instand setzt, nur mit Hilfe der Beobachtung von ein paar Zeigern, so wie etwa ein Techniker die Zeiger von ein paar Zifferblättern beobachtet, ihre Tätigkeit an Änderungen anzupassen, von denen sie nie mehr zu wissen brauchen, als sich in der Preisbewegung widerspiegelt.«

Die Indifferenz des Geldes macht Differenzen sichtbar – als Preisunterschiede. So ermöglicht Geld eine spezifisch wirtschaftliche Lernfähigkeit durch die einfache Anweisung: Beobachte die Preise! Die Beobachtung der Preise ermöglicht einen Blindflug durchs Chaos der Wirtschaft. Oder anders formuliert: Die Preisbildung auf dem freien Markt ist das große kybernetische Paradigma, das besonders eindrucksvoll zeigt, wie sich spontan eine Ordnung bildet, indem sich individuelle Pläne durch negative Rückkopplung aneinander anpassen.

Die Finanzwelt hat eine Aura kühler Rationalität. Das hat sachliche Gründe. Denn Geldgeschäfte sind in hohem Maße steril, anonym und abstrakt. Prinzipiell produzieren Zahlungen und Preise enorme Informations- und Kontextverluste – es ist ja egal, wer warum zahlt. Das galt schon immer. Heute kommt aber etwas Entscheidendes hinzu: Nichts ist abstrakter als elektronische Finanztransaktionen. Seit es die elektronische Datenverarbeitung gibt, werden sich Geld und Information immer ähnlicher. Das bedeutet aber, dass die Finanzmärkte der wichtigste Schauplatz für die Kommunikationstechnologien des 21. Jahrhunderts sind: Geldfluss und Datenfluss werden ununterscheidbar. [...]

Geld managt das Chaos der Welt, in der alles seinen Preis hat. Das lässt sich auf die Formel bringen: Geld macht chaosfest. Man kann die unbekannten Gefahren der Zukunft als Risiken des Geldverkehrs modellieren. Geld verdienen ist also konzentrierte Zukunftsvorsorge, und Geld ist disponible Zukunft. Was auch immer kommen mag – mit Geld ist es zu managen. Auf eine Formel gebracht: Geld ist der *general problem solver*. Wer Geld hat, weiß zwar auch nicht, was kommen wird, aber er kann abwarten.

Der Sinn des Geldes ist sein Gebrauch auf dem Markt. Oder noch einfacher gesagt: Geld hat den Sinn, es auszugeben.

Jede Zahlung zielt auf die anschließende Zahlung. Es geht also im Wirtschaftsleben gar nicht mehr vorrangig um ein Haben beziehungsweise um Bedürfnisse, sondern um eine besondere Form von Kommunikation – eben Bezahlen. Deshalb interessieren sich Geschäftsleute bei innerbetrieblichen Bilanzen auch nicht für die absolute Kapitalgröße einer Firma, sondern für deren Beziehung zum Cashflow, einer dynamisch sich in der Zeit verändernden Flussgröße, die sich aus Gewinn, Abschreibung und Rückstellung zusammensetzt.

Mit diesem Funktionssinn müssen die Menschen heute auskommen. Mehr an Sinn gibt es nicht. Das klingt in vielen Ohren unerträglich. Denn um dem Leben einen Sinn zu geben, braucht man ja eigentlich Ideen wie Gott, Freiheit und Unsterblichkeit. Unser Problem ist aber, dass man diese schönen Ideen des Humanismus unter postmodernen Lebensbedingungen nicht mehr durchhalten kann. Hier springt nun das Geld ein. Das Geld ist heute unser funktionaler Ersatz für die unmöglich gewordenen Ideen des Humanismus.

Aber wie kann das Geld eine so dynamische Funktion erfüllen? Ich muss hier genauer formulieren: An die Stelle der Ideen tritt nicht einfach das Geld, sondern das, was Karl Marx einmal so schön »geldheckendes Geld« genannt hat – also Geld in der Prozessform: mehr Geld. Wer das nicht begreift, wundert sich dann natürlich darüber, dass Multimillionäre immer noch weiterarbeiten, statt endlich ihren Reichtum zu genießen. Dieses Erstaunen ist aber naiv. Denn das Streben nach mehr Geld ermöglicht eine stabile Letztorientierung des Lebens, die auf »authentische« Motive verzichten kann.

Und trotzdem haben Geldgeschäfte ein schlechtes Image. Unsere christliche Kultur hat ein sehr ambivalentes Verhältnis zum Geld. Einerseits will jeder mehr Geld, und man kann eben in der Tat feststellen, dass mehr Geld als eine Art Lebenssinnersatz funktioniert. Aber das biblische Verbot, vom

Bruder Zins zu nehmen, der Hass auf die »Wucher-Juden«, die Kritik des »geldheckenden Geldes«, die Angst vor der Weltherrschaft der Großbanken – das zeigt, wie alt und konstant der kulturelle Verdacht gegen Geldgeschäfte ist.
Diese Ambivalenz zeigt sich besonders deutlich in der moralischen Diskreditierung des Kredits. Kredit lässt sich auf das lateinische Wort *creditum* zurückführen, also: Vertrauen. Hier steckt deshalb ein Problem, weil auch Vertrauen ambivalent ist. Vertrauen schließt nämlich hohe Unsicherheit und Risiko ein – es kann enttäuscht werden. Man könnte daraus lernen, dass Riskanz nicht der Ausnahmezustand, sondern der Normalfall des modernen Lebens ist; d. h. dass alle Optionen riskant sind. Und dass derjenige am meisten riskiert, der das Risiko scheut – er riskiert nämlich, nicht mitzukommen.
Doch gleichgültig, ob man das Geld als Mammon verteufelt oder als Lebenssinnersatz anhäuft – es ist unstrittig das prominenteste und faszinierendste aller Medien. Das hat schon oft zu der Vermutung verführt, die Wirtschaft beherrsche die ganze Welt. Das trifft aber nicht zu. Geld ist universal, aber eben auch nur spezifisch verwendbar – nämlich in der Wirtschaft. Es ist weder total noch absolut. Deshalb kann man nicht sagen, Geld sei, was die Welt im Innersten zusammenhält. Und das ist natürlich, zumindest für Romantiker, eine gute Nachricht. Man kann Messen lesen lassen, aber nicht das Seelenheil kaufen; man kann Forschung subventionieren, aber nicht Wahrheit kaufen; man kann Bafög zahlen, aber keine Lernbereitschaft kaufen; man kann Politiker korrumpieren, aber nicht Macht kaufen. Und man kann Frauen kaufen, aber nicht Liebe.

KÄTE MEYER-DRAWE

Wer schön sein will – muss leiden?

Der folgende Text spielt mit der zugleich vertrauten wie geheimnisvollen Redewendung »Wer schön sein will, muss leiden«. Vertraut ist diese Floskel als üblicher Kommentar zur Mühe um eine wünschenswerte Erscheinung. Geheimnisvoll ist sie im Hinblick auf ihre Herkunft, die im Dunkeln verläuft. Die spezifische Gefahr, über Schönheit zu sprechen, besteht darin, dass man dabei stets auf eine Gretchenfrage antwortet. Denn selbst wenn man sich davor hütet, Schönheit zu definieren, werden doch mit jedem Satz die eigenen Vorstellungen von ihr und damit auch das eigene Selbst preisgegeben.

Die nachstehenden Überlegungen lassen sich in vier Abschnitte gliedern. Zunächst wird Auskunft über den Anlass meines Nachdenkens gegeben. Denn über Schönheit lässt sich kaum allgemein sprechen, die Perspektive, aus der man über sie spricht, ist wichtig. In einem zweiten Schritt steht der Blick des anderen im Mittelpunkt der Aufmerksamkeit. Drittens sollen einige Anmerkungen zur Haut erfolgen, die für die Makellosigkeit des Fleisches bürgt und heute zentraler Schlachtplatz im Kampf gegen Zeichen des Alters ist. Schließlich werden das menschliche Gesicht und seine Modifikationen thematisiert. Eine besondere Beachtung erfährt dabei der lebendige Ausdruck.

1. Zum Anlass

Den Beweggrund dafür, über den Zusammenhang von Schönheit und Leiden nachzudenken, lieferte ein Gespräch im Frisiersalon, das zwei dort arbeitende Frauen führten. Vom Standpunkt der Erfahrung sind sie Expertinnen von Gesichtern; denn sie gestalten die Magie der Haare, welche das Gesicht zur Geltung bringt. Die Haare nötigen beim Menschen zum Eingriff, weil sie – anders als bei der Mähne von Pferden und Löwen – unbegrenzt wachsen und deshalb bald hinderlich wären, würden sie nicht geschnitten, geflochten oder in einem Netz gefangen. Gleichzeitig sind Friseurinnen virtuos in der Kommunikation mit dem gespiegelten Gesicht von anderen. Wie kaum jemand anderer, außer vielleicht die Betroffenen selbst, schenken sie dem Spiegelbild eines anderen ihre Aufmerksamkeit. Das Original hat stillzuhalten, um nicht durch das stets wiederherzustellende lebendige Visavis ständig in Unruhe zu sein und damit die Arbeit zu stören. Der Blick der Haarkünstlerin gleitet auf der Spiegelfläche zwischen dem eigenen und dem fremden Gesicht hin und her – eine ungewöhnliche Lateralität der Begegnung.

Das Gespräch entwickelte sich folgendermaßen: Ich hatte in dem Fach mit den Zeitschriften, die uns mit den Schönen dieser Welt einen brutalen Maßstab unserer eigenen Gewöhnlichkeit bieten, eine Broschüre gefunden, die dadurch auffiel, dass in sie Originalfotos eingeklebt waren, welche für den Einsatz von Schönheitsoperationen und Botoxanwendungen im Gesicht werben sollten. Mich irritierte dieser Fund. Nachdem meine Frage nach der Herkunft und dem Zweck dieses Fundstücks geklärt war, entspann sich das folgende Gespräch zwischen den beiden Friseurinnen:

»Ich würde mich niemals mit Botox behandeln lassen«, stellte die 51-Jährige energisch fest. Zögerlicher bemerkte ihre 38-jährige Kollegin: »Wenn überhaupt, dann würde ich mir lediglich die Zornesfalte zwischen den Brauen aufspritzen lassen.« »Meine beste Freundin«, so fuhr ihre Kollegin fort, »hat sich mit Botox behandeln lassen. Als ich sie nach der Behandlung wiedersah, habe ich mich erschreckt; denn ihr ehemals strahlendes, lebendiges Gesicht war gleichsam erstarrt. Ich hatte Schwierigkeiten, mit ihr zu reden, weil mir gar nichts mehr entgegenkam, ähnlich wie bei einem toten Gesicht. Nach einer Woche rief mich meine tiefbetrübte Freundin an und sagte, sie würde die Behandlung auf keinen Fall wiederholen, sie fühle sich wie tot.«

Dieses Gespräch brachte in mir den Gedanken auf, dass hier der alte Spruch »Wer schön sein will, muss leiden« eine weitere Bedeutung als die geläufige erhält. Sein ursprünglicher Sinn ist gar nicht so leicht zu ermitteln. Aber alle Auskünfte, die diesbezüglich gesammelt werden konnten, kamen darin überein, dass diese Floskel bereits in der Antike gebräuchlich und auch der ironische Beiklang üblich war. »Wer schön sein will, muss der Biene Sumsum leiden« und »Wer schön sein will, muss leiden vom Kopf bis zu den Beinen«, meinen spöttische Kommentare – durchaus keine Rechtfertigung der Protagonisten.[1] Bereits hier erhalten wir einen ersten Hinweis darauf, dass Schönheit kein einsames Glück bedeutet, sondern stets auch die anderen betrifft. In dieser Perspektive kann für das wiedergegebene Gespräch vermutet werden, dass nicht nur diejenige leidet, welche sich nach der Maßgabe eines Ideals verschiedenen Torturen unterwirft, sondern auch die anderen in der Nähe, weil sie der Expressivität des anderen Gesichts beraubt werden. Die lebendige Kommunikation ändert sich. Die Freundin hatte das Gegenteil von dem erreicht, was sie wollte. Sie sehnte sich nach dem jungen Gesicht und bekam ein totes. Bilder von Toten zeigen, was es bedeutet, wenn die Mimik fehlt und was Entspannung anrichtet. Zwar bezeugen noch Narben und Linien die Geschichte des gelebten Lebens, aber eher im Sinne von Hinterlassenschaften, die zu deuten sind. Das tote Gesicht ist buchstäblich frei von jeder Intention. »Das Gesicht eines geliebten Toten ist der erste Schritt in ein Vergessen, von dem man möchte, dass es nie aufhört.«[2] [...]

2. Der Blick des anderen

In Erinnerung an eine bekannte Redeweise, jedoch mit einer wichtigen Abwandlung kann man sagen, dass Schönheit zwar nicht allein im Auge des Betrachters entsteht, jedoch in seinem Blick. Diese kleine Akzentverlagerung hat zur Folge, dass das Gesehene in seiner Mitwirkung thematisiert wird. Schönheit gewinnt ihre Gestalt in einem zwischenleiblichen Ausdrucksgeschehen. Dieses bestimmt, ob mir jemand als *some-body* oder als *no-body* begegnet, als jemand oder niemand. Man will Blicke fangen, auch um in seiner Existenz bestätigt zu werden. Nicht gesehen werden will man dagegen bei dem Verbotenen, dem Peinlichen, dem Intimen. Entdeckt man den heimlichen Beobachter, schlägt man vor Scham die Augen nieder und senkt den Blick, selbst wenn man dadurch nicht im Boden versinkt. Blicke sind nicht imstande zu töten, wenngleich sie dem Wunsche Ausdruck verleihen oder die Bereitschaft zur Gewalt signalisieren. Ohne die Hand zu erheben, versetzt der eine den anderen in Angst und Schrecken. Augenspiele können uns aufspießen oder als lasziver Schlafzimmerblick verführen. Ein Blick voller Verachtung ist entsetzlich. Unser Scharfblick zeichnet uns aus wie unser Weitblick. Ermöglicht wird der Blick auch dadurch, dass im Auge Iris und Pupille von dem Weiß der Sklera abstechen. Nur deshalb können wir die Blickrichtungen von anderen überhaupt wahrnehmen.[3] Farbige Kontaktlinsen betonen das Blitzen des Blicks. Trübungen wie beim alten Auge, das alles gesehen hat, beschränken die Augenspiele, aber auch Straffungen der Lider, welche der Augenbewegung etwas Prominentes, einen Hauch von Wahnsinn verleihen. Wir merken nicht, wie unser Lidschlag unsere kontinuierliche Wahrnehmung unentwegt unterbricht. Dennoch ist das menschliche Oberlid wie ein Vorhang, welcher die Bühne der Welt modifiziert. Wie soll man jedoch zwinkern, wenn die überschüssige Haut des Augenoberlids bis auf einen kleinen Steg beseitigt wurde? Mimik karikiert sich hier selbst. Das Gesicht wird zum Etikett, das auf viele passt. Wie die Erschöpfung macht ein Übermaß an Glätte den Menschen zur Menge.[4]

Vor allem der evozierende Ausdruck steht für die Fesselung des Blicks. Evokation kann sich allerdings lediglich bewähren. Sie ist nicht kontrollierbar wie eine Aussage. Sie steht für die Sprachferne der Schönheit, die weder pure Realität noch bloße Idee ist, sondern vielmehr im Zusammenspiel von Sehen und Gesehenwerden imaginiert wird. Ein evozierender Ausdruck bewährt sich, indem er das uns Anmutende »ins Gefühl« bringt.[5] Der Gefühlsausdruck ereignet sich ohne Absicht. Deshalb ist er uns gleichzeitig Kompagnon wie Verräter. Seine paradoxe Aufgabe besteht darin, etwas zur Erscheinung zu bringen, was, um zu existieren, seiner nicht bedarf, das aber, um verstanden zu werden, auf ihn angewiesen ist. Dabei kann es ebenfalls zu Missverständnissen kommen, wie wenn etwa Madame Arnoux in Flauberts *L'éducation sentimentale* bei ihrer letzten Begegnung Frédérics jähe Abkehr von ihr, die nach einer lebenslangen Begierde in einer Mischung aus befürchteter Abscheu sowie Verlegenheit und dem unbestimmten Entsetzen vor einer Art Inzest übrig lässt, als zartfühlig wahrgenommen wird.[6] Der Ausdruck verdoppelt nicht etwa ein Innenleben, sondern bringt dieses gleichsam hervor. Es geht dabei nicht um eine bewusste Inszenierung oder reflektierte Nachahmung. »Der Leib glaubt, was er spielt: er weint, wenn er Traurigkeit mimt. Er stellt sich nicht vor, was er spielt, er ruft sich nicht die Vergangenheit ins Gedächtnis, sondern *agiert* die Vergangenheit *aus*, die damit als solche aufgehoben wird, erlebt sie wieder. Was der Leib gelernt hat, das besitzt man nicht wie ein wiederbetrachtbares Wissen, sondern das ist man.«[7] Glaubt dann der Leib nach dem Eingriff, dass er jung ist? Ist er ein jugendlicher Leib? Nein – denn die gespannte Haut hat nicht den samtenen Glanz der jungen Haut. Die Blüte der Jugend lässt sich durch keine Chirurgenhand herbeizaubern. Dabei sind es nicht lediglich die Runzeln an den Ohrläppchen, die übersehen wurden, weil man nicht daran gedacht hat, dass auch das Ohr altert. Desgleichen können Handschuhe die welke Haut der Hände kaschieren und allerlei Verfahren die Altersflecken beseitigen. Entscheidend ist der Zauber, welchen die Vergänglichkeit hinterlässt: »nur das Flüchtige blüht«.[8] Dass die Blüte vorüber ist, bleibt dem Leib trotz aller Korrekturen eingeschrieben. Er droht zum Saboteur zu werden. Hinzu treten die Kommentare im Gesicht der anderen, etwa der entsetzte Blick angesichts einer missglückten Operation oder wie in dem Beispiel aus dem Frisiersalon das Erschrecken, als die Verjüngung zum Vorboten des Todes wurde. In diesem Blick des anderen zeigt sich etwas, das jeder Spiegel vorenthält. Die Faltenbehandlung durch Botulinumtoxin evoziert den Eindruck des Todes deshalb auch und insbesondere für die Behandelte selbst. Der Blick der Freundin geht ins Leere, in eine Leere, welche die Angeschaute fühlt.

3. Die Haut

Die Haut ist wichtiges Medium intersubjektiver Wahrnehmung. Sie kann erröten. Sie kann bleich werden. Vor allem soll sie makellos sein. Pickel und andere Unreinheiten sind Makel. Zur Ganovenvisage gehören dagegen Aknenarben. Eine solche Haut fällt aus der Norm. Auch Falten sind nicht immer ein Mangel. Was bei Frauen als Krähenfüße diskriminiert wird, kann bei Männern als Lachfalten im Sinne erfahrener Männlichkeit gewürdigt werden. Sogenannte Muttermale waren bis ins 18. Jahrhundert eindeutig eine

Entstellung. Sie wurden als Male verstanden, welche die Mutter wegen ihres Fehlverhaltens in der Schwangerschaft zu verantworten hatte.[9] Ganz anders wurde die Mouche, das Schönheitspflästerchen, bewertet, die im Rokoko ein typisches Modezeichen war. Das schwarze Mal sollte nicht nur Narben kaschieren, sondern durch seinen Kontrast zum weißen, stark gepuderten Gesicht die vornehme Blässe betonen, die legendäre Alabaster- oder Marmorhaut. Die blasse Haut gilt bis heute in manchen Gesellschaften als Merkmal exquisiter gesellschaftlicher Positionen. Gebräunte Menschen müssen dagegen ihr Leben durch Arbeit im Freien verdienen. In unserer Gesellschaft hat sich das geändert, zumal die getönte Haut zunächst darauf verwies, dass man sich Reisen ins sonnige Ausland leisten konnte. Heute lassen sich Menschen durch Sonnenbrand Muster auf ihre mit Schablonen bedeckten Rücken brennen. Die Warnung vor Hautkrebs bleibt ungehört. Die schnellere Alterung der Haut kann später durch Eingriffe verschleiert werden. Dabei stehen nicht nur Aufspritzungen und chirurgische Eingriffe zur Verfügung. Zahlreiche Cremes versprechen das jüngere Aussehen – nicht das Jüngerwerden – der Haut und erreichen dieses Ziel auf nanotechnologischem Wege. »Winzige Partikel spiegeln das Licht so geschickt in Stirnrunzeln hinein, dass diese kaum noch Schatten werfen und deshalb weniger auffallen.«[10]

Die Haut fungiert beim Schminken, aber auch beim Tätowieren als Palimpsest, als eine Art Pergament, welches ein zweites Mal beschrieben wird. Die erste Schicht erzählt die Geschichte des Leibes selbst – mit allen seinen Unebenheiten, Hautflecken, Narben, Freudenfalten, Tränensäcken, Runzeln, Äderungen und Kummerlinien. Tätowierungen überzeichnen den Urtext mit unauslöschlichen Malen. Selbst Laseroperationen können heutzutage die Spuren nicht gänzlich beseitigen. Es ist diese Dauerhaftigkeit, welche manche Menschen fasziniert. Die Stiche in die Haut, die Färbung bis in untere Hautschichten, fungieren als Abglanz von Ewigkeit.[11] Die Haut überdauert im Sinne eines Kunstwerkes den Leib, den sie umschlossen hielt. Tattoos markieren z. B. bestimmte Erlebnisse, Namen, Sehnsüchte, indem sie den schmerzhaften Weg über die Verletzung der Haut nehmen, dieser Haut, die wie kaum eine andere Körperpartie für uns selbst steht. Wir können jemandem mit Haut und Haar verfallen sein. Auf keinen Fall möchten wir unsere Haut zu Markte tragen, und oft möchten wir nicht in der Haut des anderen stecken. Alle Inschriften des Leibes zielen auf die Haut, diese schwer durchschaubare Grenze von Innen und Außen. Dabei ist sie »höllisch auf dem Posten gegen alles, was dem Körper zu nahe treten will, – sie streckt ja sogar noch Tastapparate über sich hinaus, die Haare nämlich, die Körperhärchen, die bloß aus verhornten Hautzellen bestehen und eine Annäherung schon spüren lassen, bevor die Haut selbst noch berührt ist«.[12] Im Verlaufe des Lebens gibt diese Haut ihren Widerstand auf. Sie lässt sich sprichwörtlich hängen [...].

4. Das Gesicht

Wir leben – wie es Thomas Macho ausdrückt – in einer »facialen Gesellschaft«.[13] Wir sind umgeben von zahllosen Gesichtern. Im Großformat blicken sie von den Werbeflächen zurück. Kaum ein Buch können wir lesen, ohne dass wir uns das Gesicht des Autors oder der Autorin unter dem Klappentext anschauen müssen, oft in unverwüstlicher Jugend. Aufnahmen mit Teleobjektiven holen Gesichter in unsere Nähe, wie wir sie mit bloßem Auge niemals erreichen könnten. Die technisch ermöglichte Indiskretion erhöht die Ansprüche an die Vollkommenheit. Die Flut der Gesichter bedroht unsere besondere Erfahrung eines Antlitzes. Denn das Gesicht ist etwas Besonderes. So vertraut es sein kann, so fremd ist es zu-

gleich. Das gilt insbesondere für das eigene Gesicht, das nur auf Umwegen zugänglich ist. »So, wie einem immer das eigene Gesicht beim Schauen fehlt, fehlt auch der eigenen Geschichte der Tod.«[14] Zu Beginn meines Lebens habe ich es ausschließlich mit Gesichtern von anderen zu tun. Es dauert, bis der Säugling sein eigenes Gesicht unter den vielen anderen im Spiegel erkennen kann. [...]
Trotz aller Versagungen kommt uns das eigene Gesicht jedoch als so unverwechselbar vor wie ein Fingerabdruck. Ohne Umwege haben wir es aber niemals gesehen. Dennoch überkommt uns ein unangenehmes Gefühl, wenn wir für jemand anderen gehalten werden. Schrecklich ist es, wenn uns geliebte Menschen nicht wiedererkennen. Beide Male zweifeln wir eher am anderen als an uns selbst. Dabei haben wir, streng genommen, dazu keinen Grund. Niemals werden wir uns sehen, während wir mit einem anderen sprechen, wir verliebt blicken oder vor Wut zittern. Der andere ist uns dabei stets voraus. Vermutlich können wir deshalb auf den allmorgendlichen Gruß der Lebensgefährten nicht verzichten, verbürgt er doch eine Kontinuität, die für uns durch den Schlaf zerrissen wurde. Wir sind wie unsere Mitmenschen und doch anders. Es gibt etwas Absonderliches, etwas Seltsames, das uns abweichen lässt. Doch ist diese Abweichung in ihrem vollen Ausmaß unzugänglich für uns selbst. Das blanke Entsetzen und die nackte Angst kennen wir nur aus den Gesichtern der anderen. Unser eigenes Gesicht ist uns selbst eigentümlich äußerlich, eine dem anderen zugewandte lebendige Larve. Es hebt sich auf seltsame Weise von unserem Körper ab. Ohne Körper hätten wir zwar kein Gesicht, aber unser Gesicht überschreitet unseren Körper. Es ist kein Vorderkopf. Unser Gesicht meint Gesehenwerden und Sehen in einem. In ihm verdichten sich unser leibliches Selbst und unsere Sinnlichkeit für den anderen. Das eigene Gesicht mit seinem lebendigen Ausdruck ist uns selbst nur in geringem Maße zugänglich.

»Im Entzug begegnet mir etwas, das nicht in den Spielraum meiner eigenen Möglichkeiten, in mein Blick- und Gesichtsfeld fällt, auch nicht als Randmöglichkeit.«[15] Das führt auch dazu, dass wir vom eigenen Gesicht angezogen werden. Selbst wenn es nicht unserem Ideal entspricht, geht eine merkwürdige Anziehungskraft von ihm aus, die sich nicht erst in operativen Eingriffen manifestiert. So bedeutet Schminken eine intime Befassung mit dem eigenen Gesicht, die keine fremden Blicke schätzt. »Man versenkt sich in die Zwiesprache mit einem überaus komplexen Adressaten: einem sich sehenden, sich durchsichtigen und sich doch auch undurchsichtigen Selbst.«[16] Im Schminken entsteht mein Gesicht, das sich weder durch ein Ideal noch durch sein So-sein binden lässt. Im Vordergrund steht der Akt, die Choreografie von Auge und Hand, aus der ein Gesichtsbild hervorgeht. Wir vergessen das geschminkte Gesicht beim Verlassen des Badezimmers, weil das Schminken selbst das Wichtigste ist. Auch bei Körpermodifikationen wie etwa Tattoos und Piercings ist die Beibringung wichtig. Hier zählt jedoch auch das dauerhafte Ergebnis. Beim schönheitschirurgischen Eingriff unter Narkose ist dagegen nur das Ergebnis von Bedeutung, das fleischgewordene Bild, das man entworfen hat, ohne es in seiner lebendigen Expressivität je gesehen zu haben oder sehen zu können. [...]
Es gibt »eine spezifische Erkrankung der Schönheit an sich selbst«[17], zu welcher das falsche Selbstbild zählt, das nicht bezweifelt wird, weil der eigene Blick überschätzt wird. Aber auch die Sucht gehört dazu, weil es immer das Schönere gibt: die braunere Haut, die volleren Lippen. Weil jede dieser Veränderungen an ihr selbst gemessen wird, existiert kein Schutz vor der Maßlosigkeit, und die Grenze zum Hässlichen ist schnell überschritten. Das »unternehmerische Selbst«, dieses Idol unserer Zeit, betrachtet auch seinen Körper als Projekt. Es übersieht mitunter die zerstörerische Macht der Schönheit, weil es sich nicht sieht, wie es die anderen sehen.

Das eigene Spiegelbild kommt für jeden Gefühlsausdruck zu spät. Dieser bleibt dem Blick der anderen überlassen, und diese empfinden vielleicht nicht die gewünschte Bewunderung, sondern Ekel, weil sich etwas bewegt, was den Schein des Toten hat: das vollkommen entspannte Gesicht. »Der Schein des Lebens im an sich Toten« – so hat es Karl Rosenkranz formuliert – »ist das unendlich Widrige im Ekelhaften.«[18] [...]

ANMERKUNGEN

1 Für die entsprechenden Hinweise danke ich Herrn Dr. Gerhard Müller (Gesellschaft für deutsche Sprache) und Herrn Dr. Rolf-Bernhard Essig (Autor, Kritiker, Moderator).

2 Ortiz, Mauricio (2004): Über den Körper. Mit einem Vorwort von Antonio Tabucchi. Übers. von Maralde Meyer-Minnemann. München: P. Kirchheim, S. 184.

3 Vgl. McNeill, Daniel (2004): Das Gesicht. Eine Kulturgeschichte. Übers. von Michael Müller. Essen: Magnus [Boston/New York 1998], S. 42 f.

4 Vgl. Dirks, Liane (2006): Falsche Himmel. Köln: Kiepenheuer & Witsch, S. 50.

5 Vgl. Misch, Georg (1994): Der Aufbau der Logik auf dem Boden der Philosophie des Lebens. Göttinger Vorlesungen über Logik und Einleitung in die Theorie des Wissens. Hrsg. von Gudrun Kühne-Bertram und Frithjof Rodi. Freiburg/München: Karl Alber, S. 520.

6 Vgl. Liessmann, Konrad Paul (1994): L'éducation sentimentale oder: Über naive und sentimentalische Erziehung. Innsbruck/Wien: Tyrolia, S. 49–61, hier: S. 57.

7 Bourdieu, Pierre (1987): Sozialer Sinn. Kritik der theoretischen Vernunft. Übers. von Günter Seib. Frankfurt a. M.: Suhrkamp [Paris 1980], S. 135. In einer Anmerkung erinnert Bourdieu an die Bedeutung von Henri Bergsons »Materie und Gedächtnis«.

8 Rothmann, Ralf (2009): Feuer brennt nicht. Frankfurt a. M.: Suhrkamp, S. 143.

9 Vgl. Benthien, Claudia (1999): Haut. Literaturgeschichte – Körperbilder – Grenzdiskurse. Reinbek: Rowohlt, S. 162.

10 Schmundt, Hilmar/Verbeet, Markus (2008): Kleine Teilchen, großes Risiko. In: Der Spiegel 24/2008, S. 148 und 150, hier: S. 148.

11 Vgl. Anzieu, Didier (1991): Das Haut-Ich. Übers. von Meinhard Korte

und Marie-Hélène Lebourdais-Weiss. Frankfurt a. M.: Suhrkamp [Paris 1985], S. 70 ff.; und Benthien, a. a. O. [Anm. 14], S. 111 ff.

12 Mann, Thomas (1991): Der Zauberberg. Frankfurt a. M.: Fischer [Berlin 1924], S. 364.

13 Vgl. Macho, Thomas (2003): Abweichung und Idealmaß. Zur Funktionalisierung der Gesichter in der Moderne. In: Lutz, Petra/ders./ Zirden, Heike (Hrsg.): Der [im-]perfekte Mensch. Metamorphosen von Normalität und Abweichung. Für die Aktion Mensch und die Stiftung Deutsches Hygiene-Museum. Köln: Böhlau, S. 31.

14 Leupold, Dagmar (2002): Eden Plaza. München: Deutscher Taschenbuch Verlag, S. 103.

15 Waldenfels, Bernhard (2009): Das Unsichtbare dieser Welt oder: Was sich dem Blick entzieht. In: Bernet, Rudolf/Kapust, Antje (Hrsg.): Die Sichtbarkeit des Unsichtbaren. München: Wilhelm Fink, S. 1–26, hier: S. 19.

16 Gehring, Petra (2006): Das Gesichtsbild als Akt. In: Janecke, Christian (Hrsg.): Gesichter auftragen. Argumente zum Schminken. Marburg: Jonas, S. 79–93, hier: S. 85.

17 Vgl. Menninghaus, Winfried (2007): Schönheit – Leben – Tod. Zur Evolutionstheorie von Aussehenspräferenzen. In: Gutwald, Cathrin/ Zons, Raimar (Hrsg.): Die Macht der Schönheit. München: Wilhelm Fink, S. 35–48, hier: S. 47.

18 Rosenkranz, Karl (2007): Ästhetik des Hässlichen. [1853] Stuttgart: Reclam, S. 294.

HEINZ BUDE

Die Metamorphose des Staatsglaubens nach 1945

Die Frage nach dem Staat wird heute nach dem Ende einer Periode der massiven Dekonstruktion des Staatsglaubens gestellt. Nach 25 Jahren »Neoliberalismus« ist eine gewisse Ermüdung mit dem Pathos des Individualismus und der darin eingebetteten Vorstellung einer rein assoziativen Zivilgesellschaft zu konstatieren, und es erhebt sich die Frage nach einer neuen, glaubwürdigen Verkörperung des Allgemeinen. Auch die bis heute hoch gehandelten Governance-Konzepte, die sich der Wiederherstellung politischer Steuerungsfähigkeit auf Grundlage »einer horizontalen, auf Gleichberechtigung, Freiwilligkeit und Partizipation, Demokratie und Transparenz [...] beruhenden Form der Koordination«, so die Formulierung von Claus Offe aus dem Jahre 2008, verschreiben, können den Bedarf an Anschauung für übersubjektive Gestaltungsvorgaben nicht erfüllen. Es handelt sich um Prozessbegriffe, die auf die Effizienz von Interventionen durch die Setzung kluger Anreize abheben, aber den Wunsch nach einem beruhigenden Legitimitätsgehäuse enttäuschen. Man sucht nach überzeugenden Bildern des Allgemeinen, die orientierungswirksam sind und Kontinuität versprechen.

Dafür gibt es in der deutschen Tradition des Gesellschaftsdenkens den Begriff des Staates. Die Phase der Staatsverachtung ist mit der Erkenntnis der beängstigenden Vulnerabilität des globalen Finanzsystems in die Defensive geraten. Von rechts bis links schaut man wieder auf den Staat, der den Glauben an einen gerechten Lastenausgleich und eine belastbare Gemeinwohlverpflichtung wiederherstellen soll. Mit anderen Worten: Der Staat wird wieder als Statthalter des Allgemeinen aufgerufen. Eine Rhetorik von bloßer Deliberation, Prozessualität und Situativität scheitert am Problem glaubwürdiger Repräsentationen. Woran soll sich die Verpflichtung binden und worauf das Engagement beziehen?

Mit der Formel vom Staatsglauben ist die Frage einer legitimitätserzeugenden Stellungnahme zur Staatlichkeit der Gesellschaft gemeint. Es geht hier nicht, wie man in Anlehnung an eine Unterscheidung der Sprechakttheorie von John R. Searle sagen könnte, um die konstitutiven Leistungen des Staates, sondern um seine regulative Wirksamkeit. Nicht der Ordnung schaffende Staat, der so reibungslos funktioniert, dass man ihn nicht mehr bemerkt, sondern die Staatstätigkeit, die als Ärgernis erlebt wird und zum Gegenstand politischer Auseinandersetzungen wird, steht dabei zur Debatte. Natürlich glaubt niemand mehr an den Staat, wenn damit ein *pater familias* gemeint ist, der schon alle Dinge richten wird; trotzdem macht es einen Unterschied, ob man die Staatsbedürftigkeit der Gesellschaft anerkennt oder gar im Staat den Anker fürs Allgemeine erkennt. In diesem Sinne soll nach legitimitätsschaffenden Staatsbildern gefragt werden, die eine bestimmte gesellschaftsgeschichtliche Situation der Staatsauffassung wiedergeben. Der Bezugsfall ist hier die Bundesrepublik, so wie sie sich nach 1945 über eine Folge von einander ablösenden Staatsbildern herausgebildet hat.

1. Der notwendige Staat

Diese Reihe beginnt nach dem Zweiten Weltkrieg mit der Vorstellung des notwendigen Staates. Dafür kann man Ludwig Erhards Lesart der sozialen Marktwirtschaft nehmen – jedenfalls so, wie sie Michel Foucault rekonstruiert. In einer Formulierung vom 18. April 1948 sagt Erhard zur Rechtfertigung seiner Politik der Preisfreigabe: »Man muss die Wirtschaft von staatlichen Einschränkungen befreien.« Aber, so fügt der Freiburger Neoliberale sofort hinzu: »Man muss sowohl die Anarchie, als auch den Termitenstaat vermeiden«, denn, so der spätere Held des Wirtschaftswunders, »nur ein Staat, der zugleich die Freiheit und die Verantwortlichkeit der Bürger begründet, kann berechtigterweise im Namen des Volkes sprechen.«

Erhard führt hier ein ganz bestimmtes Zusammenhangsdenken von wirtschaftlicher Freiheit, staatlicher Legitimität und politischer Souveränität vor Augen. Seine Frage in der Situation der institutionellen Neugründung der Bundesrepublik lautete: Wie lässt sich ein Staat begründen, der weder ein historisches Recht noch eine funktionale Beglaubigung für sich in Anspruch nehmen kann? Die Antwort im Programm der »sozialen Marktwirtschaft« lautet bis heute: nicht ein Staat, der die Wirtschaft reguliert, sondern die Wirtschaft, die den Staat zugleich ermöglicht und begrenzt. Der Staat wird damit zum Garanten für die Ausübung wirtschaftlicher Freiheit und stellt damit ein Sprungbrett für die Bildung politischer Souveränität dar. Erhard stellt damit den Glauben an den notwendigen Staat an den Beginn einer anderen Zeitlichkeit des Wirtschaftswachstums und gibt damit die implizite Erlaubnis zu vergessen.

Es ist Erhards Argument, dass der Staat als notwendig erkannt werden kann, weil er historisch zur Disposition gestellt wird. Die Legitimationsform bezieht sich also nicht auf einen überhistorisch geltenden Ordnungsstifter, sondern auf ein historisch situiertes Regulationsgefüge, das der Ermöglichung einer als individuell gedachten »Agency« dient. Erhards notwendiger Staat stellt nach der Deutung Foucaults den unternehmerischen Wirtschaftsbürger als Prototyp eines nicht mehr untertänigen, sondern selbstbewussten, aber gleichwohl amnesiebegabten Staatsbürgers dar.

Die Deutschen des Wirtschaftswunders glaubten an einen

notwendigen Staat, den man zum Wiederaufbau einer Wirtschaft brauchte, in der die Einzelnen trotzdem unter Beweis stellen konnten, dass der »Leistungsfanatismus« der Nazis (Hans-Ulrich Wehler) zu etwas nütze sein könnte.

2. Der erweiterte Staat

Das zweite massenwirksame Staatsbild der Nachkriegszeit ist das des erweiterten Staates. Die Ausweitung des Wohlfahrtsstaates der frühen sechziger Jahre brachte den Staat als bewegten Beweger zur Anschauung. Bewegt durch die Gesellschaft mit ihrer Bewegung der Einforderung sozialer Rechte und bewegend durch die Institutionalisierung eines differenzierten Systems von lebenslaufbezogenen Anrechten. Ausgangspunkt der entsprechenden Legitimationsdebatte war die von Kenneth Galbraith aufgebrachte Differenz von privatem Reichtum und öffentlicher Armut. In dem dann von Willy Brandt formulierten Konzept der »Lebensqualität« war die Vorstellung eines menschenwürdigen Lebens an die Bereitstellung einer unterstützenden und fördernden infrastrukturellen Umwelt geknüpft.

Auch der erweiterte Staat blieb ontologisch funktionalisiert, entwickelte sich aber, um bei Heidegger zu bleiben, zu einer ontischen Superstruktur. Im Staat als Wohlfahrtsstaat allerdings löst sich die Differenz von Staat und Gesellschaft auf. Die Gesellschaft weiß sich als Beweger des staatlichen Leistungssystems und erfährt sich zugleich als bewegt durch ein dynamisches Gefüge von Anrechten, das, wie man später sagte, von der Wiege bis zur Bahre den Lebenslauf einer industriellen Gesellschaft formiert.

3. Der gefräßige Staat

Die Unregierbarkeitsdebatten der späten siebziger Jahre brachten das Bild des gefräßigen Staates hervor. Kritisiert wurde einerseits die scheinbar nicht mehr aufzuhaltende Ausweitung von »Staatsaufgaben«, die aber nicht mehr finanziert werden können, sowie eine dadurch bewirkte Entfremdung neuer Art, die dem Einzelnen dadurch, dass er sein Schicksal den Händen des Staates überantwortet, seiner Handlungsfähigkeit beraubt. Durch die Etablierung neuer sozialpflegerischer Professionen in den »Staatsapparaten« (Nicos Poulantzas) werden, so die Kritik, wurden Regimes der Vorsorge eingeübt, die den Effekt »erlernter Hilflosigkeit« (Martin E. P. Seligman) mit sich brachten. Im Übrigen führten gesellschaftspolitische Affären wie die um die »neue Heimat« ein aufgeblähtes Staatswesen vor Augen, das die Verhältnismäßigkeit von Aufwand und Ertrag in der Finanzierung staatlicher Leistungen systematisch in Vergessenheit geraten ließ. Der gefräßige Staat ist ein Staat, der den Staatsbürgern Handlungsfähigkeit nimmt, indem er ihnen Handlungsfähigkeit verspricht. Insbesondere die neuen Disziplinen im Bildungs- und Gesundheitswesen schienen mit ihren Verheißungen der Befreiung vom Leistungsdruck, der Rationalität der Gesellschaftsplanung und der allumfassenden Mitwirkung die Autonomie des Handlungssubjekts zu zerstören, indem sie den stellvertretenden Begründungszwang erweiterten und den existentiellen Entscheidungszwang negierten. Am Ende nahmen sogar die Sozialdemokraten zum angelsächsischen Begriff der Zivilgesellschaft Zuflucht, um sich selber von der Vorstellung, nur noch Nutznießer des gefräßigen Staates zu sein, zu befreien.

4. Der launige Staat

Die Reaktion auf das Bild des gefräßigen Staates, die von Ronald Reagan und Margaret Thatcher in die Wege geleitet wurde, entpuppte sich als zwiespältig. Ein berühmter Aufsatz, der sich mit der »neoliberalen« Revolution in Großbritannien beschäftigte, spielte mit der konstitutiven Ambivalenz der Deregulierungspolitiken: »Doing less by doing more«. Wenn in der bundesrepublikanischen Zeitgeschichtsschreibung beklagt oder gerühmt wird, dass das seinerzeitige Wendepapier von Lambsdorff durch die Politik von Helmut Kohl von Anfang an konterkariert worden ist, so täuscht das nur über das prinzipiell inkonsistente Muster des Wechsels vom Staat zum Markt hinweg. Es handelt sich tatsächlich um offenbare Reduktionen des Wohlfahrtsangebotes, die durch reflexive Erweiterung der Kontrolltätigkeit des Staates erkauft wurden. Für diese unklare interne Maßstäblichkeit des Staatshandelns steht das schon angesprochene Konzept der Governance, das die Staatsbürger zur Eigentätigkeit verleiten will, indem es ihnen Anreize für Mitnahmen anbietet. Man stellt in den Operationen des Sozialen vom »sorgenden« auf den »gewährleistenden Wohlfahrtsstaat« um, muss aber die Praxis der Sicherstellung von Existenzminima an ein erweitertes System von Qualitätskontrollen binden. Wie zum Beispiel rechtfertigt man, dass auf bestimmte Behandlungsarten zum Zwecke der Selbstoptimierung, die sich aus dem medizinischen Fortschritt ergeben, der normale Versicherungsnehmer kein Anrecht hat? Es hat sich aus der Kritik des gefräßigen Staates eine »accounting society« entwickelt, die nach Maßgabe von Vergleichbarkeiten Anrechte zugleich verleiht und vorenthält. So hat der Wohlfahrtsstaat eine differenzierte »Handicapologie« (Robert Castel) entwickelt, die inklusive Exklusionen (die »Behinderten«) von exklusiven Inklusionen (die »Überflüssigen«) trennt. Eine festgestellte Risikogruppe bringt automatisch das Privileg positiver Diskriminierung mit sich, das Staatsbürger ohne besonderes Merkmal als Benachteiligung wahrnehmen können. Das Staatshandeln ersetzt so normative Richtlinien durch statistische Effekte, was aufs Ganze gesehen das Bild eines launigen Staates erzeugt, denn die professionelle Definition einer Klasse Betroffener entzieht sich den moralischen Intuitionen alltagspraktischer Prüfbarkeit. Das Staatshandeln verfängt sich so in der Falle zwischen standardisierten Vorgaben und destandardisierenden Verläufen. Als launisch erscheint ein Staat, in dem die Biografien einerseits ins Korsett der Versorgungsklassen gezwungen werden und andererseits durch die Vermehrung von Ausnahmen sich Gelegenheitsstrukturen für irreguläre Vorteilsgewinne ergeben. Die sozialstrukturanalystisch aufgeklärte Politikforschung stellt ein ums andere Mal fest, dass gerade bei den für bestimmte unterprivilegierte Gruppen konzipierten Maßnahmen, was etwa das Angebot von Kindergartenplätzen oder Musikschulen betrifft, die privilegierten den Vorteil davontragen.

5. Der freundliche Staat

Das im Umkreis der Mobilisierungspolitik von Barack Obama entstandene Konzept des »libertinären« oder, wie man besser sagen sollte, »liberalen Paternalismus« könnte die Formel für ein neues, den Allgemeinheitsbedarf unserer Jetztzeit angepasstes Staatsbild abgeben. Die öffentliche Metapher hat Dolf Sternberger in einer Rede zum 100. Geburtstag der Sozialdemokratischen Partei Deutschlands geliefert: Der hatte der SPD damals zum Weg von der »negativen Integration« über Staatsfeindschaft zu der »positiven gesellschaftlichen Integration« durch Staatsfreundschaft gratuliert. Aber die Sternbergers von heute stammen aus den USA und heißen Richard Thaler und Cas Sunstein. Unter dem Titel »Nudge« favorisieren sie ein Modell des Staatshandelns, das den Staat als Anstoß gebenden Ratgeber für die freien Individuen imaginiert. Weil der Einzelne aus der Beschränktheit seiner Lebensperspektive heraus nicht den Blick dafür hat, was ihm in langfristiger Perspektive zugutekommt, braucht es die übergeordnete Perspektive einer Instanz, die ein Angebot zur Aufklärung über den eigenen Egoismus macht. Dies bedingt allerdings die Wiedereinsetzung der Differenz von Staat und Gesellschaft. Nur der Staat, der Abstand zur Gesellschaft der Individuen gewinnt, kann sich als empathischer Kümmerer und intelligenter Türöffner gebärden, der den Leuten freundlich vor Augen führt, dass es für sie selbst besser wäre, wenn sie nicht alleine dem Egoismus des Augenblicks folgen würden. Es ist aus dieser Sicht ein legitimer Paternalismus, die Staatsbürger in eine Situation des zwanglosen Zwangs zu bringen, wo es aufwendiger ist, sich gegen ein obligatorisches Angebot auszusprechen, als es anzunehmen – dass es einfacher gemacht wird, sein Kind in den Kindergarten zu geben, so wie man es selbstverständlich in die Schule schickt, als es zu Hause zu behalten, oder dass man selbstverständlich einer Lebensversicherung durch kollektives Umlageverfahren folgt, als sich explizit dagegen auszusprechen und für eine individuelle Kapitaldeckung zu optieren. Der freundliche Staat des »liberalen Paternalismus« beglaubigt die Idee eines Allgemeinen, die in einem Regime der Vorteilsgewinnung für jeden Einzelnen nicht aufgeht.

WILHELM SCHMID

Glück ist wichtig, aber nicht das Wichtigste im Leben

Das Glück beherrscht zurzeit das Denken vieler Menschen: Bin ich glücklich? Wie kann ich glücklich werden? Warum alle anderen, nur ich nicht? Auf die Fragen nicht zu antworten erscheint unmöglich, zumal viele glauben, ohne Glück nicht mehr leben zu können. Es ist eine regelrechte *Glückshysterie* entstanden, mit der viele sich womöglich noch unglücklich machen. Was aber ist das Glück? Zuallererst ist es, wie so vieles, nichts als ein Wort. Ganz Verschiedenes kann damit gemeint sein, es gibt keine verbindliche, einheitliche Definition. Was darunter zu verstehen ist, legt letztlich das jeweilige Individuum für sich selbst fest. Die Philosophie kann lediglich Hilfestellung bieten, die etwa in einer Auseinanderlegung des Begriffs besteht, fern davon, eine bestimmte Bedeutung zur einzig möglichen zu erklären. Dies erlaubt die je eigene Klärung, um die Frage zu beantworten: Was bedeutet Glück für mich? Beim genaueren Hinsehen zeigt sich, dass drei Arten des Glücks im Spiel sind, und es könnte sinnvoll sein, sie auseinanderzuhalten:

Das deutsche Wort »Glück« rührt vom althochdeutschen *gelücke* her und hat viel mit dem Schicksal zu tun, das so oder auch anders ausfallen kann. Die Zufälligkeit dieses Glücks prägt den Begriff im Deutschen bis heute. Im Griechischen war dies einst *tyche*, im Lateinischen *fortuna*, erhalten als *fortune*, französisch oder englisch ausgesprochen. Offen ist die Frage und wird es wohl bleiben, ob es »sinnvolle« Zufälle gibt. Wesentlich an diesem Glück ist jedoch seine Unverfügbarkeit. Verfügbar ist lediglich die Haltung, die der Einzelne dem Schicksal und Zufall gegenüber einnimmt: Er/sie kann sich verschließen oder offen dafür sein. Die Offenheit scheint das *Zufallsglück* zu beflügeln: Es macht gerne dort Station, wo es sich gut aufgehoben fühlt und nicht noch Vorwürfe zu hören bekommt.

In moderner Zeit wird der Begriff des Glücks zusehends stärker vom so genannten »Positiven« bestimmt: vom Angenehmen, von Lüsten, vom Wohlfühlen, von guten Empfindungen. Die grundlegende Definition hierzu stammt von Utilitaristen wie Jeremy Bentham im 18. Jahrhundert: Glück ist Maximierung von Lust und Minimierung von Schmerz. Kaum eine philosophische Auffassung hat sich dermaßen durchgesetzt wie diese. Die moderne Spaß- und Erlebnisgesellschaft ist ohne das Streben nach Glück in diesem Sinne nicht denkbar, das ja seinen Sinn hat, es ist wirklich schön. Das *Wohlfühlglück* hat seine Zeit, es hält glückliche Augenblicke bereit, für die das Individuum sich nicht nur offen halten, die es vielmehr auch selbst präparieren kann: Jede und jeder kann für sich selbst wissen, was ihr oder ihm guttut, und die Augenblicke finden, um derentwillen das Leben sich lohnt und die sich nahezu jeden Tag finden lassen. Aber es käme darauf an, nicht das gesamte Leben damit zu verwechseln, um dann bitter enttäuscht zu sein, wenn nicht alles jederzeit lustvoll ist und völlige physische und psychische Schmerzfreiheit nicht erreicht werden kann.

Glücklicherweise kann das Glück noch ein anderes sein, umfassender und dauerhafter, das eigentlich philosophische Glück, nicht abhängig von bloßen Zufällen und momentanen Empfindungen, vielmehr ein *Glück der Fülle*, eine Kunst der Balance in aller Polarität des Lebens, nicht unbedingt im jeweiligen Augenblick, sondern durch das Leben hindurch: ein Lebenkönnen nicht nur mit dem Gelingen, auch mit dem Misslingen; nicht nur mit dem Erfolg, auch mit dem Misserfolg; nicht nur mit Lust, auch mit Schmerz; nicht nur an der Oberfläche, auch in der Abgründigkeit; nicht nur mit einem Tun, auch mit einem Lassen. Das ist eine Frage der bewusst eingenommenen geistigen Haltung, in Heiterkeit und Gelassenheit kommt sie am besten zum Ausdruck.

Zu dieser Fülle gehört nicht nur das Glücklichsein des Wohlfühlens, sondern auch das *Unglücklichsein*. Denn das ist ja die Frage bei all dem Gerede über Glück: Was passiert eigentlich mit den Menschen, die unglücklich sind und die mitbekommen, dass die ganze Gesellschaft nur noch über Glück diskutiert? Können Sie sich vorstellen, wie diese Menschen sich fühlen? Ich habe einen Eindruck davon bekommen bei der Arbeit im Krankenhaus, denn dort sind mir viele Menschen begegnet, die unglücklich sind und die dann sagen: »Ja, aber alle anderen sind doch glücklich! Und man muss doch im Leben glücklich sein!« Der Glücksdiskurs hat eine *normative* Bedeutung gewonnen, malt also den Menschen eine Norm an den Horizont: Du musst glücklich sein, sonst lohnt sich dein Leben eigentlich gar nicht und du kannst gleich freiwillig verschwinden. Ein Teil des Glücksdiskurses heute ist *asozial*, um das mal ganz hart zu sagen, denn er kümmert sich nicht mehr um den Teil der Gesellschaft, der im Unglück und im Unglücklichsein lebt.

Von den genannten Arten, Zufallsglück, Wohlfühlglück, Glück der Fülle, ist keines verzichtbar, aber das dritte Glück vor allem gilt es wiederzuentdecken. Es ist das einzige, das bleibt. Was aber häufig gemeint ist, wenn nach »Glück« gefragt wird, ist eigentlich »Sinn«. Glück ist wichtig, aber wichtiger ist Sinn. Im Sinn können Menschen auch dann leben, wenn sie gar nicht glücklich sind.

Die Frage nach Sinn

Glück kann ein Ersatzbegriff für Sinn sein. Viele bevorzugen die Rede vom Glück, denn das ist das Wort, das in aller Munde ist und das jeder gut zu verstehen scheint. Sinn hingegen erscheint weniger greifbar, schon die bloße Frage danach macht nicht wenigen Menschen Angst, denn sie ahnen die Abgründe, die sich damit auftun können. Die Dringlichkeit des Strebens nach Glück kann als ein Indiz für die Verzweiflung gelten, die die Entbehrung von Sinn hervorruft. Ist das Leben sinnvoll? Ist es sinnlos? Ist »alles« sinnvoll oder sinnlos? Kaum eine Frage beschäftigt moderne Menschen so sehr wie diese. Die Behauptung von Sinn und umgekehrt die Klage über Sinnlosigkeit ist ein modernes Dauerthema. Menschen entbehren Sinn in der modernen Gesellschaft in allen Bereichen und auf allen Ebenen der Hierarchie: Sinn der Arbeit, Sinn des eigenen Lebens, Sinn des Lebens überhaupt. Für die einen ist alles voller Sinn, während in den Augen anderer von Grund auf alles in Frage steht, »alles egal«, »alles Unsinn« ist. Gibt es »den Sinn« überhaupt? Was könnte damit gemeint sein?

Davon, dass etwas »Sinn macht«, ist immer dann die Rede, wenn Zusammenhänge erkennbar werden, wenn also einzelne Dinge, Menschen, Begebenheiten, Erfahrungen nicht isoliert für sich stehen, sondern in irgendeiner Weise aufeinander bezogen sind. So lässt sich sagen: *Sinn, das ist Zusammenhang*, Sinnlosigkeit demzufolge *Zusammenhanglosigkeit.* Das gilt schon bei einem einfachen Satz: Lässt die Anordnung der Wörter einen Zusammenhang erkennen, wird auch eine Aussage formuliert, ergibt der Satz Sinn, ansonsten ist eher von einem sinnlosen Gestammel die Rede. Das gilt ebenso für ganze Ketten von Sätzen, die zu einem Text werden, der lesbar ist – oder auch nicht. Jede Beziehung, die Menschen zueinander pflegen und die einen starken Zusammenhang zwischen ihnen stiftet, erfüllt sie offenkundig mit Sinn. Als »sinnlos« kann hingegen empfunden werden, wenn Menschen ihr Tun nicht aufeinander abstimmen und somit zusammenhanglos agieren. Als »unsinnige« Idee erscheint eine, die keine oder falsche Zusammenhänge herstellt. Ob dies einer Realität entspricht oder nur Einbildung ist, lässt sich, soweit zu sehen ist, nur subjektiv nach dem Maßstab der

Plausibilität, nicht aber objektiv entscheiden. »Kein Sinn« heißt nicht, dass da kein Sinn *ist* – es *scheint* vielleicht nur so. Zwar muss Sinnlosigkeit nicht um jeden Preis überwunden werden. Ein Problem ist lediglich, dass mit ihr schwerlich zu leben ist. Das Fehlen von Sinn ist ein Versiegen der Quellen des Lebens, da die Zusammenhänge des Tuns und Lebens nicht mehr sichtbar sind, nicht individuell, nicht gesellschaftlich. Sinn hingegen stellt eine unendliche Ressource an Kräften dar; er wirkt wie ein umfassendes Immunsystem, das Schwierigkeiten und Bedrohungen aller Art zu parieren erlaubt. Sinn begeistert. Sinn nährt. Nur diese Erfahrung setzt ausreichende Kräfte für die Bewältigung des gesamten Lebens und einzelner Lebenssituationen frei. Das Wichtigste im Leben ist somit *Sinn*, auf allen dafür möglichen Ebenen. Wenn Sinn aber nicht mehr von selbst zur Verfügung steht, dann beginnt die Arbeit am Sinn, die Arbeit an den Zusammenhängen des eigenen Lebens, soll es trotz allem sinnvoll gelebt werden.

Sinnlicher Sinn

Sinn setzt mit der Erfahrung von *Sinnlichkeit* ein. Aus guten Gründen tragen die Sinne des Menschen in ihrem Namen schon den *Sinn*, der durch sie erfahrbar wird. Der Zusammenhang, den sie herstellen, ist derjenige zwischen Selbst und Welt, vermittelt über die fünf Sinne des Sehens, Hörens, Riechens, Schmeckens, Tastens, sowie über einen sechsten Sinn für Bewegung und einen siebten, inneren Sinn, das so genannte »Bauchgefühl«. Alle Facetten des Körpers werden zum Instrument auf der Suche nach Sinn. Welche Bedeutung bereits der Sinn der Sinnlichkeit hat, ist leicht zu ermessen, wenn man sich vorstellt, was aus der Welt und dem Selbst ohne jede Sinnesinformation werden würde: ein Nichts. [...] Ein Grundproblem des modernen Verlustes an Sinn erweist sich bereits hier: Der Verfall der Sinne in der technischen Welt zieht ein Verschwinden von sinnlichem Sinn nach sich, somit ein Schwinden des Zusammenhangs von Selbst und Welt. Anstelle des gleichzeitigen Sehens, Hörens, Riechens, Bewegens sitzen Menschen oft vor Bildschirmen, mit einer starken Einschränkung der Sinne auf den Sinn des Sehens, und des Sehens noch auf ein enges Gesichtsfeld. Oder ein anderes Beispiel: Statt dem Geschmackssinn mit einem wohlschmeckenden Essen Genüge zu tun, begnügen sich viele Menschen mit der Fadheit von Fastfood. Anstelle einer eigenen Bewegung lassen sie sich von motorisierten Gestellen bewegen, deren Geschwindigkeit kaum ein Verweilen des Blicks erlaubt. Die dünne Luft moderner Abstraktion hat letzten Endes ein sinnloses, vieler lebhafter Zusammenhänge entledigtes Leben zur Folge. Demgegenüber stellt sich für den, der mit allen Sinnen wahrnimmt, die Frage nach »dem Sinn« kaum mehr. In der Erfahrung sinnlicher Schönheit findet er sogar den Sinn des Lebens, mag es auch immer nur ein Sinn im jeweiligen Moment, im »Hier und Jetzt« sein. Gleichwohl gibt es noch ein Leben darüber hinaus, und es wäre schade, die weiteren Ebenen des Sinns brachliegen zu lassen.

Seelischer Sinn

Tief innerlich in seiner Seele ist ein Mensch berührt vom Sinn, den alle Arten von Beziehung stiften können, nicht nur momentan, sondern auch über ganze Zeitspannen hinweg und vielleicht das ganze Leben hindurch: *Sinn im gesamten Leben*. Gefühlte Beziehungen »machen Sinn«, insofern sie Zusammenhänge begründen, erfahrbar in Begegnungen, die gesucht werden, in Gesprächen, die geführt werden. Jedes Gespräch knüpft einen Faden des Zusammenhangs und verkörpert Sinn schon durch sein bloßes Geschehen. Umso mehr jedoch die starke, gefühlte Bindung, die von herausgehobener Bedeutung für das jeweilige Selbst ist und einen innigen Zusammenhang bewirkt, in dem auch gegensätzliche Gefühle ihren Platz haben: Menschen, die *Liebe* füreinander fühlen, stellen sich die Frage nach dem Sinn nicht mehr – denn sie fühlen sich in dessen Besitz. *Freunde*, die sich einander zugehörig fühlen, schöpfen aus ihrer Beziehung den Sinn, der sie Widrigkeiten besser durchstehen lässt und ihr Leben bejahenswerter macht. Die Erfüllung, die es bedeuten kann, *Kinder* zu haben, mit allen »positiven« und »negativen« Seiten, geht aus der Erfahrung des unbedingten Zusammenhangs mit ihnen hervor, der für immer bestehen bleibt, auch wenn er negiert werden sollte. *Heimat* wiederum ist eine Quelle von Sinn aufgrund der engen Bindung an diesen Ort, des gefühlten Zusammenhangs mit seinen tief verwurzelten, unverwechselbaren, vollkommen vertrauten Eigenarten und Ritualen. Jede *Geselligkeit* spendet Sinn aufgrund der Zusammenhänge mit anderen, die dabei rituell gepflegt werden. Jede *Zusammenarbeit* an einem Arbeitsplatz erscheint sinnvoller als das allzu übliche sinnlose Aneinandervorbeiarbeiten, und jede *Arbeit* vermittelt eine starke Erfahrung von Sinn, wenn sie sich in Zusammenhänge eingebettet weiß und auch selbst welche herstellt. Insbesondere ein *Beruf* macht Sinn aufgrund der hingebungsvollen Arbeit am Zusammenhang eines Werks, der Bindung an eine spezifische Tätigkeit, die mehr ist als ein bloßer »Job«. [...]

Geistiger Sinn

Gedanklich sind Menschen mit der Frage nach dem Sinn in einem umfassenden Sinne befasst. Da geht es um den Intellekt, der Zusammenhänge des Lebens auseinandernehmen kann, sie aber auch wieder zusammenfügen muss, um nicht bei sinnlosen Einzeldaten stehen zu bleiben. Der *Sinn des Le-*

bens für den Einzelnen und bezogen aufs »Ganze« wird dabei zum Gegenstand des Denkens. Dieser Sinn ist nicht einfach nur eine »objektive« Gegebenheit, jedenfalls ist er als solche einem Menschen wohl kaum zugänglich. Vielmehr wird er mithilfe von Deutung und Interpretation erst hergestellt. Interpretation meint wörtlich ein »Dazwischentreten«, das dafür sorgt, dass auseinander liegende Bruchstücke einer Menge an Informationen, einer Sache, eines Geschehens oder des gesamten Lebens einen Zusammenhang gewinnen, der plausibel erscheint und mit dem es sich leben lässt. Bereits bei der trivial erscheinenden Interpretation eines Gedichtes wird ein *Know-how* erworben, wie Sinnstiftung eigentlich geschieht. Aber gemeint ist auch die Fülle möglicher Deutungen des eigenen Lebens und des Lebens insgesamt, die verhindern können, sich in einen allzu engen Zirkel der Lebensauffassung oder in die Überzeugung allgemeiner Sinnlosigkeit einzuschließen. Die Tätigkeit der Deutung und Interpretation ist potenziell unabschließbar, stets aufs Neue steht sie offen für weitere, andere, nie gesehene, unerhörte Zusammenhänge; musikalische Interpretationen geben ein Beispiel dafür. Die Vielzahl möglicher Deutungen legt sogar den Schluss nahe, dass im Leben alles voller Zusammenhänge, also voller Sinn ist; entscheidend wäre jedoch, dies auch so wahrzunehmen.

Alles Lernen und Erkennen ist ein Herstellen von Sinn auf geistiger Ebene. Auch Geistes- und Naturwissenschaften beruhen auf dieser Anstrengung, Zusammenhänge und somit Sinn zu sehen und sich nicht nur mit einzelnen Fakten zufriedenzugeben. Dabei sind sehr viele Gedankengänge möglich, die plausibel erklären können, wie die Dinge zusammenhängen, sodass ein Mensch Sinn darin finden kann. Von herausragender Bedeutung für die geistige Sinngebung sind seit alters her jedoch *kausale Zusammenhänge*, Antworten auf die Frage nach dem Warum, und mehr noch *teleologische Zusammenhänge* des Wozu, von griechisch *télos*, Ziel und

Zweck, womit das Wort »Sinn« oft sogar ganz verschmelzen kann: wozu etwas gut ist, auf welches Ziel es zusteuert, welchem Zweck es dient. Es kann sich um »kleine« oder »große« Ziele handeln, die ein Mensch sich selbst setzt. Es kann darum gehen, einen kleinen Wunsch zu hegen und auf seine Erfüllung hinzuarbeiten – und die Erfahrung zu machen, dass die Intensität der Erfüllung in einem direkten Verhältnis zu Länge und Schwierigkeitsgrad der Wegstrecke dorthin steht. Ein großartiges Ziel ist es, Freiheit zu verwirklichen; ein noch weiter gehendes Ziel, sie auch zu bewältigen. Mit jedem Ziel, jedem Zweck wird eine *Perspektive* eröffnet, die sinnvoll erscheint: Aller Sinn scheint perspektivisch gebunden zu sein und aus einer bestimmten Sicht, nicht aus einer anderen, »Sinn zu machen«. Nach solchen Perspektiven fragen Menschen. Bleiben Antworten darauf aus, erzeugt dies ein Empfinden von »Aussichtslosigkeit«, die gleichbedeutend ist mit Sinnlosigkeit.

Transzendenter Sinn

Zuletzt aber zielt die Frage nach Sinn über die eigene Existenz und die Existenz des Menschen in seiner Endlichkeit und Wirklichkeit hinaus. Es geht dabei um »Transzendenz«, im Wortsinne des lateinischen *transcendere*: das Überschreiten einer Schwelle, hier die zwischen Endlichkeit und Unendlichkeit, Wirklichkeit und Möglichkeit. Der übergreifende Zusammenhang, der dabei in den Blick kommt, ist der weitestmögliche Horizont, in den das eigene Leben eingebettet werden kann, oft mit »Spiritualität« und »Religiosität« in Verbindung gebracht. Dieser *Sinn über das Leben hinaus* kann eine Frage der Gewissheit sein, die plötzlich gefühlt wird, oder der Annahme, die aus einer gedachten Deutung und Interpretation hervorgeht. Die Annahme reicht völlig aus für die Öffnung des Horizonts und lässt die Tür offen für all diejenigen, die die Transzendenz nicht mit einem »Glauben«, woran auch immer, in Verbindung bringen können und dennoch ihr Leben offen halten wollen für eine andere Dimension. Kaum beantwortbare Fragen wie die nach dem spezifischen Sein des Menschen in Beziehung zu einem anderen Sein, nach dem Woher und Wohin des Menschen und der gesamten Welt, nach der Schicksalshaftigkeit und Vorherbestimmung finden hier zumindest ihren Ort, auch wenn sie nicht definitiv zu beantworten sind.

Sich eine entsprechende Vorstellung zu machen ist ein Kunstgriff der Lebenskunst. Denn es ist eine große Entlastung fürs Leben, noch eine andere Dimension zu vermuten, der all das anvertraut werden kann, was im gegebenen Leben nicht zu erreichen ist. Zu den Bedingungen menschlichen Lebens gehört bis auf weiteres seine zeitliche Begrenztheit, die, wenn sie nicht im Fühlen und Denken zu überschreiten ist, eine Art von »Lebensstress« hervorrufen kann. Der Versuch, alle Träume in diesem einen, endlichen Leben zu verwirklichen, ist letztlich ja doch immer zum Scheitern verurteilt. Erscheint hingegen ein Leben über die Endlichkeit hinaus möglich, dann entlastet dies vom Druck, alles in dieses eine Leben »packen« zu müssen. Es wird möglich, Unerledigtes aus dem *wirklichen* Leben einem *möglichen* anderen Leben anzuvertrauen und mit gelassener Heiterkeit jenseits jeder Begrenztheit ins Offene hinein zu leben. Und wenn es sich damit doch anders verhalten sollte? Dann verhält es sich eben anders; entscheidend ist, ob das Leben unter der Annahme eines transzendenten Sinns besser gelebt werden kann. Ein Problem der modernen Freiheit lag lange darin, diese Sinnstiftung durch eine Dimension der Transzendenz nicht mehr für denkbar gehalten zu haben, mit der Folge, all die Kräfte, die in der Beziehung zu einer solchen Dimension in reichem Maße zur Verfügung stehen, bitter entbehren zu müssen.

Die Arbeit am Sinn in einer anderen Moderne

Die Fülle des sinnlichen, seelischen, geistigen und transzendenten Sinns vor Augen, lässt sich sagen: Moderne Menschen haben im großen Stil auf Sinn verzichtet, und meist waren sie sich des Verzichts nicht einmal bewusst, überzeugt davon, es gebe keinen Sinn. In der modernen Anonymisierung und Funktionalisierung vieler Zusammenhänge war der Sinn buchstäblich nicht mehr zu sehen, sodass der Eindruck sinnloser Einzelphänomene entstand und die Frage nach dem Sinn neu aufbrach. Nicht zu allen Zeiten stellte sich die Sinnfrage in solch einem Maße, und nicht in allen Kulturen greift sie um sich. Sie bricht dort auf, wo Zusammenhänge fragwürdig werden, die über lange Zeit hinweg fraglose Selbstverständlichkeit für sich beanspruchen konnten. In modernen Wohlstandsgesellschaften hat die Frage nach dem Sinn mit der endlich erlangten Freiheit zu tun, die als *Befreiung* verstanden worden ist. Vormals feste Zusammenhänge der Religion, Tradition und Konvention sind dabei fragmentiert und aufgelöst worden. Auch die von außen gestützten inneren Bindungen etwa an Werte im einzelnen Menschen selbst sind zerbrochen. So entstand die innere Leere und äußere Kälte, die viele beklagen und gegen die kaum einer ankommt. Sinn vermittelt Kräfte, Sinnlosigkeit aber entzieht sie: Das ist ein wesentlicher Grund für das Ausbrennen, den *Burnout*, den so viele Menschen in moderner Zeit erleiden. [...]

Die Sinnfrage trägt historisch weiter als die Frage nach dem Glück. Wenn Sinn nicht mehr von selbst zur Verfügung steht, beginnt die *Arbeit am Sinn*, die unverzichtbar ist, denn ohne Zusammenhänge lässt sich nicht leben. Das gilt für die Sinnzusammenhänge des individuellen Lebens, erst recht für die der gesamten Gesellschaft, und auf allen Ebenen des Sinns: sinnlicher Sinn, gefühlter Sinn, gedachter Sinn und Sinn über das menschliche Leben hinaus. Mit der Vergegenwärtigung möglicher Zusammenhänge und der Arbeit daran wird die Fülle des Sinns neu erschlossen, die auf nachvollziehbaren und nicht sehr geheimnisvollen Wegen das vermittelt, was moderne Menschen verzweifelt suchen: Sinn *im* Leben und Sinn *des* Lebens. Eine veränderte, *andere Moderne* wird eine Zeit der Arbeit am Sinn sein, nicht mehr seiner Auflösung. *Anders* wird diese Moderne sein, da es in ihr nicht mehr nur um die negative Freiheit als Befreiung geht, sondern um die positive Freiheit neuer, frei gewählter Bindungen. Nicht ein Zurück zu vormodernen Verhältnissen, sondern vielfache neue Bindungen von Individuen an sich selbst, an andere, an die Natur, an eine Religion stehen dabei in Frage; auch die neuerliche gesellschaftliche Bindung der Ökonomie an einen Zweck, vor allem den der Bewahrung ökologischer Zusammenhänge. Die andere Moderne wird wieder eine teleologische Sinnstiftung unternehmen und eine Utopie entwerfen, vermutlich, schon aus Gründen des Überlebens, die Utopie einer ökologischen und sozialen Gesellschaft, die nicht mehr nur national, sondern global zu verwirklichen ist. Aber es wird keine Utopie des Paradieses mehr sein, sei es diesseitig oder jenseitig, in dem sich das menschliche Sein im universellen Wohlgefühl auflösen würde. Sollte diese Arbeit erfolgreich sein, wird niemand es erkennen, da niemand mehr die Frage nach dem Sinn stellen wird. Es wird glückliche Menschen geben, die keinen Anlass dazu haben werden, über das Glück nachzudenken: ein weiteres, wenngleich schweigsames Kapitel in der Geschichte des Glücks. Diese Menschen werden in einer Zeit leben, die andere Herausforderungen zu bewältigen hat.

EUGEN DREWERMANN

Der tödliche Fortschritt oder Wir brauchen eine neue Ethik

[...] Für den Menschen ist der Mensch am gefährlichsten. Er ist unsäglich viel gefährlicher, als jedes Tier es werden könnte. Krieg also. Rüstung also. Bis zum Wahnsinn. 1952 – man will die Wasserstoffbombe gegen die Sowjets. Und das Erste, was man tut: Man schleppt 40 000 Wirbeltiere mit, um zu erproben, wie die Wirkung der Detonation einer Fusionsbombe ist – die thermische Strahlung, der Druck, die genetische Schädigung, in wie vielen Generationen Missgeburten. Das alles will man wissen – nicht, um es zu verhindern, sondern um es effizient als Waffe gegen Menschen einzusetzen.

Der Erstschlag eines dritten Weltkriegs wurde von den Strategen des Kalten Krieges je nach Winddrehung mit 150 Millionen Toten kalkuliert, verrechnet in Megatoten – das musste man üben an Tieren, um es an Menschen anzuwenden. In dieser Reihenfolge hat die Angst keine Grenze mehr, und der Wahnsinn wird zur Normalität. Dafür brauchen wir eine religiöse Antwort. Wir müssen unendlich viel mehr wissen, als dass die Natur uns hervorgebracht hat. Wir brauchen einen Hintergrund, der uns meint und möchte. Und das kann die Natur nicht. Sie versteht unsere Fragen nicht einmal. Wenn wir sie richtig interpretieren, gilt der erste Hauptsatz der Thermodynamik: Energie wird im Kosmos nicht vermehrt und nicht vermindert, und Leben ist ein lokaler Durchlauf mit hohem Energiedurchfluss. Eine geringfügige, kurzzeitige Ausnahme vom Entropiesatz. Ein Nullsummenspiel. Gemeint, gezielt gewollt waren wir in der Natur nicht, so viel wird jedes Schulkind heute im Darwinismus des Biologieunterrichts lernen.

Der Mensch und seine Natur (2012)

Wenn Religion, dann nicht, um die Natur zu erklären, sondern um unserem Dasein eine Begründung zu schaffen. Eine Daseinsauslegung, mit der wir unsere Angst beruhigen und unsere Menschlichkeit zurückgewinnen. Dann wird zur Frage, wie denn Ethik sein könnte, wie Religion sein müsste. Arthur Schopenhauer ist um 1840 zum ersten Mal der Auffassung, dass nichts in der abendländisch-christlichen Weltbetrachtung stimmen könnte, wenn die notwendige Folge die Grausamkeit an den Tieren darstellt. »Auf dieser Erde«, schreibt Arthur Schopenhauer, »leben die Tiere in der Hölle. Und ihre Teufel sind die Menschen.« Er fragt voller Empörung, wie es denn möglich ist bei den Herren von Skalpell und Titel, in der oberen Etage ruhig zu schlafen, während im Parterre in ihrem Forschungslabor die Tiere gequält werden; wie es möglich ist, aus der Qual der Tiere Produkte zu machen, die man auf den Markt wirft; wie es möglich ist, die Arbeitskraft fühlender Lebewesen zu entfremden und daraus Nutztiere zu machen. All das darf nicht sein, fühlt Schopenhauer. Aber dann stimmt nichts – an der Art zumindest, wie man die Bibel ausgelegt hat und das christliche Weltbild begründete.

Schopenhauer bringt damit eine Dimension in die Ethik ein, die in dieser Radikalität so nicht bestand. Die formale Ableitung des kategorischen Imperativs in der Kritik der praktischen Vernunft bei Kant ist ihm geläufig. Schopenhauer kritisiert zu Recht daran, dass es dem Menschen nie genügen wird, klar zu denken und von bestimmten Prämissen logische Ableitungen zu ziehen. Viel wichtiger als die Verstandeslogik ist die Empathie, ist das Gefühl. Darauf hören Menschen. Darum schreibt er über die Begründung aller Moral, sie müsse auf einem starken Mitgefühl ruhen – und er nennt es Mitleid. Das ist der Begriff, der zum Schlüssel wird, um ein ganzes Weltbild zu drehen. Denn Schopenhauer ist zuversichtlich, dass Menschen, die ihr Mitleid bewahrt haben, den Tieren kein Leid zufügen können, sehen sie doch die Ähnlichkeit zwischen sich und der Schmerz empfindenden Kreatur. Und umgekehrt kann es doch gar nicht anders sein, als dass Menschen, die sich das Mitleid verbieten lassen, es auch nicht mehr zur Verfügung haben werden im Umgang mit Menschen.

Der Satz Tolstois ist bekannt: »Solange es Schlachthäuser gibt, wird es Schlachtfelder geben.« Denken Sie an Leute wie Major Sweeney, der am 9. August 1945 über Nagasaki die Atombombe abwarf, in wenigen Sekunden bis zu 100 000 Menschen in den Tod schickte und nichts dabei fand – er hat nur seinen Befehl ausgeführt. Er ist ein American Hero. Verstehen Sie, wie viel an Gefühl amputiert worden sein muss, um diese lediglich gehorsamsautoritäre Verfügungsmasse Mensch ins Militär einzufügen? Die Tochter Sigmund Freuds, Anna, meinte, die meisten Menschen hätten überhaupt keine Moral, sie hätten lediglich Angst vor Bestrafung. Was sie Gewissen nennen würden, sei nur die Furcht vor sozialer Abweichung und die Möglichkeit, ausgeschlossen zu werden von der Masse. Wenn das so ist, bräuchten wir die Intensität eines Gefühls, das ganz und gar uns selbst gehört. »Damit würde die Welt sich verändern«, meint Schopenhauer.

Wir können diesen Ansatz weiterdenken und uns auch ein Stück weit als christlich plausibel vorstellen. So, wenn wir den Schüler Schopenhauers, Albert Schweitzer, einen Theologen und Arzt, im Sinne Jesu, sprechen hören. Ethik, so sagte er, sei »eine bis ins Unendliche gedehnte Verantwortung«. Und er beschreibt es en detail: »Ein mitfühlender Mensch wird eine Blume nicht abreißen. Er sieht auf dem Stein einen Regenwurm und er weiß, dass wenn die Sonne höher klettert, der Wurm darauf verglühen wird wie auf einer Ofenplatte. Er wird den Wurm, die Schnecke in Sicherheit bringen vor ihrem schmerzhaften Tod, so gut er es kann. Er wird des Abends seine Fenster schließen, damit nicht Insekt um Insekt, angezogen durch das Licht, in den Tod flattern wird.«

Nebenbei sei etwas erwähnt, das ich vor Jahren noch erlebt habe. Als ich damals vor ungefähr 35 Jahren in meine heutige Wohnung einzog, musste ich sommertags abends die Balkontür schließen, denn Insekt auf Insekt kam ins Zimmer geflogen. Heute gibt es keine Insekten mehr, die in meine Wohnung fliegen könnten. Es ist alles betoniert. So schnell ändern sich die Zeiten. Vor 35 Jahren konnte ich vor meinem Fenster Schwalben beobachten. Heute gibt es keine Schwalben mehr. Es ist alles betoniert. Die Älteren unter Ihnen werden noch erlebt haben, dass nach den Bombenangriffen in den Trichtern Frösche quakten und die Nachtruhe stören konnten. Heute brauchen Sie Autoreisen mit einem Radius von 120 Kilometern, um mit Glück einem Tümpel zu begegnen, in dem noch Frösche quaken. Seitdem wir nicht mehr militärisch gegeneinander anmarschieren, führen wir Krieg nur noch gegen die Natur – scheinbar. [...]

Sagen wir es so: Von der Kreidezeit bis heute, sechzig Millionen Jahre und mehr hat die Natur gebraucht, um den Amazonas-Urwald aufzubauen. Wenn der Glaube an einen Gott sinnvoll ist, dürfte die Idee unverträglich damit sein, es habe dieser Gott darin einwilligen können, dass wir ganze sechzig Jahre benötigen, um mit Kreissägen und Brandrodung dieses Wunderwerk ein für alle Mal zu zerstören, scheinbar ohne Bedauern. Damit möchte ich andeuten, dass unser Gefühl bis dahin dringen müsste, dass wir buchstäblich Heiligtumsräume der Natur eröffnen. Es müsste Orte geben, in denen wir der Gottheit selber spürbar ansichtig würden, wie im antiken Griechenland am *Temenos* – ein Ort, da die Gottheit anwest. Das hört sich sehr mystifizierend an, ist aber ganz praktisch gemeint. Nehmen wir an, dass das Wunderwerk des Amazonas-Urwalds sakrosankt für das Zweck- und Ausbeutungsdenken unserer Wirtschaft wäre; und übertragen Sie das Gleiche auf die Serengeti, auf das Große Barrier Reef, auf die Polkappen, auf die Tiefsee, auf eine Menge von Gebieten auf unserem Globus, die intakt nur bleiben können,

wenn wir definitiv ausschließen, dass Menschen ihre gewinnschröpfende Hand darauflegen. [...]
Dass uns nichts mehr heilig ist, ist das Hauptproblem, und es verändert auch die Stellung, die wir zu uns selbst einnehmen. Denn in Verbindung mit der Anthropozentrik haben wir die Logozentrik ausgeprägt. Ethik scheint uns nur im Verstand aufgehoben – deshalb waren Schopenhauer und Freud so wichtig. Das bloße Denken kommt nicht an gegen die Macht unserer Gefühle. Für die Psychoanalyse war dies ein Hauptproblem, wie denn gegen die unglaubliche Stärke der Triebmacht, der Biologie in unserer Seele, irgendein sittliches Empfinden aufkommen könnte. Freud begründete es durch Umlenkung der Triebe des »Es«, die dann im »Über-Ich« mechanisiert und verfestigt würden als ständige Kontrollinstanz.
Wenn es so wäre, würde Moral nie etwas anderes sein als verinnerlichte Gewalt, als gesellschaftlicher Druck, als Status der Unfreiheit, und unser »Ich« würde zwischen »Es« und »Über-Ich« wie Korn zwischen den Mühlsteinen zermahlen. Wollen wir wirklich etwas anderes, brauchten wir Individuen, die vereinigt sind im Denken *und* Fühlen – die kompetent ihren eigenen Eindrücken trauen und daraus selber Verantwortung lernen. Nur dann wäre es möglich, dass wir als Menschen so handeln würden, dass die Abspaltungen ein Ende fänden. Und es wäre ein wichtiger Satz für unsere Kinder und für uns selber, nie etwas zu tun oder für wichtig zu nehmen, das wir nicht auch korrigierend fühlen könnten. Dostojewski sagte einmal von Iwan Karamasow, »er ist wie Staub, den der Wind aufweht, er hat keine Wurzeln«.
Wenn Sie sich anschauen, wie die Intellektuellen sich verhalten haben im so genannten Dritten Reich, nämlich als Ideologen auf allen Dienststellen, wird Ihnen deutlich, dass der Intellekt außerstande ist, einen Wert zu finden. Er ist wie ein Windhund, der das sucht, was man ihm aufträgt. Da liegt der Knochen, und dann scharrt und sucht er. Werte kann

man nur fühlen. Und deshalb ist es so wichtig, Denken und Fühlen zu vereinen. Sagen wir es noch anders: Die schlimmsten Verbrechen waren möglich, weil wir Menschen kreiert haben, denen man die Gefühle gestohlen hatte. Einseitigkeit des Fühlens kann bis zum Wahnsinn treiben, aber die Schizophrenie, die das Gefühl vom Verstand trennt, ist für sich selbst ein Krankheitszustand.
Noch eine Schicht tiefer könnten wir entdecken, wie unsere Seele hinabreicht und eins wird mit den Tieren, wenn wir uns etwa in starken Gefühlen der Liebe, aber auch des Zorns mit Tiernamen zu beschreiben versuchen: eine Art von seelischem Totemismus. Diese Charakterkunde ist uns bis in die Gegenwart präsent. Wir müssen nur die Augen schließen, und wir erleben die Tiere als Symbolträger für uns selber. Und die Gefahr ist groß, in sie projektiv Wünsche wie auch Ängste hineinzulegen und so von außen auf uns selber zurückkommen zu lassen, was in uns selbst schlummert.
Was sagen die Tiere, die uns in Träumen erscheinen, über uns selber aus? Deutlich ist der Unterschied. Nehmen Sie an, Sie sehen heute Nacht sich selber im Urwald – schwül-heiß, Tiger, die hinter den Lianen hervorknurren. Dann ist Ihnen deutlich, dass Sie hier eine sehr vital bestimmte und allseits sich in Gefahr befindliche Triebstruktur ins Bewusstsein gehoben sehen. Anders, wenn Sie irgendwo in der Wüste Gobi sitzen, es ist sehr kalt, dreißig Grad unter null, kein Kamel am Horizont, und die Einsamkeit ist total. Ich muss nicht weiter fortfahren, um Ihnen zu sagen, dass es identisch ist, die Träume zu integrieren und das gesamte tierische Erbe unserer Seele zu integrieren. Und ob wir das tun oder nicht, wie abgespalten zu uns selber wir leben, entscheidet inklusive darüber, was wir selbst für Menschen sind.
Wir könnten sogar sagen, das Banausentum ist unser Schicksal. Wo gäbe es noch Dichter, die die Natur zum Klingen bringen, die Leier des Orpheus so zu spielen wüssten, dass die Tiere in die Nähe kämen? Übrigens wäre das eine Le-

gende für die christlich Überzeugten. Es gibt einen merkwürdigen Ritus der katholischen Kirche, den Blasius-Segen. Dieser wird gegen Halsleiden oder, wenn man eine Gräte quer gegessen hat, gesprochen. Dann heilt dieser Bischof. Was die wenigsten Pfarrer wissen, tu' ich hiermit kund: Blasius vermag solche Wunder sogar über tote Tiere, über Fischgräten, auszuüben, weil er den lebenden Tieren gütig war. Der Landesfürst ging auf die Jagd. Und zu Blasius in seiner Einsamkeit kamen sie alle und blieben den Häschern verborgen. Zu einem solchen Mann hatten die Tiere im Leben wie im Tode Vertrauen. Wenn das Religion wäre, sähe es anders aus in uns.

Die Bibel, sagte ich, hat nur dieses anthropozentrische Weltbild und daraus eine anthropozentrische Ethik abgeleitet, die eine logozentrische Anthropologie zur Folge hatte. Es gibt aber immerhin zwei Stellen, an denen wir gründlich umlernen könnten, wenn wir es nur zu sehen vermöchten. Alle Welt kennt Genesis 1, 28 und 29: »Macht euch die Erde untertan, wachset und mehret euch.« Die beiden einzigen Gebote, von denen man sicher sein darf, dass die Menschheit sie befolgt. Die Theologen, die da sagen, so kann es nicht gemeint sein – es soll ja nicht Willkür herrschen, sondern der Mensch ist Gott als dem Schöpfer verantwortlich, so muss man es verstehen –, haben insofern Unrecht, als »Herrschen« im Hebräischen ein gewalttätiger Begriff ist. Da steht »radah«, das heißt »unter die Füße treten« – oder abgeleitet »radad«, die Kämpfer treten. Das ist der Akt, mit dem der Pharao seinen Fuß in den Nacken eines besiegten Feindes stemmt, den er sich zum Fußschemel erklärt. Die Gottesebenbildlichkeit ist das Machtverhältnis des Menschen zu der Schöpfung. Und so wird sie exekutiert. Wer daran irgend noch Zweifel äußert, dem empfehle ich Genesis 9, 1 bis 3 – da wird nach der Sintflut unser heutiger Zustand beschrieben mit den Worten: »Schrecken soll sein den Tieren vor den Menschen.« Und weiß Gott, dazu haben sie Grund.

Das Einzige, was ein Hebräisch-Student lernt, wenn er die Namen der Tiere kommemoriert, sind die Speiseverbote. Eine Ethik, die Rücksicht nehmen würde auf Tiere, existiert nicht in der Bibel. Darf man sie koscher essen oder eben nicht, haben sie gespaltene Klauen oder nicht – das ist das Problem der Bibel. Aber nicht, wie man sie als Tiere in sich selber schützt. Bis auf zwei kleine Ausnahmen. Der erste Schöpfungsbericht, der der Priesterschrift zugehört mit dem »Herrschet ...«, wird in der Bibel selber gewissermaßen korrigiert durch Genesis 2, dem so genannten jahwistischen Schöpfungsbericht. Der erzählt davon, dass diese Welt nicht der Schlachthof der menschlichen Machtausdehnung sein müsste, sondern dass sie einmal als ein Garten Gottes, als ein Paradies des Glücks gemeint war.

Dort trägt Gott den Menschen auf, was unsere Theologen nicht einmal in der Einheitsübersetzung korrekt zu übersetzen imstande zu sein scheinen: nicht, er soll den Garten bearbeiten, als Landmann. Es steht da wörtlich, er soll ihn bedienen, er soll sich zum Sklaven machen der Ordnung, die er vorfindet. Und er soll sie beschützen – *abaddon shamar* – vor sich selber. Der Begriff Arbeit kommt in Genesis 3 als Fluch über den Menschen. Da soll er malochen, steht da – *malakah*. Eine gottverdammte, entfremdete Maloche von Staub zu Staub, sinnlos und mörderisch. Wenn es so steht, haben wir unsere Wirklichkeit. Die sollte sich nie ereignen, meinte der Gott des Paradieses, und hätte sich nie ereignen dürfen.

Gott fand, dass es – anders als für ihn selber – für ein Geschöpf nicht gut sei, allein zu bleiben. Nun könnten Sie denken, er beeilt sich und lässt sich die Gestalt der Frau einfallen. Weit gefehlt. Umständlich, wie er manchmal ist, schickt Gott die Tiere, die er macht, zu Adam, um zu erlauschen, wie er sie benennen würde. Denn so sollten sie heißen. Das ist eine wunderbare Frage, schon in Platons Dialog *Kratylos* findet sie sich: Heißen die Dinge so, weil wir sie so nennen – die ganze linguistische Sprachphilosophie würde begeistert Ja

sagen; oder umgekehrt, wie Humboldt meinte und was auch Platon favorisiert hat – nennen wir die Dinge so, weil sie so sind? Das Letztere gilt für die Evidenz aller so genannten Stammeskulturen.
Unsere Sprache selbst, wenn sie poetisch wird, drückt das Wesen der Dinge selber aus, fasst sie in einer Art pythagoreischer Musik, hebt sie in Tanz und in Lied auf. Nur die Dichter sind imstande, den Tieren ihre wahren Namen zu geben. Aber dafür müssten Sie beispielsweise Francis Jammes lesen – ein Baske, der konvertiert ist und darum betete, seinem Hund im Himmel zu begegnen. Und er betete für den Esel, den er eine ganze Nacht in der Kälte des Schneetreibens vor der Kaschemme stehen lässt. Oder Sie lesen Juan Ramón Jiménez' *Platero y yo*, veröffentlicht im Jahre 1917 – Geschichten, in denen ein Esel einem Dichter die ganze Welt erklärt. Wenn es so wäre, dass wir die Tiere reden hörten und ihnen unsere Sprache gäben, dann wäre dies eine Einvernahme von Mensch und Tier, die der gemeinten Schöpfungswirklichkeit nahe käme. Erst wenn es so ist, meint dieser Bericht, hat ein Mann sich eine Frau überhaupt erst verdient. Wenn er nicht einmal mit Tieren pfleglich umgehen kann, braucht er keine Frau und darf auch keine haben.
Und noch eine zweite Bibelstelle sei erwähnt, die ich ans Ende setze. Im vierten Kapitel des Propheten Jona wird von einem Mann berichtet, der im Osten von Ninive sitzt, wachend und wartend darauf, dass Gott mit der Faust die Weltstadt Assur zermalmt. Das aber geschieht nicht. Der Prophet ist empört, er will wirklich eher sterben, als das noch länger mit anzusehen. Und Gott erklärt ihm: »Sollte ich nicht Mitleid haben mit 120 000 Menschen, die zwischen links und rechts nicht unterscheiden können?« Soll heißen: Mit eurem ethischen Vermögen ist es so weit gar nicht her. Was Menschen brauchen, wären verstehende Güte, Begleitung, Beseitigung der Angst durch Liebe, all solche Dinge, die auch in der Bibel stünden. Aber dann kommt es wie ein Pauken-

schlag: »Und all der Tiere?« Mit dieser offenen Frage endet dieses erstaunliche Buch für die Leser über Jahrtausende. Denken Sie sich, es bräche Gott sein eigenes Gericht ab, um nicht die Tiere mit zu bestrafen für das, was die Menschen getan haben?
Denken Sie, solche Stellvertreter Gottes auf Erden regierten uns, die einen Krieg absagen, weil er mit Sicherheit die unschuldigen Tiere und dann an erster Stelle die unter den Menschen Schwächsten – die Frauen und die Kinder – treffen würde? Dann hätten wir ein Mitleid, das wirksam ist und sich auswächst. Und wir begriffen, was es heißt, Menschen zu sein. Wir würden uns wiedererkennen im Gesicht und im Antlitz der Tiere, in Dankbarkeit für die Gefühle, die Wertempfindungen, die wir von ihnen empfangen haben. Und wir gäben ihnen diese zurück in Schutz- und Schonräumen, in denen ihnen nur ein Weniges, ein Minimales an Leid geschähe. Hätten wir diese Ethik, bräuchten wir über Vegetarismus gar nicht erst zu diskutieren. Allein die Doppelernährung, mit der wir fünfzig Millionen Verhungernde akzeptieren, nur damit wir Tiere so lange füttern, dass sie zum Futter für Menschen werden können, ist in jeder Hinsicht absurd. Aber vor allem, dass wir sie quälen, damit sie vom Himmel, von den Gräsern der Wiesen nichts sehen sollen – außer in den wenigen Minuten, da man sie auf dem Weg zum Schlachthof verlädt –, ist eine Barbarei, die nicht zu dulden ist.
Man kann Schopenhauer in dieser Evidenz nur Recht geben. Nichts würde stimmen in unserem Weltbild, wenn das akzeptabel wäre. Dann stimmt auch nicht, dass im Weltkatechismus der katholischen Kirche von 1991 für eine Milliarde Menschen auf diesem Globus neu definiert wurde: Gott hat uns die Tiere zur Verfügung gestellt, zum Nutzbrauch gegeben – eine Philosophie und Theologie, wie ich sie selber noch gelernt habe, als ein später bedeutender Kirchenführer in seinen Dogmatikvorlesungen erklärte, dass axiologisch, also

nach dem Werttheorem, einem Hasen gar nichts Besseres passieren könnte, als vom Menschen gegessen zu werden. Breites Gelächter bei den Zuhörern – sehr appetitlich, diese Art der Betrachtungsweise.
Wir warten darauf, dass uns Tiernahrung so unmöglich wird wie der Kannibalismus. Dieser war der Menschheit auch allzu lange selbstverständlich, wurde bis 1950 zeitgleich in manchen Residualgebieten immer noch gepflegt. Er ist heute unmöglich. Genau so wird es eines baldigen Tages schon unsere Auffassung werden, dass Tiere zu essen nur eine erweiterte Form von Kannibalismus ist, unwürdig für uns Menschen. Aber das ist nicht einmal das Hauptargument. Entscheidend ist: Wir dürfen nicht quälen, was Leid empfinden kann. Oder wir müssen so viel in uns selber zerstört haben, dass wir nicht mehr wissen, wer wir als Menschen sind. Alle Gefühle teilen wir mit den Tieren, bis auf eine vernünftig-sittliche Verantwortung, die weiter, universeller, genereller ist als bei jedem Tier. Man könnte simpel sagen, vielleicht verstehen das die Frauen besser als die Männer. Dieses universelle Mitleid können Sie auch umschreiben als eine Mütterlichkeit, ein Pflegebedürfnis, das artübergreifend keine Grenzen mehr kennt. Vor einer Weile erzählte mir eine Frau, sie müsste unbedingt von einer Tagung weg, sie hat zu Hause im Garten gesehen, wie ein Vögelchen sich verflogen hat. Und nun weiß man doch nicht – sie muss die Katze einsperren, sie muss das Vögelchen retten. Natürlich sind das erweiterte mütterliche Gefühle. Aber dazu sind wir Menschen imstande. An dieser Stelle könnten wir anders als die Tiere sein: zu Gunsten der Tiere.

RICHARD DAVID PRECHT

Wer bin ich – und wenn ja …*

Ich freue mich, hier zu sein – das erste Mal in meinem Leben in Lech, nicht das erste Mal in meinem Leben auf der Bühne in einer Kirche. Ich freue mich, dass ich zu Ihnen sprechen darf. Man hat mir gesagt, ein großartiges Publikum erwartet mich. Man hat mich vorbereitet, dass ich mich ja anstrengen sollte im Hinblick auf das hier versammelte Bildungsniveau. Und es war so, dass Konrad Paul Liessmann – wahrscheinlich mit dem bösen, wissenden Lächeln eines Zauberers, der weiß, dass er eine unlösbare Aufgabe hinterlässt – mich gebeten hat, mit dem Titel »Wer bin ich – und wenn ja, wie viele« so etwas zu machen – darüber haben wir uns dann verständigt – wie einen kurzen Abriss, einen kurzen Problemabriss, einen philosophischen Problemabriss der Ich-Problematik in der Philosophie.

Und das ist natürlich insofern eine unlösbare Aufgabe, als dass man zu jedem Einzelbegriff, den man mit dem Ich assoziieren kann, ganze Vorlesungsreihen halten kann. Das, was wir unter Ich verstehen, das tauchte in der Philosophie – das wissen Sie alle – in den unterschiedlichsten Gewändern, in den verschiedensten Begriffsgewändern, Wortkleidern auf, mit den unterschiedlichsten Nuancierungen, Schattierungen und Abschattungen, in Begriffen wie »Identität«, dem zeitlichen Sich-Durchhalten als ein und derselbe, mit dem Begriff »Individualität« – einem relativ neuen Begriff eigentlich, philosophiegeschichtlich betrachtet –, den wir wiederum vom Begriff des Individuums unterscheiden müssen.

* Bei diesem Text handelt es sich um die Transkription eines völlig frei und ohne Unterlagen gehaltenen Vortrags.

Das Individuum und die Individualität begegnen sich nur flüchtig im Hausflur, das ist überhaupt nicht das Gleiche. Jedes Atom ist ein Individuum, ein nicht geteiltes. Aber in allen Konnotationsfeldern, die wir mit Individualität zum Beispiel verbinden, drücken sich bestimmte Aspekte von Personalität und von Unverwechselbarkeit aus. Personalität dagegen, der Begriff der Person – wiederum ein hochproblematischer Begriff in der Geschichte der Philosophie, ursprünglich aus der Theaterwelt stammend – bedeutet eine Maske aufhaben, eine Rolle spielen. Es ist ein Begriff, der seine philosophische Rechtfertigung ursprünglich nicht aus dem Individuum bezieht, sondern aus dem Zusammenleben der Individuen miteinander, also aus der sozialen Rolle, und vom Begriff der sozialen Rolle aus dann zu einer philosophischen Entität gemacht worden ist in einer bestimmten philosophischen Tradition. Ähnlich ist es mit dem Begriff der Selbstverbundenheit – ein ebenfalls hochkomplexer Begriff, für den es psychologisch relativ eindeutige Definitionen gibt, aber keine philosophisch eindeutigen Definitionen.
Das heißt, wir bewegen uns in einem gewaltigen Feld, zu dem man ja noch Begriffe zählen könnte wie das Bewusstsein, das ganz eng mit dem Ich verknüpft ist, oder den Begriff des Selbstbewusstseins. »Bewusstsein« ist jene Übersetzung der cartesianischen *conciencia*, die 1711 das erste Mal von Christian Wolff eingeführt wurde in den deutschen Sprachgebrauch. Und all diese Worte und Begriffe entstanden zu einer Zeit, als wir nicht die geringste Vorstellung davon hatten, was in unseren Gehirnen vor sich geht.
Heute befinden wir uns in der merkwürdigen Verlegenheit, dass wir angesichts der neurobiologischen Wende der letzten zwanzig Jahre das große Problem haben, all diese aus unterschiedlichen Traditionen nie eindeutig definierten und nie eindeutig definierbaren Begriffe auf mentale Zustände unseres Gehirns anzuwenden. Also so etwas Merkwürdiges zu machen, wie Bewusstsein in unserem Gehirn zu suchen,

oder gar ein Ich in unserem Gehirn zu suchen. Das sind alles Begriffe, die gemacht worden sind, nicht, um das Gehirn in irgendeiner Form zu erklären, jetzt aber dazu herangezogen werden. Und dabei haben wir dann so seltsame Dinge, dass Engländer im Gehirn ein »mind« suchen, das Deutsche gar nicht kennen, dass die Deutschen *ein* Bewusstsein suchen, was im englischen Sprachgebrauch schon in *consciousness* und *awareness* zerfällt, also in zwei völlig unterschiedliche Dinge für die englische Sprache.

Das heißt, wir bewegen uns in einer Zeit, in der wir auf der einen Seite einen Kessel haben, der bis zum Rand gefüllt ist mit Begrifflichkeiten, einen Auflauf von verschiedenen Zutaten, von jedem Philosophen je anders, je wiederum mit anderen Abschattungen, anderen Traditionen, anderen Freund-Feind-Linien definierten Begriffswelten, die wir gleichzeitig irgendwie versuchen, so in der Realität zu verankern, dass wir zumindest für die Dauer eines Vortrags das Gefühl haben, festen Boden unter den Füßen zu haben. [...]

Im normalen Leben haben Sie vermutlich mit Ihrem Ich gar kein Problem. Und umso erstaunlicher ist es, dass das, was Ihnen das Evidenteste von allem zu sein scheint – nämlich Ihr Ich –, philosophiehistorisch auf dem Friedhof beerdigt ist. Das ist eine sehr seltsame Geschichte, und man müsste versuchen zu erklären, woran das eigentlich liegt. Es gibt eine unglaublich asymmetrische Bewegung, wir leben in einer Gesellschaft, in der von »Ichen« in einem Ausmaße die Rede ist wie noch nie in einer anderen Gesellschaft zuvor, in der das Individualitätsprinzip eine Bedeutung erlangt hat, die es noch niemals in einer Kultur je gehabt hat, in der die Problematisierung der Identität einen enormen Stellenwert hat.

Die Identitätsfrage wird in unserer Gesellschaft heute natürlich immer wieder problematisiert. Woher beziehen wir – angesichts der »Bastelbiografien«, die wir haben – unsere Identität? Aber die Pointe ist natürlich etwas anderes. Wir denken über unsere Identität nach, und das setzt voraus, dass wir der Identität überhaupt eine Bedeutung beimessen. Ich glaube nicht, dass frühere Kulturen der Identität eine solche Bedeutung beigemessen haben – der Individualität mit Sicherheit nicht.

Noch in der Aufklärungszeit ist das Wort Individualität kein positiver Begriff. Es ging darum, die Spielregeln für eine bürgerliche Gesellschaft festzulegen, und nicht darum, aus der Reihe zu tanzen dadurch, dass man anders war als die anderen. Es ging gerade in der Philosophie des deutschen Idealismus mit Sicherheit nicht um die Individuation im Sinne von Individualität als anders sein als die anderen. Das ist eine relativ moderne Pointe, die eigentlich erst durch die Kritik an der idealistischen Philosophie zu dem geworden ist, was sie heute ist.

Also wir leben in einer Welt, in der das Ich selbstverständlich ist, in der wir Ichlinge geworden sind in einem unfassbaren Ausmaß, oder – in einer schönen Formulierung Sloterdijks – »Selbstfindlinge« geworden sind, wenn eben das Ich eine zentrale Bedeutung hat, die Ich-Verwirklichung, die Sinnverwirklichung für das eigene Ich und dergleichen. Also wir kreisen in einem Ausmaß um das Ich wie keine Kultur je in der Geschichte zuvor. Und gleichzeitig, wenn Sie mit Philosophen unterschiedlichster Schulrichtungen reden, dann werden die meisten das Gesicht in Falten legen, wenn vom Ich die Rede ist. Da fühlt sich kaum ein Philosoph mehr seiner Sache wirklich sicher. Und das ist eben spannend zu überlegen, woher ist das gekommen.

In einem schönen Aphorismus kurz zusammengefasst hat das Oscar Wilde, der gesagt hat, dass über der alten Welt der Satz gestanden habe: »Erkenne dich selbst«, und dass über der gegenwärtigen Welt – er meinte damals den Beginn des 20. Jahrhunderts – der Satz stehe: »Sei du selbst.« Und das ist erstaunlich prophetisch, weil man sagen könnte, das ist ein Satz, der hätte auch hundert Jahre später gesagt werden kön-

nen, weil wir genau in dieser Sei-du-selbst-Welt leben und die Erkenne-dich-selbst-Welt enorm verblasst ist. [...]
Die Hirnforschung hat den großen Vorteil der bildgebenden Verfahren, die ihr in den letzten fünfzehn Jahren zu einem ziemlichen Siegeszug verholfen haben – wenn auch nicht zu jenem Allmachtsdeutungsanspruch, den sie gerne hätte. Aber sie hat auf diese Art und Weise etwas Interessantes festgestellt: dass es partielle Ich-Verluste gibt. Das kannte man vorher schon als Problem, aber heute kann man es lokalisieren. Das heißt, es ist möglich, dass ein bestimmtes Ich in Ihnen ausfällt, aber andere »Iche« noch funktionieren. Das kennen Sie wahrscheinlich alle von Oliver Sacks aus dem Buch »Der Mann, der seine Frau mit einem Hut verwechselte«. Da wird die Geschichte eines Musikprofessors erzählt, der wunderbar in der Lage ist, eine Vorlesung zu machen, aber auf dem Nachhauseweg Parkuhren tätschelt, weil er sie für Kinder hält. Das heißt also, bestimmte »Iche« funktionieren noch, aber irgendein Ich-Zustand funktioniert nicht mehr. Und er listet quasi systematisch Fälle auf von unterschiedlichen »Ichen«, die nicht mehr funktionieren.
Und wenn man das, was man da aus diesen klinischen Fällen kennt, mittels des Kernspintomografen untersucht, dann sieht man, dass es tatsächlich so etwas wie verschiedene Ich-Regionen im Gehirn gibt, die für unterschiedliche Dinge zuständig sind. Das ist schon sehr positiv formuliert, weil es keine echten Ich-Regionen gibt. Das heißt, es ist nicht so, als ob es irgendwas in Ihrem Gehirn gäbe, was nur für das Ich da ist, sondern das sind Abfallprodukte von Gehirnzentren, die aus anderen Gründen da sind. Wobei ich gerne bereit bin, den materialistischen Philosophen insofern zu folgen, als dass ich das Ich für ein Abfallprodukt der Evolution halte – wenn wir das aus dieser Perspektive sehen.
Das ist übrigens etwas, was die Darwinisten meistens nicht machen. Also die meisten Evolutionsbiologen machen das nicht. Das liegt aber daran, dass es sich in einem ziemlichen

Widerspruch befindet zu einem gewissen Mainstream der Evolutionsbiologie. Ich halte auch die Religion für ein Abfallprodukt der Evolution. Ich halte auch die Liebe – also unsere Vorstellung von geschlechtlicher Liebe – für ein Abfallprodukt der Evolution. Mit Abfall meine ich nichts Böses. Ich meine nur etwas, worauf es nicht ankam, sondern was sich eingeschlichen hat.
Die Fundierung kann man damit machen, dass man sagt, es gibt bestimmte Eigenschaften, die zum Überleben eines Individuums oder einer Gruppe förderlich sind. Aber das Ich-Bewusstsein kann nicht dazugehört haben. Die Tatsache, dass man zu sich »ich« sagen oder sich in Frage stellen kann, über sich nachdenken oder über sich verzweifeln kann, schafft keinen Evolutionsvorteil. Wäre das so, wären die Menschen, die am grüblerischsten veranlagt sind, diejenigen, die den größten reproduktiven Erfolg hätten. Das heißt, Philosophen müssten besonders viele Kinder haben. Und wir alle wissen, das ist nicht so. Die Anzahl der kinderlosen Philosophen ist beeindruckend.
Das ist genauso mit der romantischen Liebe. Die Tatsache, dass ich mit jemandem ein Leben lang verbunden bleibe und dem unter Umständen sogar treu bin, ist ein Verrat an meiner Genetik aus biologischer Sicht. Sie machen das aber trotzdem, und es spielt in Ihrem Leben sinnstiftend eine enorme Rolle. Der genetische Auftrag würde darin bestehen, jedes Kind, das auf der Straße steht, nach Ihrem Bilde anzufertigen, also jedes junge attraktive Weibchen mit günstiger Fettpolsterverteilung zu schwängern. Und das tun Sie nicht. Das Interessante, worauf ich hinauswill, ist: Wir haben durch die Kultur bestimmte Dinge entwickelt, die nicht vorteilhaft im Sinne der Evolution gewesen sind, die aber als Abfallprodukte anderer Dinge, die möglicherweise vorteilhaft gewesen sind, vielleicht sogar als genetische Information auf den gleichen Genen mitgespeichert oder im Zuge eines Sensibilisierungsprozesses quasi mittransportiert worden sind. Aber

machen wir uns nichts vor – neunzig Prozent der Evolution bestehen aus nicht tödlichen Nachteilen, nicht aus Vorteilen. Das ist nicht ein Nebenprodukt, das ist das Hauptprinzip der Evolution. Jeder Scheiß kann überleben, wenn er nicht zum Aussterben führt.

Aus dieser Perspektive müssen wir Evolution begreifen, und nicht immer unter dem Gesichtspunkt der Vorteilsselektion, die ein Modell der Barocktheologie ist, das wir quasi in die Evolutionstheorie übernommen haben. Das aber nur am Rande.

Das Gleiche gilt für die Gehirnregionen. Es gibt keine Ich-Regionen, sondern es gibt Regionen, die für bestimmte Dinge zuständig sind, die aber im Zuge der sich in der Höherentwicklung durch Abfall und Überschuss entwickelt habenden Energien bestimmte Ich-Funktionen übernehmen konnten. Also mindestens drei Ihrer Ich-Funktionen sind sinnvoll, und dann wird's kompliziert. Die moderne Hirnforschung kennt acht verschiedene »Iche«.

Das ist ziemlich schwierig – ich habe nie den Versuch eines Philosophen gesehen, diese acht verschiedenen »Iche« mal epistemologisch genauer zu untersuchen oder überhaupt mal eine Standortbestimmung vorzunehmen, weil sie phylogenetisch nicht sauber sind. Sie sind aber auch ontogenetisch nicht sauber und auch nicht logisch – aber sie sind plausibel.

Das erste ist das primitivste Ich, das Sie besitzen: Ihr Körper-Ich. Sie alle haben das Gefühl, dass der Körper, in dem Sie sich befinden, der Ihre ist. Und wenn Sie jetzt den Nachbarn anschauen, wissen Sie, das ist nicht Ihr Körper. Und das ist etwas, das 99,9 Prozent der Menschen und nahezu alle Tiere teilen – dieses Körper-Ich –, soweit wir darüber Informationen haben. Das ist ganz, ganz ursprünglich und auch wahnsinnig sinnvoll. Sie haben große Probleme, wenn das bei Ihnen gestört ist.

Auf einer Ebene höher, über dem Körper-Ich, steht das Verortungs-Ich. Das heißt, Sie wissen, wo Sie sich befinden –

oder glauben zu wissen, wo Sie sich befinden: an einem ganz, ganz bestimmten Ort. Sie sind nicht nur in diesem Körper, sondern dieser Körper ist an einer gewissen Raum-Zeit-Stelle.
Auf der dritten Stufe kommt das perspektivische Ich. Das heißt, Sie spüren, dass Sie dieser Körper sind, der auf irgendetwas guckt oder etwas anderes wahrnimmt, aber nicht das andere ist, sondern eben getrennt davon ist.
Die Weiterentwicklung ist die vierte Stufe – das Ich als Erlebnissubjekt. Ab jetzt gibt's keinen Überlebensvorteil mehr. Die anderen drei Sachen – das ist klar – teilen wir mit den Tieren. Das Ich als Erlebnissubjekt ist sich darüber bewusst, dass es dasjenige ist, das nicht das andere ist. Das heißt, es spürt es nicht nur, es *weiß* es sogar.
Und da es das sogar weiß, kann es auf der fünften Stufe dazu kommen, dass es so etwas gibt wie ein Autorschafts-Ich. Sie wissen, dass Sie derjenige sind, der die Sätze spricht, die er spricht. Sie wissen quasi, dass Sie der Urheber Ihrer Taten, Ihrer Worte und Ihrer Gedanken sind.
Und das führt auf der nächsten Stufe zum autobiografischen Ich. Denn da Sie das wissen und speichern können, bekommen Sie eine Vorstellung von Identität, also dem zeitlichen Sich-Durchhalten als ein und derselbe, und das können Sie nur über Sprache. Das Identitätsgefühl ist an Sprache gebunden. Über die Sprache vergewissern Sie sich ständig Ihrer selbst, sowohl in Gedanken wie auch im Austausch, den Sie mit anderen haben.
Auf der darauffolgenden Stufe kommt das selbstreflexive Ich. Das ist bei Menschen – wie wir alle wissen – schon sehr unterschiedlich ausgeprägt. Jetzt sind wir schon auf ziemlich dünnem Eis. Dieses Ich zu haben heißt, über sich selbst nachdenken zu können, sich in Bezug auf seine eigenen Handlungen zu befragen. Also die Grundvoraussetzung dafür, dass wir überhaupt Philosophie treiben können, aber auch etwas, das wir im Alltag natürlich hinlänglich viel machen.

Und auf dieser Grundlage steht die höchste Stufe des Ich, und das wäre das moralische Ich. Sie sind also nicht nur in der Lage, sich im Hinblick auf Ihre Taten zu befragen, sondern sogar zu beurteilen. Und das war das, was Kant so wahnsinnig imponierte – dass Sie bestimmte Regeln, Grundregeln, internalisieren können, die Sie nicht selbst geschaffen haben, sondern als über Ihnen stehend anerkennen. Auch wenn Sie in Wirklichkeit nicht immer danach handeln und es gute Gründe gibt, das nicht immer zu tun. Da kommen wir in den gesamten Bereich der Moralpsychologie rein.

So. Was ich jetzt gemacht hab', war reines Referieren eines kleinsten gemeinsamen Nenners unter Hirnforschern. Da gibt's natürlich auch Einwände, das ist alles sehr, sehr pauschal, aber das sind quasi die acht dominanten Ich-Zustände, in die man das Ich auflöst.

Und jetzt ist die spannende Frage – wenn da jemand wie Gerhard Roth sagt: »Es gibt kein Ich« –, wenn man sagt, okay, es gibt acht verschiedene Ich-Zustände, aber kein Ich. Aber Sie empfinden sich ja nicht als ein Individuum, das in acht verschiedene Zustände geteilt ist. Es gibt durchaus die Situation, dass bestimmte Ich-Zustände in Ihnen das Regiment übernehmen, obwohl Sie das vielleicht gar nicht wollen, zum Beispiel in Angst oder in Panik reagieren Sie anders, bestimmt nicht vernunftgeleitet. Oder unter starkem Alkoholeinfluss, wenn Sie sich am nächsten Tag nicht mehr daran erinnern, welches Ich da plötzlich in Ihnen regiert hat – das gibt es alles. Aber jedes Mal erleben Sie sich gemeinhin in dem Moment als ein Ich und nicht als ein Ensemble von Ich-Zuständen. Es gibt also so was wie ein Ich-Konzert. Man kann sich das vielleicht vorstellen, als wären diese acht »Iche« verschiedene Instrumente, von denen mal eines ausfallen kann, dann klingt das Ganze anders, die aber in irgendeiner Form so zusammenspielen, dass ein Ich als Erlebnisstrom in Ihnen waltet. Dieses Ich kann ich empirisch nicht beweisen. Vielleicht kann ich das irgendwann mal. Wir haben jetzt drei

Generationen von Kernspintomografen, vielleicht kann man das dann mit Nummer sechs usw.

Ich habe aber gar nichts dagegen, den altmodischen Weg der Introspektion nach wie vor zu gehen, der mir so viele Aufschlüsse gerade über solche Dinge gibt. Denn alles, was ich darüber dann weiter nachdenken kann, über mich selber usw. – also die ganzen alten Künste der Philosophie –, kann mir verdammt gute Dienste dabei tun und mich vor Irrtümern und sehr, sehr schnellen Schlussfolgerungen schützen. Mein Wissen, mein sprachphilosophisches Wissen kann mir helfen, die eigenen Metaphern zu durchschauen, meine eigenen Denkbilder zu durchschauen – eben zu begreifen, dass ich im Gehirn ständig Dinge suche, die da gar nicht eins zu eins vorhanden sein können, weil das Wort »Bewusstsein« eben Hunderte von Jahren älter ist als unsere Vorstellung vom Gehirn.

Zum Glück für die Philosophen – obwohl das auch ein Projekt für sie wäre – hat die Hirnforschung bis heute keine Sprache entwickelt, um das Gehirn zu beschreiben. Das gibt es nicht. Wir reden von Verschaltungen, als sei der Elektriker im Haus. Das ist so gekommen, als Sherrington die Stromkreisläufe im Gehirn untersuchte, das war die Sprache seiner Zeit. Der größte Teil der Begrifflichkeiten stammt von Santiago Ramón y Cajal, einem Spanier, nach dem die Neuronen benannt sind und viele andere Dinge mehr. Alles nach den Maßgaben seiner Zeit, Anfang 20. Jahrhundert.

Und dann haben wir uns angewöhnt, Modebegriffe wie »Netzwerke« zu übernehmen, die wir eben aus der Informatik übernommen haben – so zu tun, als sei das Gehirn ein Computer. Gehirn und Computer arbeiten so unglaublich unterschiedlich, es gibt kaum eine Gemeinsamkeit, aber die ganze Metaphernsprache des Computers benutzen wir jetzt. Und wenn wir dann mit dieser Metaphernsprache noch Aussagen über so etwas Großartiges wie das Ich machen wollen, über so etwas Unfassbares, so ein Fluidum, das sich immer

wieder entzieht, dann wird sie leicht sehr grob und funktioniert nicht gut.
Vielleicht werden wir im 21. Jahrhundert das Ich nicht allein den Hirnforschern überlassen dürfen und den Philosophen. Vielleicht ist das Ich etwas, das – wie Erving Goffman meinte – sich immer nur in Performanz zeigt. Also wir sind Schauspieler unserer selbst, und immer nur in der Beschreibung der Rolle offenbart sich das Ich. Weil es vielleicht keine Wesentlichkeit hinter der Rolle gibt, sondern die Rolle selber das Wesentliche ist.
Um das auf einen ganz kleinen Punkt zu bringen – vielleicht als eine Art Schlusswort zum Ich –, hier eine kleine Scharade, die mir immer gut gefallen hat: In Arno Schmidts Roman »Das steinerne Herz« von 1954 heißt der Held der Geschichte Walter Eggers. Walter Eggers – das klingt wie Alter Ego, und das soll auch so sein. Aber da ist noch mehr: Egg heißt Ei – und »I« heißt »Ich«.

HARALD WELZER

Wie sieht Totalitarismus im 21. Jahrhundert aus?*

[...] Es gibt in der Umweltpsychologie seit einigen Jahren eine Begrifflichkeit, die ich sehr gut finde, und die nennt sich »Shifting Baselines«. Die Entwicklung dieser Begrifflichkeit geht auf eine sehr hübsche kleine Studie zurück, wo eine Forschergruppe südkalifornische Fischer aus umweltpsychologischer Perspektive befragt hat. Da ging es darum, herauszufinden, wie sich Umweltwahrnehmungen bei Menschen verändern, wenn sich die Umwelten, in denen sie leben, wandeln. Sie haben drei Generationen von Fischern danach gefragt, wie weit sie hinausfahren mussten früher, wie weit sie hinausfahren heute, wie viele Fische, welche Arten von Fischen es gab, was der größte Fang gewesen ist, et cetera et cetera, all diese Dinge. Und was sie herausgefunden haben, ist etwas ziemlich Naheliegendes, aber trotzdem Eindrucksvolles: dass das Bewusstsein über die Veränderung der Welt, der Arbeitswelt und auch der Lebenswelt, bei den Ältesten am größten gewesen ist und bei den Jüngsten am geringsten. Der Grund ist ganz einfach – die Jungen wussten gar nicht, was es früher für Fische gegeben hatte, die kannten ja nur ihre Welt. Sie wussten nicht, dass man früher in Küstennähe schon gute Fänge machen konnte, die fahren heute eben Hunderte von Meilen raus und halten das für normal.
Also: Eine Lebenswelt hat sich verändert, und das Problem ist, es gibt keinen fixen Punkt, an dem man diese Veränderung messen könnte. Deshalb »Shifting Baselines«: Der Refe-

* Dieser Text stellt die fast wörtliche Transkription des Vortrags von Harald Welzer vom 20.9.2014 dar.

renzpunkt wandert mit der sich verändernden Umwelt mit. Und das gilt für physische Umwelten genauso wie für soziale.

Wenn man beispielsweise mal ein Gedankenexperiment machen würde und sich vorstellen würde, in der nationalsozialistischen Gesellschaft wäre im April oder Mai 1933 die Situation so gewesen, dass die jüdischen Bevölkerungsmitglieder aus ihren Häusern geholt, durch die Straßen getrieben, an den Bahnhöfen auf Züge verladen und gen Osten mit unbekanntem Ziel deportiert worden wären – Frühjahr 1933 –, das hätte niemand akzeptiert. Niemand. Die Leute hätten gesagt, das ist unvorstellbar, das geht doch überhaupt nicht, was ist denn das? Was ist denn das, Menschen aus den Häusern zu holen, was ist es denn, Menschen ihre Jobs zu nehmen, sie zu deportieren, irgendwohin zu schaffen. Das wäre nicht kongruent gewesen mit dem moralischen Selbstbild und den moralischen Erwartungen, die es zu diesem Zeitpunkt vorherrschend gegeben hat in dem Land. Jetzt kann man acht Jahre nach vorne gehen, in das Jahr 1941, und Sie haben eine Gesellschaft, in der exakt das der Fall ist und das alles in aller Öffentlichkeit stattfindet.

Der zentrale Deportationsbahnhof in Berlin ist Berlin-Grunewald, bürgerliches Viertel, alles voll bis zum Anschlag mit humanistischer Bildung, und dort werden die Menschen entweder zu Fuß hingetrieben, von Lastwagen abgeladen, auf das Gleis 17 gebracht und deportiert. Und zwar jeden Tag. Und das wird wahrgenommen – die Leute sehen das ja auf der Straße. Übrigens sehen sie es nicht nur, aber das wäre ein anderes Thema, sie haben sich vorher schon schöne Wohnungen und Häuser und Haushaltsgegenstände und so weiter auf Auktionen gekauft, von denen sie wussten, wo das Zeug herkommt, sie haben Geschäfte übernommen et cetera, alles das, was man nachlesen kann bei Victor Klemperer und bei vielen anderen.

Aber der interessante Punkt ist, dass 1941 genau dieselben

Leute für erwartbar und möglich und gerechtfertigt halten, was dort passiert, die es 1933, also nur acht Jahre vorher, für vollkommen unerwartbar und ungerechtfertigt gehalten hätten. Und keiner von denen, die das dort sehen, würde zu sich selber sagen: »Was bin ich für ein Schwein geworden?«
Wie schaffen es diese Leute, die vollkommene Veränderung ihrer moralischen Standards für sich selber nicht zur Kenntnis zu nehmen? Wir sprechen hier über eine riesige Mehrheitsbevölkerung. Das heißt, ich spreche auch über Sie, potenziellerweise. Und das ist ein interessantes Phänomen, wie solche Shifting Baselines im Sozialen sich vollziehen, weil von dem Selbstbild her, von der Verfügung über das eigene moralische Vermögen, können die Leute ja sagen, da hat sich gar nichts verändert – ich bin immer noch ein guter Kerl. Vielleicht hat auch jemand Probleme damit, was passiert, die bewältigt man dann, diese Dissonanz. Aber das Wesentliche ist, sie wird bewältigt. In der ganzen Zeit der Existenz der nationalsozialistischen Gesellschaft gab es nur eine einzige Demonstration für Verfolgte – eine einzige.
Worum es mir geht, ist die Veränderung der Wahrnehmung und der Deutung und der Selbstinterpretation und der Interpretation dessen, was richtig und falsch ist, was gerecht und ungerecht ist. Acht Jahre, wie geht das? Wie findet das statt?
Dazu ein Beispiel, das ich sehr instruktiv finde und das für mich auch eine der wesentlichen Lektüren zu dieser normativen Veränderung in diktatorischen oder totalitären Gesellschaften ist: Sebastian Haffner, die »Geschichte eines Deutschen«. [...] Haffners Buch zentriert sich um das Jahr 1933 und die Wahrnehmung der Leute von dem, was da jetzt eigentlich passiert. Und es gibt eine Szene, die er in seinem Buch beschreibt, da ist er junger Gerichtsreferendar und hat etwas in der Vorbereitung für sein zweites Examen im Berliner Kammergericht zu tun. Muss etwas vorbereiten, Akten studieren. An diesem Tag im Jahr 1933, einige Monate nach

der sogenannten Machtergreifung, kommt die SA in das Gebäude, um alle jüdischen Gerichtsmitglieder abzuführen. Haffner ist kein Jude. Er hört nur aus den Fluren, aus den Nebenräumen, dass da draußen etwas los ist. Und natürlich erzeugt das bei ihm eine Dissonanz, dass da draußen etwas los ist. Da hört man Geräusche, die hört man sonst nicht im Kammergericht, da gibt es laute Rufe, Gepolter, Schreie und so weiter und so weiter. Also Gewalthandlungen, die da draußen stattfinden. Haffner nimmt das zur Kenntnis und macht was? Er konzentriert sich auf seine Akte.
Er konzentriert sich auf seine Akte. Er versucht das, was da draußen stattfindet, wegzublenden. Das ist ein psychologisch gut nachvollziehbarer Mechanismus, den können Sie alle an sich selber überprüfen, wenn Sie – wie Haffner hier – in einer Situation sind, die unbekannt ist und unerwartbar. Wenn wir mit Dingen konfrontiert sind, wo wir keine Skripts verfügbar haben, wie man mit so einer Situation umgeht, halten wir uns an das, was wir haben – zum Beispiel eine Akte. Bei Erving Goffman heißt das: Wir schaffen uns »Territorien des Selbst«. Das merken Sie auch, wenn Sie mit Gewalt konfrontiert sind: Sie versuchen, sich einen Raum zu schaffen, in dem Sie sich orientieren können. Und das heißt immer, ich blende den Rest weg.
Haffner beschreibt, wie er versucht, sich auf den Fall zu konzentrieren. Dann passiert das Folgende: Die Tür geht auf, und zwei SA-Männer kommen herein, schauen sich im Raum um, kommen auf ihn zu, und einer schaut ihn an und fragt: »Arier?« Und Haffner sagt: »Ja.« Da gehen sie wieder hinaus. Und dann sagt Haffner dazu: Versagt, schon in der ersten Prüfung. Warum versagt? Weil er eine Zuschreibung übernommen hat, die nicht seine eigene gewesen ist. Es handelte sich um eine extrem dissonante, als gefährlich empfundene, orientierungsarme Situation. In dieser Situation fällt er eine Entscheidung, die gar nicht seine ursprüngliche gewesen wäre. Das heißt, er verändert sich in einem kleinen

Schritt. Er erlebt eine Dissonanz, und er bewältigt diese Dissonanz mit einer Zustimmung. [...]
So kann man sehr einfach erklären, wieso zum Beispiel die Toleranz gegenüber einer Gewalthandlung, die man einmal zeigt und sagt, »da guck ich jetzt nicht hin, da gehe ich jetzt nicht hin«, die Toleranz gegenüber einer weiteren Gewalthandlung wahrscheinlicher macht. Weil man immer denselben Modus der Dissonanzbewältigung wählt und die Ereignisse immer schlimmer werden, aber man selber den Ereignissen gegenüber wesentlich zustimmungsgeneigter ist, um es mal vorsichtig auszudrücken. Ich spreche ja nicht über diejenigen hier, die das sowieso alles gut finden, sondern über die Bevölkerungsteile, die vielleicht das Ganze eher problematisch finden, skeptisch sehen, beängstigend finden. Alle gewöhnen sie sich daran. Wir wissen ja aus Studien, dass die Zustimmungsbereitschaft zum Regime im Verlauf der Existenz des Regimes gestiegen ist. Und zwar heftig gestiegen ist, Götz Aly hat das zutreffend »Zustimmungsdiktatur« genannt. [...]
Die Shifting Baseline, die mich jetzt unter der Totalitarismusfrage besonders interessiert, ist natürlich: Was haben wir eigentlich für eine Shifting Baseline im Bereich der digitalen Kommunikation, im Bereich der digitalen Wirtschaft, im Bereich der informationellen Industrie, im Bereich des informationellen industriell-staatlichen Komplexes? Eine Wahnsinnsgeschichte. Ich könnte jetzt die Frage stellen: »Wann ist das iPad auf den Markt gekommen?« Sie sagen: »Das liegt Äonen zurück, eigentlich gab es das schon immer.« Ja, es ist nicht ganz so lange her. 2010 gab es die ersten von diesen Dingern.
Oder denken Sie daran, wie sich Vortragskulturen verändert haben, wie sich das ganze Equipment dazu verändert hat, wie alles immer gleich aufgezeichnet wird, unmittelbar verfügbar ist et cetera et cetera. Eine radikale Veränderung unserer kommunikativen Welt, die man vielleicht bemerkt, aber

die, wenn man sie bemerkt, doch so unendlich vorteilhaft scheint. Man muss heute nicht mehr vor die Tür gehen, um herauszukriegen, wie kalt es draußen ist. Wahnsinn. Man muss in seinem Auto nicht mehr den Scheibenwischer anmachen, wenn es regnet. Das macht das Auto von selbst. Ihr Smartphone mit den 536 Apps liefert Ihnen alles, wo Sie vor zwei Monaten noch nicht mal gewusst haben, dass Sie es jemals wissen wollen würden. Alle diese Dinge verändern nicht nur die Gebrauchsformen von Welt, sondern sie verändern auch die Sozialität.

Sie merken das zum Beispiel daran, dass man heute nicht mehr wetten kann. Früher war es ja immer so, dass, wenn man sich gestritten hat – war das Robert De Niro oder war es Al Pacino in dem Film? –, Tausende beliebige Themen, wo man sofort sagte: eine Flasche Wein, Kiste Bier! Nichts, kann man vergessen – es ziehen alle ihre Smartphones raus, Google, zack, »Robert De Niro, habe ich doch gesagt«. Es ist eigentlich nicht witzig, weil es wirklich zeigt, wie sich Sozialformen verändern, wie sich kommunikative Formen verändern. Man könnte sich in dem Zusammenhang beispielsweise auch Kriminalfilme und Kriminalromane angucken, weil die von der Logik her heute vollkommen anders funktionieren, als sie früher funktioniert haben. Die rufen sich ja immer ständig an, die Leute, und wenn man jemanden dingfest machen will, dann gibt einem die Telekom oder wer auch immer die ganzen Verbindungsdaten. Das ist eine vollkommen andere Crime-Story gegenüber früher. Oder die schauen sich ja immer die Bänder von Überwachungskameras an. Shifting Baseline. Guckt man so einen Film aus den 1960er Jahren, zum Beispiel einen Melville-Krimi, warum gucken die sich denn nicht die Überwachungskamera an? Warum lassen die sich nicht die Verbindungsdaten geben? Warum rauchen die auch noch alle?

Das sind dramatische Veränderungsprozesse, die auf der Ebene unseres eigenen kommunikativen Verhaltens stattfinden. Die sind dramatisch genug. Auch die Veränderung des Verhaltens in öffentlichen Räumen. Es gibt ja keine Spontankommunikation in öffentlichen Räumen mehr, weil alle immer auf die Bildschirme starren. Niemand flirtet mehr, die gucken lieber in die sozialen Netzwerke. Das ist aber noch der harmlose Teil, da könnte man sagen: Klar haben sich kommunikative Kulturen, kommunikative Gepflogenheiten immer verändert, schon mit dem Buchdruck.

Es gibt aber einen anderen Aspekt, und der führt viel dichter in das Thema des Totalitarismus hinein, dass nämlich mit dieser veränderten kommunikativen Praxis ja eine vollkommen veränderte Transparenz der Menschen, die dort kommunizieren, entstanden ist. Weil Sie alle wissen, dass Sie alle ohne Unterlass Daten geben, die andere Menschen nutzen können, ohne Unterlass, jederzeit. Kleine Rückblende: Shifting Baseline. Auch hier werden sich die Älteren noch daran erinnern, dass es in Deutschland mal eine Volkszählung geben sollte. Im Jahr 1983. Und dass diese Volkszählung den horriblen Ansatz hatte, dass so ein armer angeheuerter Student mit einem Fragebogen an der Wohnungstür stehen sollte und rausbekommen sollte, wie viele Leute denn da wohnen. Eine Seite Fragebogen. Ich war selber damals Mitglied einer Anti-Volkszählung-Initiative. Ich hatte so einen Aufkleber »Volkszählung nein danke!« hinten auf dem Auto und dachte: Der gläserne Mensch. Das wollen wir nicht sein! Das muss bekämpft werden! Und es wurde erfolgreich bekämpft. Die ganze Debatte hat sogar zum sogenannten »Volkszählungsurteil« geführt, das das Recht auf »informationelle Selbstbestimmung« definiert hat. Heute ist es ohne weiteres so, dass über jedes einzelne Subjekt ein Hunderttausendfaches, Millionenfaches an Daten mehr vorliegt, als jemals im Rahmen dieser Volkszählung hätte erhoben werden können.

Jetzt schwenken wir einmal zurück auf die totalitären Gesellschaften, wie wir sie kannten. Schwenken wir einmal

zurück auf Gewaltgesellschaften vom Typ Nationalsozialismus, vom Typ Stalinismus und von vielen anderen totalitären Formen. Die Geheimpolizei, die Tscheka, die Gestapo, alle anderen Dienste bis hin zur Stasi in der DDR hatten das große Problem, dass sie die Daten, die sie gegen die Menschen verwenden wollten, erst selbst erheben mussten. Die waren dazu da, etwas rauszukriegen über Spitzeldienste, über das Kaufen von Informationen, über das Fischen von irgendwelchen Akten. Die Stasi hat es ja dann geschafft, Geruchsproben zu nehmen, die man später wieder hätte identifizieren können. Also solche Absonderlichkeiten, die solch ein System, so ein plumpes, an den Tag legen musste. Aber: Diese Möglichkeiten der vollständigen Erhebung von Daten waren begrenzt. Weil es private, weil es arkane Bereiche gegeben hat, in die man nicht eindringen konnte. [...]
Dieser Totalitarismus basiert auf sozialen und kommunikativen Verkehrsformen, die Nischen vorsehen. Das basiert unter anderem darauf, dass es zu diesen Zeitpunkten immer noch Trennungen zwischen Privatheit und Öffentlichkeit gibt; die Trennung zwischen Privatheit und Öffentlichkeit ist übrigens das Kernelement der politischen Organisation von Demokratien. Das muss man mal in Erinnerung rufen. Wir haben gegenwärtig eine Entwicklung, in der Privatheit radikal aufgehoben wird. Diese Form von Gewalt tritt eben nicht in Uniform auf, die hat keinen Schlagstock in der Hand, die zerrt auch niemanden in eine Zelle, aber sie dringt ein in die privaten Räume von Menschen. Und sie kann deswegen perfekt eindringen in die privaten Räume von Menschen, weil diese sie selbst schon aufgemacht haben und weil sie sie jeden Tag aufmachen und weil sie jeden Tag bereitwillig – wenn sie nachgucken, ob es kalt ist draußen, wenn sie sich die Pizza bestellen, wenn sie was auch immer tun – immer liefern, was irgendjemand wissen wollen könnte.
Das ist ein Totalitarismus, der sich dort entwickelt, der sieht gar nicht nach Totalitarismus aus, die tragen ja keine Unifor-

men, diese Facebook-Leute, die tragen Kapuzenshirts. Und Steve Jobs, die Popfigur dieser neuen Welt, trug ja auch keine Uniform. Der hat nur Sätze formuliert, die lauteten: »Es ist nicht die Aufgabe von Kunden zu wissen, was sie wollen.« Das ist etwas anderes als »Führer, befiehl, wir folgen dir!«, das ist aber totalitär, weil es sich über die Subjektivität der Menschen erhebt und sagt: »Wir definieren, was ihr wollt!« Das ist eine Form des Totalitarismus, der es genauso darum geht zu kontrollieren, was Menschen wollen und wollen sollen. Es kommt nur völlig anders daher. Und Sie können sich diese ganzen Sätze von den Protagonisten dieser Wirtschaft mal auf der Zunge zergehen lassen, wenn etwa Eric Schmidt von Google sagt: »Wenn man nicht will, dass bestimmte Handlungen negativ in der Öffentlichkeit präsentiert werden, dann sollte man sich überlegen, diese Handlungen erst gar nicht zu vollziehen.«

Weil diese Typen so freundlich aussehen und scheinbar kein anderes Interesse haben als die Verbesserung der Welt im Sinne der Erhöhung Ihrer Komfortmöglichkeiten, kommt das ja alles auch unheimlich smart rüber. Ich finde das dramatisch, weil uns auch hier der Referenzpunkt fehlt. An welcher Stelle passiert hier denn etwas, wo man dringend sagen müsste: »Stopp! Das geht nicht! Hier passiert etwas mit uns!« Wo ist der Referenzpunkt dafür? [...]

Und übrigens: Es finden sich immer willige Politiker, die das gerne befördern, diese Formen der Auflösung des Privaten. Und noch ein wichtiger Aspekt dabei ist, auch im Themenfeld der Shifting Baselines: Ich hab in der Vorbereitung in Günther Anders' »Die Antiquiertheit des Menschen« nachgelesen. Günther Anders mit seiner Technikphilosophie schreibt schon vor fünfzig Jahren verblüffend interessante Dinge über Überwachung und totalitäre Gesellschaften. Und zwar schreibt er das zu einer Zeit, wo es Telefon gibt, Fernsehen, Radio und so ein bisschen Abhörtechnik, Wanzen und so etwas. Günther Anders reflektiert darüber, dass diese Geräte nicht neutral sind, sondern dass sie benutzbar sind und dass es in dem Stadium, wo sie nun mal da sind, relativ gleichgültig ist, ob das ein totalitäres System ist oder ob das ein demokratisches, rechtsstaatliches System ist. Die Geräte selber machen den Unterschied. Weil sie Potenzialitäten eröffnen, die selbst die Sozialität verändern. Die Formulierung bei Günther Anders ist: »Jedes Gerät ist seine Verwendung.«

Damit schafft es veränderte Verhältnisse. Und man kann das ja durchbuchstabieren, denken Sie mal an die Einführung von Überwachungskameras. Liegt auch Äonen zurück, die gab es ja auch schon immer. Nein, die gab es nicht immer. Die gab es mit der Perfektionierung der Videotechnik, und die wurden eingesetzt zur Verkehrsüberwachung. Super Sache: weniger Staus und so weiter. Nun hat man festgestellt, wenn es Demonstrationen gegeben hat und man glücklicherweise Verkehrsüberwachungskameras hatte, dass man die Bänder auswerten konnte, um zu gucken, wer denn die sogenannten Rädelsführer bei diesen Demonstrationen sind. Und als man auf diese Idee gekommen ist, hat man Verkehrsüberwachungskameras auch dort eingesetzt, wo es gar keinen Verkehr gab, aber dafür möglicherweise Demonstrationen. Und so haben sich diese Dinger in irrsinniger Geschwindigkeit ausgebreitet. Ich glaube, in England gibt es inzwischen fünf Kameras pro Einwohner. Und die sind da, und wir wissen das alle, und wir finden das gut, wenn im »Tatort« die Kamerabilder ausgewertet werden. Und das heißt ja nicht, dass jemand, der die Kameras als Verkehrspolitiker eingeführt hat, die Intention gehabt hat: »Da haben wir 2014 den perfekten Google-Start«, sondern der hat gedacht: »Damit können wir den Verkehr super überwachen.« Aber das Gerät selber schafft die andere Möglichkeit.

Und welche Potenzialitäten geschaffen worden sind, sehen wir in der Zeit bis heute, und ich empfehle als Lektüre übrigens, grandios als Analyse, nicht als Roman, »The Circle« von

Dave Eggers. Das ist literarisch ein flaches Buch, aber es ist die beste Analyse über die Gegenwartsgesellschaft, die ich je gelesen hab. Es ist absolut unglaublich, wie Eggers das Szenario, in dem wir uns gegenwärtig befinden, nur eine kleine Schraubendrehung weiterdreht und man plötzlich versteht, worauf das Programm hinausläuft.

Zurück zu den Themen Schuld, Sühne, Verantwortung, die ja im Kern immer auch die Fragestellung betreffen: An welcher Stelle merkt man eigentlich, dass die Dinge aus dem Ruder laufen? Und welche Form von Transferleistung für einen selbst müsste dieses Bemerken eigentlich haben? Wir haben ja zwei Hürden: Erstens merken wir nicht, dass die Dinge aus dem Ruder laufen, und zweitens ist die Wahrscheinlichkeit, dass man daraus eine Konsequenz zieht, sehr gering. Die Wahrscheinlichkeit der Zustimmung zu dem, was geschieht, ist systematisch immer viel größer als die Wahrscheinlichkeit, dass man das unterbricht.

Übrigens auch ein Gedanke, der schon bei Günther Anders vorkommt, dass diese Formen der Veränderung die Leute in eine Situation der Zustimmung bringen, weshalb die Abweichung so unwahrscheinlich ist beziehungsweise vom abweichenden Subjekt so unendlich viel verlangt. [...] Ausgrenzungserfahrungen innerhalb von Gruppen, zu denen man gehören möchte, sind extrem hart. Niemand hält das aus – oder nur die allerwenigsten. Es gibt auch darin einen sozialen Kitt, der die Zustimmungsbereitschaft immer weiter erhöht, statt sie zu verringern. [...]

KARIN HARRASSER

Parahuman. Technisches Handeln, Teilsouveränität und Körper im Futur II

Ich werde damit beginnen, das Spektrum der aktuellen Debatten zur technischen Erweiterung und Modifikation des Körpers zu skizzieren. In einem zweiten Schritt werde ich darlegen, warum mir jede Form der Versionierungs- und Optimierungslogik, bezogen auf den Leib, suspekt ist und was ich gerne dagegensetzen würde: teilsouveränes Handeln, einen Körper im Futur II, gerahmt von einem Verständnis von Technik, das ich tentativ parahuman genannt habe. Zukunftsszenarien, die bereits wissen, wohin es mit dem Körper gehen wird, haben hingegen meist eher den Charakter eines Fluchs oder einer recht banalen *self-fulfilling prophecy*. Ich frage mich deshalb zuallererst, wie man die bereits gegenwärtig gegebene Vermischung von Körper und Technik interessanter denken kann und wie man Zukunftsszenarien, die das *post* im Posthumanen als Überwindung denken, den Wind aus den Segeln nehmen kann. Das ist deshalb nicht ganz einfach, weil sich die gebräuchlichen Erzählungen und Kategorien nicht so leicht abschütteln lassen und diese sich tief in unser Alltagshandeln und Selbstverständnis hineingegraben haben.

1. Superhumans

Neil Harbisson sagt von sich, er sei ein Cyborg. 2010 hat er mit Moon Ribas die Cyborg Foundation ins Leben gerufen, die Menschen dabei unterstützt, Cyborgs zu werden. Im Herbst 2013 gründete sich in Berlin der Verein Cyborg e. V., der ähnliche Ziele verfolgt. Und Tim Cannon, einer der beliebtesten Redner in der Body-Hacking- und Body-Modification-Szene, sagt es ganz geradeheraus: Der menschliche Körper sei »fundamental fehlerhaft«.[1] Er könne und müsse verbessert werden, und zwar auf technischem Weg. Wie können wir diese neue/alte Emphase für eine Verschmelzung von Körper und Technik verstehen? Unterscheiden sich die Cyborgs der 2010er Jahre von älteren technoavantgardistischen Visionen? Ist der menschliche Körper *machbarer* geworden, oder sind die neuen Cyborgs lediglich ein weiterer Aufguss totalitärer Träume vom *Neuen Menschen*, wie sie in der ersten Hälfte des 20. Jahrhunderts geträumt wurden?

Zunächst fällt nämlich auf, dass das intellektuelle Milieu der neuen Cyborgs dem der Avantgardisten der 1920er Jahre, die den *Neuen Menschen* herbeisehnten, ähnelt. Und man kann durchaus sagen, dass Neil Harbisson einen alten Traum der Dadaisten wahrgemacht hat. Raoul Hausmann schrieb in den 1920er Jahren begeisterte Texte über die »Optophonetik«, über die technische Umwandlung optischer Signale in akustische Wahrnehmung. Er war auch in die technische Entwicklung eines solchen Geräts involviert.[2] Die menschliche Wahrnehmung sollte synästhetisch erweitert werden, und diese Wahrnehmungsrevolution wäre, ganz im Sinne der russischen und italienischen Futuristen, die Vorstufe zur politischen Revolution. Neil Harbisson hat nun seit geraumer Zeit ein »Optophon« in seinen Alltag integriert: Seit 2004 trägt er seinen *eyeborg*. Harbisson ist farbenblind, aber sein Gerät nimmt das Farbspektrum aus der Umgebung auf und verwandelt es in Töne, sodass er Gesichter, Supermarktregale und Landschaften als Melodien und Akkorde wahrnimmt.

Was sollte man gegen so eine spielerische Form der Wahrnehmungserweiterung vorbringen wollen, zumal sie ein körperliches Defizit kompensiert und zu interessanten künstlerischen Resultaten führt? Wie und warum sollte man überhaupt jemandem das Recht auf technisches *enhancement* absprechen? Die zeitgenössischen Cyborgs sprechen gerne von *morphologischer Selbstbestimmung* und berufen sich dabei auf eine ältere politische Tradition, auf die Forderung nach operativer Geschlechtsumwandlung seitens Transsexueller. Fälle wie Oscar Pistorius oder Markus Rehm verdeutlichen jedoch, wie brüchig der Untergrund geworden ist, auf dem die Diskussion um *enhancement* mittlerweile stattfindet. Pistorius hatte 2008 an den Olympischen Spielen in Peking teilnehmen wollen. Dieses Recht wurde ihm jedoch durch die Anti-Doping-Kommission verwehrt, da seine Prothesen als leistungssteigernd anzusehen seien. Pistorius ging in Revision, ein Gegengutachten wurde erstellt, und er bekam recht, seine Teilnahme an den Spielen wurde erlaubt, allerdings nicht ohne eine Klausel, die festhielt, dass seine Teilnahme eine Ausnahme bleiben solle. In der Debatte wurden Befürchtungen geäußert, dass die Zulassung von Prothesen jeglichen körperlichen Modifikationen seitens ehrgeiziger Athletinnen und Athleten Tür und Tor öffnen würde. Wie könnte man etwa noch verhindern, dass sich Sportlerinnen und Sportler freiwillig verstümmeln, um sich technische Hilfsmittel anpassen zu lassen? In einem System, in dem Erfolgs- und Leistungsimperative längst über eine *natürliche* Leiblichkeit triumphiert haben, wäre es nur folgerichtig, jene Körperteile auszutauschen, die einem Sieg entgegenstehen. […]

Meiner Meinung nach müssen technische Körperbearbeitungen im Rahmen einer modernen Neubewertung dessen, was Leben ist, analysiert werden. Etwa um 1800 entstand eine Form des Vitalozentrismus, die sich mit zwei mächtigen Erklärungsmustern verbündete: der Ökonomie(theorie) und der Geschichte. Im Duett mit der Geschichte ergibt sich die Evolutionstheorie und damit der Imperativ des »survival of the fittest«. Im Verbund mit der Ökonomie(theorie) führt der Vitalozentrismus zur Etablierung vieler Agenturen des

Erhalts von Gesundheit und Arbeitskraft und zu einem neuen Subjekttypus: zu einem Subjekt, das als Unternehmer seiner selbst für seine Gesundheit und seine Produktivität eigenständig Sorge trägt. Man muss deshalb Biotechnologien als Techniken im Zeichen der Selbstsorge verstehen. Im Großen wie im Kleinen finden wir seither den Appell, unser eigenes Leben zu erhalten und zu intensivieren. Im Großen und in abstoßender Form hallt der Appell in der Sorge um das »Aussterben« der Deutschen nach, die Thilo Sarrazin 2010 laut und populistisch äußerte. Im Kleinen, als individualisierter Appell, findet er sich in Mikroprozeduren der Selbstverwaltung (vom Wecker bis zur To-do-Liste), aber auch im Bestreben, sich fit und schön zu erhalten, in Vorsorgemaßnahmen aller Art. Was in der Behindertenbewegung ein emanzipatives Argument ist – dass alle Körper defizitär sind, dass es keine überhistorische Norm des gesunden Körpers gibt –, wird zum Dreh- und Angelpunkt eines Imperativs zur Selbstverbesserung und Selbstsorge.

2. Parahuman

Erzählen die Cyborgs von heute also nur eine weitere Geschichte biopolitischer Optimierung? Und ist es sinnvoll, (erneut) den natürlichen Körper dagegen in Anschlag zu bringen? Mir scheint es eher darum zu gehen, angesichts seiner biotechnologischen Überarbeitungsmöglichkeiten den Körper als zwar gemacht und von Technologien besiedelt zu begreifen, ihn aber nicht jenem anderen Determinismus auszuliefern, der seine Verbesserung fordert und feiert. Aufgrund eines Humanismus des Individuums sind wir weitgehend unfähig, mit Heteronomien, wie etwa jener der Kooperation mit Technologien, gedanklich und praktisch umzugehen. Ich werde im Folgenden versuchen, ein alternatives Konzept technischen Handelns zu entwickeln, das adäquater beschreiben kann, was wir tun, wenn wir mit Technik interagieren. Denn wir neigen dazu, Technologien zu unter- oder zu überschätzen. Die fortgesetzte Vermischung von Körpern und Maschinen ist kein Schicksal im Sinne einer evolutionären Logik, die auf eine restlose Vertilgung des Biologischen hinausläuft, aber Technik ist auch nicht neutral. Mit Bruno Latour gesprochen: Wir delegieren fortlaufend kognitive und physiologische Prozesse an ganze Netzwerke von Dingen, wir tun das auch schon sehr lange und leben in einem technowissenschaftlich-biologischen Milieu, in dem Geschichte eingelagert ist. Die Vermischung von Menschen mit nichtmenschlichen Wesen hat längst stattgefunden.[3] Sie umfasst aber nicht nur die Hightech-Ensembles, die durch Science-Fiction-Filme und Spiegel-Wissenschaft geistern, sondern die Sphäre der Vermischung ist äußerst vielgestaltig: Bakterien, Weltraumstrahlung, Fahrräder, Straßen, Schreibutensilien – all das modifiziert entscheidend, was wir tun und denken können. Nichts präjudiziert jedoch, dass die Technisierung des Körpers vitalozentristische Effizienzsteigerung bedeuten muss, selbst wenn uns das aktuelle Erzählungen über Mensch-Maschine-Hybridisierungen suggerieren, die sich ornamental um eine Aufstiegslinie von Reparatur zu Verbesserung, von Therapie zu *enhancement* ranken. Letztere sind zudem mit ökonomischen Motiven durchsetzt: Sowohl das Ethos der unternehmerischen Selbstverbesserung als auch Utopien der Wahrnehmungssteigerung und der Vernetzung verbinden sich mit selbsterfüllenden Prophezeiungen einer globalen Wachstumsideologie.

Dem gegenüber stand in den 1980er und 1990er Jahren schon einmal eine feministische Version der Cyborgs im Raum: Donna Haraway entwarf einen Technokörper, der nicht weiß, was oder wer er/sie/es ist, der/die/das zu überraschenden und neuen Verbindungen fähig ist. Technologien in diesem Verständnis sind, wie auch bei Bruno Latour, weder einfach

Dominanz- und Mehrwertmaschinen des kognitiven Kapitalismus noch die materielle Basis eines endlos rekonfigurierbaren Zukunftsversprechens. Sie sind vielmehr Verkörperungen vergangener und aktueller Beziehungen, und sie sind weltgenerierende Milieus, die in der Tat Wahrnehmung, Kommunikation und Modi der Selbsterfahrung ermöglichen, die ohne sie nicht möglich wären. Technologien sind außerdem nicht nur funktional, sie sind Artefakte, die Einbildungskräfte anregen und den Körper dabei verwandeln.

Ich werde zwei Fallbeispiele kommentieren, wobei eines direkt auf Donna Haraway zurückführt und eines noch einmal auf Oscar Pistorius und Charles Darwin. Kenny Fries' Buch *The History of My Shoes and the Evolution of Darwin's Theory* ist ein Kommentar zu Darwins Theorie aus der Perspektive von Behinderung.[4] Kenny Fries wurde – ganz ähnlich wie Oscar Pistorius – mit erheblich deformierten unteren Extremitäten geboren. Während aber die Eltern von Oscar Pistorius beschlossen, die Beine ihres Kindes amputieren zu lassen, um ihm ein möglichst *normales* Aufwachsen zu ermöglichen – ein Kind, das von klein auf mit Prothesen zu gehen lernt, bewegt sich *normaler* als eines im Rollstuhl; während also die Eltern von Pistorius sich für den radikalen Eingriff und für die technische Lösung entschieden haben, entschieden Kenny Fries' Eltern sich für den langen und mühevollen Weg, mithilfe orthopädischer Operationen die Beine gehfähig zu machen. Fries verbrachte zwar sehr viel Zeit seiner Kindheit im Krankenhaus, mit dem Resultat, dass er sich selbständig fortbewegen kann, aber sichtbar *anderskörperlich* blieb. In seinem Buch schreibt er über diese Reise von einem Körper in einen anderen und über viele weitere, die er im Laufe seines Lebens unternommen hat. Insbesondere berichtet er über diverse Wanderausflüge, die er mit seinem Freund unternommen hat. Was an seinen Erzählungen bemerkenswert ist, ist, dass er einen Aspekt bei Darwin betont, den die Sozialdarwinisten aber gerne vergessen, nämlich dass *Anpassung* bei Darwin immer auf ein Milieu bezogen ist, es also keine allgemeine Anpassung oder Evolution gibt. »Fitness« ist, im Gegenteil, relational und kontextbezogen gedacht. Fries nimmt diesen Gedanken auf, wenn er überaus akribisch beschreibt, wie er auf einer bestimmten Bergtour seinem Partner überraschend überlegen ist, weil seine orthopädischen Schuhe sich perfekt als Hilfsgeräte auf einem Klettersteig nutzen ließen, während die Leitern über dem steilen Abhang seinen *normalkörperlichen* Freund an den Rand der psychischen und körperlichen Belastung brachten. Ähnlich erging es ihm beim Kanufahren: In diesem speziellen »Milieu« hat er einen körperlichen Vorteil, zum Beispiel weil er seine Beine gut im Kanu unterbringt und seine steife Hüfte ihm Stabilität gibt. Die Idee der Fitness, der Angepasstheit, ja selbst einer Überlegenheit kippt durch die Einschränkung auf ein bestimmtes Milieu niemals in die Entwertung von weniger *Fitten* oder in einen Imperativ der Selbstverbesserung um: Das *Besser* beschränkt sich selbst, bleibt situativ oder besser: situiert. Es geht stets um eine *bestimmte* Praxis in einem *bestimmten* Milieu, die aber Selbstgenuss bringt und ein Erleben von »abledness«, von Können als einem teilsouveränen Verhältnis zu einer bestimmten technisch-biologischen Umwelt. In Kenny Fries' Erzählungen kann man zudem verfolgen, wie sich Handlungsfähigkeit auf ganz unterschiedliche Akteure verteilt. Manche davon sind menschlich, manche technisch, manche gehören der gewordenen Umwelt an. All diese Agenzien wirken aufeinander ein, modifizieren einander und ergeben komplizierte Choreographien.

Mein zweites Beispiel stammt aus Donna Haraways Buch *When Species Meet.*[5] In diesem Buch denkt Haraway weniger über die technisch-biologischen Hybridwesen nach, die sie berühmt gemacht haben, als über die Beziehung zwischen Menschen und Tieren. Umso erstaunlicher ist, dass in der Mitte des Buchs ein kleines Kapitel über ihren Vater eingebaut ist, der – um beim Thema zu bleiben – Sportreporter war und sich aufgrund einer tuberkulösen Knocheninfektion zeit seines Lebens auf Krücken und in Rollstühlen fortbewegte. Haraway stellt zwei Momente in den Vordergrund: erstens das Verhältnis von Erzählung und Welt und die weltschaffende Kraft von Worten und zweitens den Umgang ihres Vaters mit den verschiedenen technischen Hilfsmitteln. In beiden Fällen ginge es darum, so Haraway, »im Spiel zu bleiben«. »Im Spiel bleiben«, das heißt, Beziehungen weiterzuspinnen, die körperlich-zeichenhafter Natur sind. Auf diese Art und Weise wird auch eine Biographie hergestellt: durch die Verknüpfung von *bios* mit *graphe*, von gelebtem Leben und seiner zeichenförmigen Bearbeitung. Haraway hebt darauf ab, dass die spezielle Biographie ihres Vaters nicht schreibbar ist, ohne seine schreibende Beziehung zum Sport einerseits und zu seinen Krücken und Prothesen andererseits. Diese hätten auch noch in die Bewegungsmuster der nächsten Generation hineingewirkt. Beide ihrer Brüder hätten sich den prägnanten Gang ihres Vaters angeeignet, obwohl sie vollkommen gesund waren. »Im Spiel bleiben«, das meint auch die Hingabe des Vaters an seinen Beruf, die wiederum ein ganzes Netzwerk an Technologien auf den Plan rief. Selbst nachdem seine Berufstätigkeit beendet war, verfolgte er seine Passion weiter: mithilfe einer aufwendigen Satellitenanlage, durch das Kommentieren der Spiele am Telefon und so weiter. Die Worte, die Haraway für die Rolle der Technik im Leben ihres Vaters findet, betonen den Ermöglichungscharakter von Technik, ohne der Technik gleich alles zuzutrauen und zuzumuten. Die Subjektivierung des Vaters als professioneller Sportreporter erzählt sich nicht nach dem Muster des *Trotzdem*: Obwohl er behindert war, wurde er Sportreporter. Im Gegenteil, sie sagt, er habe stets seine »Autonomie-in-Relation« vorgelebt. Es war eine Autonomie, die sich innerhalb von Verhältnissen und Verbindungen hergestellt hat, eine Autonomie in Transaktion darstellte. An anderer Stelle bezeichnet sie die *assemblage* aus Mensch und

Apparat, die ihr Vater war, als *mess-mates*. Die Neuprägung ist schwer zu übersetzten, aber man könnte sagen: Partner in Unordnung, Partner in einem Tumult. Obwohl der Technikfeindlichkeit unverdächtig, fällt ein Gerät in Haraways Erzählung aus dem Spiel heraus: Der letzte Rollstuhl ihres Vaters, der technisch bei weitem fortschrittlichste, war kein *mess-mate* mehr. Nicht, weil mit seinen technischen Details irgendwas nicht in Ordnung gewesen wäre, sondern weil er zu einem Zeitpunkt »ins Spiel« kam, als dieses für ihren Vater »ausgespielt« war. Es ging nun ums Sterben, und der Rollstuhl war dabei kein Partner.

Konsequent sucht Haraway hier nach Begriffen, die es ihr erlauben, die Opposition von Humanismus und Posthumanismus zu umgehen oder zu unterlaufen. Denn nicht nur, was Technologien können oder wir mit ihnen können, ist von Bedeutung, sondern auch die Art und Weise, wie wir darüber sprechen. Cyborgs, egal ob sie X-Men heißen oder »Mein Vater der Sportreporter«, sind so verstanden zuallererst Figuren, die ein Problembewusstsein verkörpern. Wenn unsere Technokörper eine Erbschaft der modernen Wissenschaften und der kapitalistischen Wertschöpfung sind, gilt es, sich in diese Abstraktion hineinzubegeben und sie von innen zu bearbeiten. Ein Ja zu Technologien muss aber nicht zwingend ein Ja zur Unvermeidbarkeitshypothese oder von *enhancement* und Selbststeigerung sein. Den Körper im Modus des Futur II zu begreifen heißt, ihn als einen zu verstehen, von dem wir immer erst hinterher gewusst haben werden, wozu er fähig gewesen ist. Es gilt, ihn nicht fahrlässig in die Zukunft seiner Perfektionierung zu projizieren und damit die gegenwärtigen, konkreten Körper dem Druck der andauernden Selbstverbesserung auszuliefern.

Mit einem Verständnis des Körpers im Futur II kommen wir in die Nähe dessen, was Thomas Macho »inklusiver Humanismus«[6] nennt. Es wäre ein Weg, der den Humanismus zuallererst als einen historisch spezifischen Weg bestimmt. Dabei tritt zutage, dass der Humanismus auf einer spezifisch abendländischen Definition des Menschen aufsetzt, die als solche problematisch ist: Der Humanismus der Aufklärung als »regulative Idee« (Immanuel Kant) ging implizit vom Menschen als einem rational entscheidenden, über sich selbst und seinen Körper verfügenden Individuum aus. Mit der Zeit konnten sich Sklaven, Frauen und Anderskörperliche ebenfalls Zugang zu den Rechten für Menschen verschaffen, indem sie ihre Rationalität, Nützlichkeit und Selbstbeherrschung unter Beweis stellten. Mit Macho und Haraway geht es mir darum, die Population der Handelnden und dabei den Humanismus selbst zu erweitern. Das wäre ein Humanismus, der nicht von einer Definition *des Menschen* ausgeht, nicht von *Mensch-sein* als einer unveränderbaren Qualität, sondern vom Humanismus als einem Horizont, in den potentiell vieles und viele eingeschlossen sein können, die gemeinhin nicht als Menschen gelten. In Erweiterung des spinozistischen Diktums, dass wir nicht wissen können, was ein Körper alles kann, können wir auch nicht wissen, wer oder was ein Mensch ist/tun kann.

Damit ist eine Arena des Handelns anvisiert, die teilsouveränen Akteuren (die wir letztlich alle sind) Raum gibt. Es ist die Idee einer politischen Arena, in der ungezählten Akteuren Artikulationsfähigkeit zugetraut wird und nicht nur denjenigen, die sich vernünftig äußern und souverän agieren. Ein zentrales Momentum dafür ist, wer überhaupt gehört wird und ob Widerspruch möglich ist. Haraway verwendet dafür das Wort *response-ability*, Respons-abilität. In jeder Situation muss es das zentrale Anliegen sein, allen die Möglichkeit einer Erwiderung, eines Widerspruchs zu geben. Es müssen Vorkehrungen dafür getroffen werden, dass alles sich melden kann. Besser als der Begriff posthuman scheint mir dafür derjenige einer Kohumanität zu passen, der in den Blick nimmt, was mit Menschen koexistiert. Vielleicht wäre, das ist mein letzter Vorschlag, aber eben noch passender:

parahuman[7], ein Begriff, der weniger an eine friedliche Koexistenz als ein wildes Neben- und Durcheinander von unterschiedlichen Existenzformen denken lässt. Das wäre für mich eine Gegenwart und eine Zukunft, die Hoffnung macht.

ANMERKUNGEN

1 Tim Cannon in einem Vortrag für Cyborgs e. V. in der C-Base Berlin, »Our Cyborg Future« am 14. Oktober 2013, http://vimeo.com/76897222, abgerufen am 06.01.2014.

2 Vgl. dazu: Cornelius Borck: »Sinnesmontagen. Die Sehprothese zwischen Ersatzapparat und Technovision«, in: Sabine Flach, Margarete Vöhringer: Ultravision. Zum Wissenschaftsverständnis der Avantgarden, München: Fink 2010, S. 149–164. Peter Bexte: »Mit den Augen hören/mit den Ohren sehen. Raoul Hausmanns optophonetische Schnittmengen«, in: Helmar Schramm et al.: Spuren der Avantgarde: Theatrum anatomicum. Frühe Neuzeit und Moderne im Vergleich, Berlin, New York: Walter de Gruyter 2011, S. 426–441.

3 Bruno Latour: Wir sind nie modern gewesen. Versuch einer symmetrischen Anthropologie, Frankfurt a. M.: Fischer Taschenbuch Verlag 2002 [1998].

4 Kenny Fries: The History of My Shoes and the Evolution of Darwin's Theory, Boston: Da Capo Press 2007.

5 Donna Haraway: When Species Meet, Minneapolis: University of Minnesota Press 2007.

6 Vgl. die Schlussbemerkungen in: Thomas Macho: Vorbilder, München: Fink 2011.

7 Zoë Sofoulis schlug den Begriff »parahuman« bereits 2002 vor: Zoë Sofoulis: »Post-, nicht- und parahuman. Ein Beitrag zu einer Theorie soziotechnischer Personalität«, in: Marie-Luise Angerer, Kathrin Peters und dies. (Hrsg.): Future Bodies. Zur Visualisierung von Körpern in Science und Fiction, Wien, New York: Springer 2002, S. 273–297.

LAMBERT WIESING

Luxus – eine Weltbeziehung

Als Luxus bezeichnet man – und das scheint unstrittig wie sinnvoll zu sein – »jeden Aufwand, der über das Notwendige hinausgeht«.[1] Dies ist die klassische Definition, die der Soziologe Werner Sombart in seinem berühmten Buch *Luxus und Kapitalismus* von 1913 gegeben hat. Luxusgüter sind demnach die Dinge und Lebensweisen, mit denen die Vorstellungen vom Notwendigen, vom Sinnvollen, vom Normalen und Angemessenen gesprengt werden. Die Kontexte und Situationen mögen sich ändern; was einmal Luxus war, muss nicht immer Luxus bleiben. Doch in jedem Fall gilt: Wenn etwas in einer Situation Luxus ist, dann deshalb, weil dieses Etwas mit einem übertriebenen, verschwenderischen, irrationalen und überflüssigen Aufwand verbunden ist. Im Luxus werden Zeit, Arbeit, Geld und Ressourcen verschwendet. Allerdings nicht jede Verschwendung, nicht alles, was überflüssig ist, wird üblicherweise als Luxus bezeichnet. Luxus lässt sich vielmehr als genau die Verschwendung definieren, die mit der Verweigerung einhergeht, sich von den Angemessenheitsvorstellungen bestimmen zu lassen – und zwar von den Angemessenheitsvorstellungen, die mit derjenigen Lebensform verbunden sind, welche als die richtige erachtet und anerkannt wird. Denn keineswegs alles, was in einem technischen oder rein zweckrationalen Sinne überflüssig ist, sollte man Luxus nennen. So ist zum Beispiel das Muster auf einem karierten Oberhemd für den Zweck, den Hemden erfüllen sollten, sicherlich nicht zweckrational oder gar notwendig – doch karierte Hemden gelten deshalb verglichen mit weißen Hemden in der Regel nicht als der blanke Luxus. Der Grund ist: Von Luxus verlangt man darüber hinaus auch, dass das Überflüssige und Entbehrliche einer akzeptierten Lebensform widerspricht. Als Luxus werden die Güter bezeichnet, die eine als richtig erachtete Lebensform durch einen überflüssigen Aufwand transgressiv desavouieren – jedenfalls dann, wenn man sich der Meinung von Rahel Jaeggi anschließt, dass Lebensformen als eine eigenwillige, »›mittlere Ebene‹ zwischen Verbot und individueller Beliebigkeit«[2] zu bestimmen sind. Was mit der mittleren Ebene gemeint ist, lässt sich gerade am Beispiel des Luxus gut beschreiben: Luxus ist einerseits ein übertriebener Aufwand, der lebensweltlich nicht als ein bloß belangloser übertriebener Aufwand eingeschätzt wird – wie es bei einem karierten Hemd oder einer Blümchentapete der Fall wäre. Andererseits ist der übertriebene Aufwand aber auch nicht von der Art, dass man ihn moralisch oder juristisch schlicht stoppen oder verbieten müsste. Mit der Verschwendung, die Luxus ist, bricht man zwar mit einer geschätzten Lebensform, doch man begeht noch keine Straftaten.

Man stelle sich vor, eine Person wohnt mitten in London in einem gigantischen Haus mit Pool und Hubschrauberlandeplatz. Der Besitz einer solchen Wohnung ist weder nach dem kategorischen Imperativ Kants moralisch noch nach dem Gesetzbuch Londons rechtlich verboten. Anders gesagt: Ein in London lebender Kantianer darf das. Trotzdem will man nicht sagen, dass diese übertriebene Aufwendung mit der Art vergleichbar ist, die ein in London lebender Kantianer betreibt, wenn er karierte Oberhemden trägt – obwohl beides – die Größe der Wohnung wie das Karo auf den Hemden – für den jeweiligen Zweck nicht notwendig ist. Damit ist der philosophisch spannende Punkt erreicht: Wenn man über Lebensformen spricht, dann spricht man über Verhaltensweisen, die man rational diskutieren und kritisieren, die man mit Argumenten verteidigen oder zurückweisen kann. Doch über den Sinn und Unsinn von karierten Hemden für das Leben von Menschen lässt sich rational nicht streiten.

Das heißt: Wer etwas als Luxus anspricht, bestimmt dieses Etwas automatisch als etwas, das er nicht für belanglos, sondern vielmehr für etwas hält, das mit seiner Ethik und seinen Gesetzesvorstellungen, aber nicht mit seiner Lebensform vereinbar ist. Auch im Alltag lässt sich beobachten, dass gerade die Identifikation von Dingen als Luxus ein vielbegangener Weg ist, um eine als richtig erachtete Lebensform zu artikulieren: Menschen beschreiben die von ihnen akzeptierte Lebensform nicht zuletzt dadurch, dass sie bestimmte Dinge als Luxus bestimmen. Dass dies funktioniert, hat einen einfachen Grund: Mit jedem Luxusurteil wird immer ein Bezug der Sache zum Leben von Menschen hergestellt. Es geht um eine Beurteilung durch reflexive Urteilskraft. Auf das Beispiel bezogen heißt dies: In einer solch großen Wohnung in London zu leben ist für *Menschen an sich* übertrieben, exzessiv, verschwenderisch, unangemessen und unvernünftig. Luxusurteile sind keine privaten Sinnenurteile. Das gilt vielleicht für den Komfort, den man hin und wieder mit Luxus verwechselt. Luxusurteile haben vielmehr einen Allgemeinheitsanspruch, den man auch von den Geschmacksurteilen bei Kant kennt: Sie sagen nicht, dass das für mich persönlich angenehm, bequem und komfortabel ist, sondern: Das ist für jeden Menschen unvernünftig, übertrieben und überflüssig. Wer etwas als Luxus bezeichnet, muss wissen, in welcher Form Menschen leben sollten. [...]
Die Erfahrung von etwas als Luxus ist phänomenal mit der Erfahrung des Spielens im Sinne Schillers identisch. Es geht hier um ein Prinzip, für das es schlicht unwichtig ist, was eine konkrete Person im Einzelnen nun als vernünftig oder zweckmäßig erachtet. Denn darüber gehen die Meinungen der Menschen weit auseinander. Der entscheidende Punkt ist die Metareflexion auf Vernunftvorstellungen: Menschen können sich selbst dann, wenn sie glauben zu wissen, was in diesem oder jenem Fall angemessen und nötig, sinnvoll und vernünftig ist, bewusst anders entscheiden – ganz freiwillig!

Diese selbstreflexive Stellungnahme ist sogar notwendig: Denn nur jemand, der Lebensformen und ihre Angemessenheitsvorstellungen anerkennt, kann diese bewusst um der Autonomieerfahrung willen überschreiten. Diese selbstreflexive Stellungnahme ist aber eine Fähigkeit, die ausschließlich Menschen zugetraut wird: Denn die Konstitution eines Subjekts setzt ein Selbstverhältnis voraus. Menschen können im Gegensatz zu Tieren über Naturnotwendigkeiten, über Vernunftnotwendigkeiten, über etablierte Sitten und Gebräuche, über Angemessenheits- und Rationalitätsvorstellungen reflektieren. Dies gibt es in vielfältigen Formen: Einige Menschen rauchen ganz freiwillig, obwohl sie fest überzeugt sind, dass dies absolut unvernünftig ist. Sie wissen dies und tun es einfach trotzdem. Dies gilt auch für den Luxus: Die Erfahrung von Luxus entsteht, wenn jemand etwas, was er übertrieben findet, trotzdem macht, oder kurz: *Luxus ist Trotz*. Denn nur dann, wenn ein Mensch das Charakteristikum seines Daseins – das ontologische *Existential* der Exzentrizität – im Vollzug eines irrational überflüssigen und unkorrekten Besitzes spürt, ist es sprachlich sinnvoll, diesen Besitz ebendeshalb als Luxus zu bezeichnen. Damit bestätigt sich der Grundgedanke: Zu Luxus wird etwas angesichts einer durch Transgression im Besitzen gemachten Autonomieerfahrung. Im Sinne von Adorno kann man dies auch so übersetzen: Luxus existiert dann, wenn es jemand schafft, durch den Besitz einer Sache – wie immer sie aussieht, wie viel oder wenig sie auch kosten mag – die private Erfahrung zu machen, in der verwalteten Gesellschaft nicht zu einer vernünftig funktionierenden Maschine zu verkommen. Dies lässt sich zu der Formel zuspitzen: Luxus ist der Dadaismus des Besitzens.

Die Rede vom Dadaismus des Besitzens soll keineswegs etwas als sinnvoll verteidigen, was nicht sinnvoll ist. Es lässt sich nämlich nicht sagen, das Besitzen von Dingen mit einem verschwenderischen, übertriebenen und überflüssigen

Aufwand wäre vernünftig oder sinnvoll. Dadurch würde man den Begriffen einfach nur ihren Sinn nehmen. Geld, Ressourcen, Arbeit, Material, Zeit und Kraft nicht angemessen, zweckmäßig und effektiv zu verwenden ist *per definitionem* unvernünftig. Das wird und lässt sich nicht ändern, genauso wie Rauchen ungesund ist und bleibt. Deshalb ist die Erfahrung des Luxus keine Vernunfterfahrung, sondern eine genuin dadaistische Erfahrung, deren Qualität Kurt Schwitters auf den Punkt bringt: »Aber es liegt ein Sinn im Unsinn.«[3] Zwar bezieht sich Schwitters auf seine eigene Kunst, doch sein Diktum gilt ohne Einschränkung auch für den Besitz von Luxus.

Wohlgemerkt: Es ist hier von Besitz, nicht von Eigentum die Rede, und diese Unterscheidung ist zentral. Denn daran besteht kein Zweifel: Eigentumsverhältnisse sind für jede Form von ästhetischer Erfahrung vollkommen unerheblich und gleichgültig – doch das gilt nicht für das Besitzen von etwas. Denn das Besitzen von etwas ist ein intentionaler Zustand, in dem ein Besitzer etwas besitzt und weiß, wie es ist, ein Besitzer zu sein. Das Besitzen ist eine tatsächliche Herrschaft oder Verwendung durch eine Person; das Besitzen verlangt eine handelnde Person. Es ist eine bewusste Tätigkeit, nämlich das Durchsetzen eines Willens in Bezug auf eine Sache, letztlich immer eine Form des Benutzens der Sache. Das Haben von Eigentum hingegen ist keine Tätigkeit, sondern ein reines Rechtsverhältnis. Deshalb kann man, ohne es zu wissen, Eigentümer von etwas sein. Das passiert einem Besitzer nicht. Jeder Besitz setzt die Existenz eines Subjekts voraus, das weiß, dass es der Besitzer dieser Sache ist, und das sich so verhält, dass der Besitz erhalten bleibt, und das dadurch unweigerlich auch die phänomenale Erfahrung macht, *wie es ist, der Besitzer dieser Sache zu sein.*

Das heißt aber nicht, dass ästhetische Erfahrungen, welche an ein Besitzen gebunden sind, an eine Größe des Besitzes gebunden wären. Es geht um ein Verhältnis, das zu jedem

Besitz möglich ist. Man stelle sich eine Person vor, die aufgrund ihrer Armut auf Zuwendungen angewiesen ist, um ihren Lebensunterhalt zu bestreiten. Doch diese Person gibt die kleinen Spenden – vielleicht sogar zum Ärger des Spenders, denn Luxus hat auf Außenstehende schnell etwas Provozierendes – nicht vernünftig und sinnvoll für die dringend notwendigen Dinge aus, sondern nimmt sich frech und trotzig die Freiheit heraus, aller Vernunft zum Trotz ein Stückchen Sahnetorte im ersten Café am Ort zu essen. Man hat hier geradezu ein Musterbeispiel für den Dadaismus des Besitzens: nämlich eine Transgression des Zweckmäßigen und situativ Angemessenen durch übertriebenen Aufwand. Das heißt: Für diesen Dadaismus ist zwar Besitz notwendig, aber die Größe ist nicht entscheidend – entscheidend ist der Umgang mit diesem Besitz. Dieser Umgang zielt darauf ab, beim Besitzer eine Erfahrung seines bedrohten Eigensinns zu evozieren.

Die Erfahrung des Luxus konstituiert sich, indem jemand *zuerst* zu der Beurteilung gelangt, dass für etwas ein sinnloser Aufwand betrieben wurde, um sich *danach* durch den Besitz desselben selbst als ein Subjekt zu spüren, das sich über ein rationales Diktat der optimalen Zweckmäßigkeit hinwegsetzt – das ist das Prinzip des Luxus: Das Besitzen von etwas, das für einen Zweck gemacht ist, aber aufgrund eines übertriebenen Aufwands nicht- oder unzweckmäßig ist, lässt ein Subjekt infolge seiner eigenen Beurteilung erfahren, wie es ist, freiwillig einem rationalen Zweckmäßigkeitsdiktat nicht zu gehorchen – das heißt: nicht der üblichen Erwartung zu folgen, sich nicht dem gewaltlosen Zwang der sinnvollsten Lösung zu unterwerfen, nicht beim Rationalisierungsdruck einer Effektivitätssteigerung mitzumachen. Die Person erfährt so in der Benutzung eines von ihr besessenen Luxusgutes einen *Zweck ohne Zweckmäßigkeit* auf eine spezifische Weise: Sie erfährt zwar die konkrete Sache mit einem *Zweck ohne Zweckmäßigkeit* als objektiv nicht- oder unzweckmäßig, doch durch Reflexion hierauf wird diese Sache selbst als subjektiv zweckmäßig erfahren, um die ästhetische Selbsterfahrung eines Autonomiewesens zu machen.

So vergleichbar die Schönheits- und die Luxuserfahrung in der Hinsicht sind, dass ihnen gleichermaßen jeweils eine vorhergehende Beurteilung zugrunde liegt, so unterschiedlich sind jedoch die Einstellungen, ja letztlich die Lebensformen, aus denen heraus diese Beurteilungen jeweils gefällt werden. Die Reflexionen über den zu beurteilenden Gegenstand finden aus regelrecht entgegengesetzten Einstellungen heraus statt. Diese Einstellungen führen, wenn sie internalisiert und verabsolutiert werden, zu zwei entgegengesetzten Lebensformen, die einerseits als die des Ästhetizisten und andererseits als die des Enthusiasten bestimmt werden können. Ein Enthusiast ist jedenfalls jemand, der an umfänglichen Luxuserfahrungen interessiert ist, wohingegen ein Ästhetizist in möglichst vielen Bereichen des Lebens die Schönheitserfahrung sucht. Beide, Ästhetizisten und Enthusiasten, sind davon überzeugt, dass Menschen sich für ein gelingendes Leben von einer alleinigen Herrschaft zweckrationaler Vernunft befreien müssen. Denn die effiziente Zweckmäßigkeit ist gleichermaßen der Feind sowohl der *Zweckmäßigkeit ohne Zweck* wie auch des *Zwecks ohne Zweckmäßigkeit*. Doch trotz dieser gemeinsamen Basis wenden sich Enthusiasten und Ästhetizisten den Dingen dann mit zwei regelrecht entgegengesetzten Haltungen zu. Denn um die Zweckmäßigkeit ohne Zweck beurteilen zu können, ist eine andere Einstellung notwendig als zur Beurteilung eines Zwecks ohne Zweckmäßigkeit.

Man stelle sich einen Teppich vor, der von blutigen Kinderhänden unter elendigen Verhältnissen geknotet wurde. Die besondere ästhetische Erfahrung der Schönheit ist daran gebunden, dass der Betrachter gegenüber den Herstellungsbedingungen – wie Immanuel Kant diverse Male betont – bewusst »ganz gleichgültig«[4] oder vollkommen interesselos ist. Schönheit ist für Kant interesseloses Wohlgefallen. Ganz treffend – und ganz im Sinne eines jeden Enthusiasten – nennt Theodor W. Adorno genau aus diesem Grund diese Art der Rezeptionshaltung »kaltherzige Kontemplation«.[5] Hier zeigt sich nun der entscheidende Unterschied der Einstellung eines Enthusiasten, obwohl auch er eine ästhetische Erfahrung sucht. Für die Beurteilung einer Sache als Luxus kann sich der Enthusiast gegenüber ihrer Existenz und ihren Entstehungsbedingungen überhaupt nicht kontemplativ oder gleichgültig verhalten. Als Besitzer muss man ein Interesse an der Sache haben, sonst kann man nicht Besitzer, sondern höchstens Eigentümer sein. Daher beruht die Luxuserfahrung auf einer ästhetischen Einstellung, die – verglichen mit der ästhetischen Einstellung der Schönheitserfahrung – vielleicht nicht notwendig einen anderen moralischen Umgang erzwingt, aber doch sicherlich einen solchen nahelegt und für einen solchen sensibilisiert. Um mit Adorno zu sprechen: Wer nicht kontemplativ ist, ist zwar deshalb noch nicht warmherzig, aber zumindest schon mal nicht mehr kaltherzig.

Wer einen Teppich wegen seiner Millionen von Knoten in seinem Irrationalismus zu schätzen weiß und besitzen will, interessiert sich eben auch für die Frage, wer denn diese Knoten eigentlich geknüpft hat und wie dieser Teppich möglich geworden ist. Der Enthusiast blendet solche Fragen nicht aus, sondern sieht sie als die Grundlage, um von einem übertriebenen komplizierten Aufwand sprechen zu können. Deshalb kann er durch seine Beurteilung auch zu der Meinung gelangen: Dies – zum Beispiel der Teppich – ist *nicht mehr* eine Sache, die in ihrem Aufwand nur über das hinausgeht, was für Menschen notwendig ist, sondern diese Sache nimmt in ihrem Aufwand auf die Rechte von Menschen keine Rücksicht – das ist etwas anderes und dementsprechend moralisch verwerflich. Folglich muss jemand, der mit seinem Besitz zwar Angemessenheitsvorstellungen, aber nicht moralische Gesetze brechen will, wissen, was er besitzt. Er muss sich zwangsläufig in der Herstellung der Sache auskennen, er muss wissen, warum das, was er besitzt, irrational aufwendig ist. Und genau diese notwendige Voraussetzung für ein Luxusurteil wirkt sich fast unvermeidlich auf seine Lebensform aus.

Um den mit einer Sache verbundenen Aufwand angemessen beurteilen und würdigen zu können, muss er selbst einen Aufwand sozusagen in eigener Sache betreiben, der nicht selten vergleichbar irrational und aufwendig wie das Luxusgut selbst ist. Es ist eben aufwendig, zeitraubend und anstrengend, ein Kenner zu werden und zu bleiben. Was nicht heißt, dass es nicht dennoch auch Enthusiasten gibt, die mit dem Umstand, dass Kinder den Teppich geknotet haben, zynisch umgehen. Das lässt sich nie ausschließen, sollte aber nicht übersehen lassen, dass man es mit zwei komplementären Einstellungen oder gar Lebensformen zu tun hat. Für die Erfahrung des Schönen ist die interesselose Beurteilung des Wahrgenommenen die Voraussetzung, genauso wie beim Luxus eine Beurteilung des Besitzes mit Kennerschaft. Dies hat Folgen: Denn wem die Rezeptionsform des Luxus für das eigene Leben wichtig ist, der muss sich durch einen kontemplativen Schöngeist regelrecht provoziert fühlen. Dieser kultiviert in seinem Leben nämlich genau das, was jener als oberflächliche Naivität empfindet, die aus seiner Sicht nur bildungsbürgerlich als Interesselosigkeit verbrämt wird.

Doch so unterschiedlich und zerstritten diese beiden Einstellungen und Lebensformen auch sind, man darf nicht übersehen, dass sie ein gemeinsames Problem teilen. Der Schein der Interesselosigkeit kann genauso trügen wie die prätendierte Ablehnung von Zweckrationalität auf der Basis von Kennerschaft. Es lässt sich von außen nicht erkennen, ob schöne und luxuriöse Dinge um der eigenen ästhetischen Erfahrung willen oder als ein soziales Statussymbol gepflegt werden. Die unvermeidliche und ärgerliche Konsequenz ist:

Jedem, der für sich selbst ästhetische Erfahrungen in Anspruch nimmt, kann vorgehalten werden, dass er eigentlich nur auf Protz und Angeberei aus ist – ohne dass er dies widerlegen könnte. Skeptiker – aber auch Böswillige – können stets unterstellen, der *Zweck ohne Zweckmäßigkeit* oder die *Zweckmäßigkeit ohne Zweck* erfüllten doch in Wahrheit verborgene Interessen, seien also zweckmäßig. Deshalb ist letztendlich jeder mit der Erfahrung der Schönheit und des Luxus zwangsläufig auf sich allein gestellt. Es gibt keine Beweise. Das Einzige, was als ein Hinweis auf ihre Existenz zur Verfügung steht, ist ein persönlicher Erfahrungsbericht oder eine phänomenologische Beschreibung. Das ist gewiss nicht viel, aber auch nicht nichts, und vor allem: Einer Phänomenologie des Luxus geht es nicht darum, jemandem zu beweisen, dass irgendetwas in der Welt Luxus ist. Es geht vielmehr darum, durch Beschreibung dafür zu sensibilisieren, dieses Phänomen als ein solches zu bemerken – sollte es sich zeigen.

ANMERKUNGEN

1 Werner Sombart, Liebe, Luxus und Kapitalismus. Über die Entstehung der modernen Welt aus dem Geist der Verschwendung (1913), Berlin 1996, S. 85. In der Erstausgabe hieß dies Buch nur *Luxus und Kapitalismus*.

2 Rahel Jaeggi, Kritik der Lebensformen, Berlin 2014. S. 29.

3 Kurt Schwitters, Brief vom 24.7.1946 an Christof Spengemann, in: Kurt Schwitters, Wir spielen, bis uns der Tod abholt. Briefe aus fünf Jahrzehnten, Frankfurt a. M., Berlin und Wien 1974, S. 208–212, hier S. 211.

4 Immanuel Kant, Kritik der Urteilskraft, Werkausgabe, Bd. X, Frankfurt a. M. 1977, § 2, S. 117.

5 Theodor W. Adorno, Minima Moralia. Reflexionen aus dem beschädigten Leben (1951). Gesammelte Schriften, Bd. 4, Frankfurt a. M. 2003, 149. Abschnitt, S. 268.

WOLFGANG ULLRICH

Konsum als Arbeit

Lange Zeit wurde Konsum mit Verschwendung, Müßiggang und Passivität assoziiert und als das Gegenteil von Arbeit angesehen. Es galt: Konsumiert werden kann nur, was zuvor produziert wurde, und allein deshalb ist unproduktiv, wer konsumiert. Konsum zerstört sogar, was durch Arbeit hergestellt wurde. In der gegenwärtigen Wohlstandsgesellschaft – so meine These – ist diese Polarisierung von »Konsum« und »Arbeit« nicht mehr angemessen. Vielmehr wird Konsum sogar als Arbeit erfahren und Arbeit gerade auch beim Konsumieren geleistet. Bevor ich diese These plausibel machen und in ihren Konsequenzen reflektieren will, sei aber präzisiert, welchen Topoi sie widerspricht. Was also hieß es, Konsum mit Müßiggang, gar mit Faulheit in Verbindung zu bringen und als Gegenpol zu Arbeit zu interpretieren?

Man findet wohl keine bessere und ausführlichere Antwort auf diese Frage als in Thorstein Veblens erstmals 1899 publizierter sozioökonomischer und konsumtheoretischer Schrift *Theorie der feinen Leute* (*The Theory of the Leisure Class*). Das gesamte Buch ist aus dem Gegensatz zwischen Müßiggang und Verschwendung einerseits und produktiver Arbeit andererseits entwickelt. Veblen, Sohn norwegischer Einwanderer und Professor an mehreren US-Universitäten, holt historisch weit aus, um festzustellen, dass in allen Gesellschaftsformen einzelne Klassen oder Gruppen existieren, die sich nicht über Arbeit definieren, mit ihrer unproduktiven, demonstrativ ineffizienten Lebensweise aber gerade keine randständigen Außenseiter sind, sondern im Gegenteil als besonders vornehm und überlegen gelten. In dieser Wertschätzung des Müßigen drückt sich aus, dass der Arbeit »das

Odium des Verächtlichen anhaftet«; bereits in frühen Phasen der Kulturalisierung des Menschen wird sie sogar »mit Schwäche und Unterwerfung unter einen Herrn und Meister in Zusammenhang gebracht«.[1] Arbeit ist Notdurft; sie muss – so Veblens Variante einer nietzscheanischen Herrenmoral – von denen geleistet werden, die nicht stark genug sind, andere dazu zwingen zu können, für sie den Lebensunterhalt zu erwirtschaften. Arbeiten muss, wer zu schwach oder zu feige ist, sich einfach zu nehmen, was er braucht – oder sogar viel mehr zu nehmen, als er eigentlich nötig hätte. Nicht zu arbeiten bedeutet somit ein doppeltes Privileg: Man kann ein Leben im Müßiggang – auf Kosten anderer – führen und besitzt dabei auch noch einen hohen sozialen Status. [...]

Seit der Publikation von Veblens Buch vor mehr als einem Jahrhundert hat sich viel geändert. Wohlstand ist in den westlichen Ländern nicht länger das Privileg einer kleinen Minderheit, und ihn durch Konsum zu demonstrieren und damit Statusansprüche geltend zu machen, gehört entsprechend zur selbstverständlichen Praxis sehr vieler Menschen, deren Vorfahren noch keine andere Wahl hatten als zu arbeiten. Die meisten müssen zwar auch heute arbeiten, um ihren Wohlstand zu erwerben, aber sie sind genauso in erheblichem Ausmaß Konsumenten, die das Erarbeitete verwenden und verbrauchen wollen. Sie sehen es als Herausforderung an, eine Balance zwischen Produzieren und Konsumieren – zwischen »work« und »life« – zu finden. Und so effizienzbewusst sie einerseits arbeiten, in vielen Branchen zudem stark unterstützt von Maschinen- und Computertechnik, so intensiv konsumieren sie andererseits, nutzen die Freizeit für Reisen, Events, Essengehen und diverse Spielarten von Bildung, Unterhaltung und Genuss in einer historisch einmaligen Konzentriertheit und in professionalisiertem Erlebensehrgeiz, der nach wie vor aber auch ein Ehrgeiz ist, nach außen hin zu demonstrieren, was man sich leisten kann. [...]

Soweit sie den Grundsätzen ihrer Arbeitsethik treu bleiben, statt es zu genießen, sich genauso als Müßiggänger und Verschwender – als Teile einer »leisure class« – geben zu können, bleibt ihnen nur, ihren Konsum als Form von Arbeit zu betreiben. Die Verschränkung der Paradigmen von Produktion und Verschwendung, die Veblen für seine Zeit bereits diagnostiziert, erreicht damit eine neue Dimension. Der Widerstreit zwischen Werkinstinkt und Konsumlust ist noch viel weiter verbreitet und viel tiefer verankert als im späten 19. Jahrhundert, und mehr denn je muss Konsum zumindest den Anschein von etwas Produktivem und Vernünftigem haben, darf nicht nur Verschwendung und Müßiggang bedeuten. [...]

Die Transformation des Konsums von einem Ort der Verschwendung in einen Ort der Produktion und Arbeit lässt sich an zahlreichen Phänomenen nachvollziehen, die in den letzten Jahrzehnten, oft erst in den letzten Jahren an Bedeutung gewonnen haben. Sie alle dienen dazu, den Konsumenten, die noch einer protestantischen oder sozialistischen Arbeitsethik verpflichtet sind, das schlechte Gewissen wegen ihres als verschwenderisch empfundenen Verhaltens zu nehmen – und es in gutes Gewissen zu verwandeln. [...] Im Folgenden seien sechs Strategien vorgestellt und erläutert – ohne Anspruch auf Vollständigkeit:

1. Schon das Auswählen eines Produkts findet häufig unter Bedingungen statt, die es ausschließen, Konsum mit unproduktivem Müßiggang gleichzusetzen – und das nicht nur, wenn jemand ausdrücklich verantwortungsvoll agieren und daher diverse Kriterien berücksichtigen will. So gibt es fast überall eine Vielzahl von Produktvarianten, zum Teil sogar von denselben Herstellern, und oft sind sie – man denke an Handyverträge – auch nur bedingt miteinander vergleichbar. Diese durchaus beabsichtigte Unübersichtlichkeit aber hat interessante Folgen, abgesehen davon, dass sie vielen als Symptom der Exzesse der Konsumgesellschaft gilt und da-

her zu einer konventionellen Kritik am Konsum verleitet, wonach dieser eine Verschwendung von Lebenszeit und von Ressourcen darstellt. Die Unübersichtlichkeit nervt nicht nur wie manche dröge Arbeit, sondern eröffnet auch Profilierungs- und Professionalisierungschancen; man kann sich ihr stellen, sich in ihr bewähren, Kompetenz erwerben und an den Tag legen. Gerade weil es Zeit, Konzentration, weitere Recherchen verlangt, bevor man überhaupt versteht, worin sich einzelne Varianten unterscheiden und welche zu den eigenen Ansprüchen passen, kann man sich auch zum Experten entwickeln. Oder man holt sich seinerseits Hilfe bei Experten oder liest Testergebnisse, Studien, Artikel von Wissenschaftlern und Journalisten, die sich beruflich mit der jeweiligen Branche beschäftigen. [...]

2. In manchen Bereichen spricht man sogar schon länger nicht mehr von Konsumenten, sondern von Prosumenten: Sie wirken an der Herstellung dessen mit, was sie selbst nutzen, konfigurieren sich also etwa – meist online – Schuhe oder ihr Müsli. Das gibt ihnen nicht nur das Gefühl, ein individuelles, maßgeschneidertes Produkt zu bekommen, sondern versetzt sie in die Rolle aktiver Gestalter. Statt etwas Fertiges zu kaufen, wenden sie eigens Zeit auf und erleben sich als kreativ, zumindest aber als produktiv. Hier erfüllt nicht die Entscheidung für ein Produkt, sondern dieses selbst den Werkinstinkt.

Eine noch intensivere Erfahrung von Teilhabe erlauben die in den letzten Jahren beliebt gewordenen Crowdfunding-Projekte. Bei ihnen nehmen die Konsumenten sogar einen kompletten Rollenwechsel vor. Bevor ein Produkt – ein Sportschuh, ein Film – hergestellt werden kann, muss nämlich die Finanzierung gesichert sein; es müssen sich genügend Interessenten zusammenfinden, die vorab Geld zahlen, damit der Produktionsprozess möglich wird. So werden sie selbst zu Herstellern: Teilhaber einer Produktionsgemeinschaft. Ohne ihren – finanziellen – Einsatz käme das Produkt nicht zustande. Sie können es nur konsumieren, weil sie es mitproduziert haben. Einmal mehr löst ein Konsumwunsch also Aktivitäten aus, die stark genug sind, um jegliche Assoziation des Konsumierens mit Müßiggang zu kappen. Da Crowdfunding-Projekten oft die Erfahrung zugrunde liegt, dass bestehende Angebote bestimmten Kriterien – etwa einem Anspruch auf Nachhaltigkeit – nicht genügen, wird der initiierte Produktionsprozess zudem als besonders verantwortungsvoll empfunden. Aus einem verschwenderisch-egoistischen Konsumenten wird ein vernünftig-altruistischer Produzent.

3. Viele Marken und Unternehmen legen ihre Produkte so an, dass Konsumenten der Eindruck vermittelt wird, sie würden durch den Kauf aktiv an einer weltverbessernden, produktiven Maßnahme mitwirken. Dazu genügt die Information, dass ein Teil des Kaufpreises zum Beispiel für den Bau von Brunnen in einem Land der Dritten Welt verwendet wird. Das entkräftet die Sorge, auf Kosten anderer ein schönes und komfortables Leben zu genießen; dafür verbindet der Kauf (ähnlich wie im Fall von Crowdfunding) mit anderen Konsumenten, die dieselbe Wahl treffen. Das fühlt sich bestenfalls so an, als habe man sich in einer Bürgerinitiative zusammengeschlossen, um gemeinsam etwas anzupacken.

Ob jene Brunnen wirklich gebaut werden, überprüfen viele dann aber doch nicht; es genügt ihnen, Verantwortungsbewusstsein zu demonstrieren und das Gewissen zu beruhigen. Hier passiert somit nur effizienter, was Veblen schon für seine Zeit beobachtet hatte, als der Stand der »feinen Leute« »neue gesellschaftliche Pflichten [erfand] und [...] Organisationen [gründete], die ihrem offiziellen Namen und Stil nach scheinbar den Zweck verfolgen, gewissen Missständen abzuhelfen«, letztlich aber nur »Vorspiegelungen einer sinnvollen Tätigkeit« waren.[2]

Sieht Veblen in jeder Demonstration von Verantwortungsbewusstsein nur eine Camouflage, die ihrerseits ziemlich aufwendig von Verschwendung und Müßiggang ablenken soll, so gibt es heute hingegen Milieus, in denen Konsumenten sich als so bewusst und aktiv begreifen, dass sie doch überprüfen, ob jene Brunnen gebaut werden. Sie sehen den Konsum sogar generell als eine der besten und stärksten Möglichkeiten an, etwas zu verändern. Für sie ist es bar jeder Augenwischerei, dass sie Missständen abhelfen können, wenn sie das Richtige kaufen. Wer etwa »Fair Trade«-Produkte erwirbt, um bessere Löhne in Ländern der Dritten Welt durchzusetzen, verändere unmittelbar, so die Verbraucherschützerin Tanja Busse, »die Nachfrage und – schneller als wir glauben – auch das Angebot«.[3] Wer diese marktwirtschaftliche Regel ernst nimmt, erkennt also, dass man nicht Produzent sein muss, um Einfluss auf das zu haben, was produziert wird. Spielt der traditionelle Gegensatz zwischen »Produzent« und »Konsument« aber keine Rolle mehr, kann dem Konsumieren auch nicht länger vorgehalten werden, schlechter – unproduktiver – als Arbeit zu sein. Es ist nicht wichtig, auf welcher Seite man steht, sondern mit welchem Bewusstsein man produziert oder konsumiert.

4. Eine bereits ältere Strategie besteht darin, den Konsumenten Arbeit zu machen, wenn sie ein Produkt gekauft haben. Um es nutzen zu können, müssen sie zuerst selbst Hand anlegen oder gewisses Know-how anwenden. Anders als bei Prosumern, die an der Herstellung oder Konfiguration dessen beteiligt sind, was sie kaufen, geht es dann darum, ein an sich schon voll entwickeltes Produkt funktionsfähig zu machen. So bieten Hersteller von Möbeln ihren Kunden an, Bücherregale, Betten oder Schränke selbst zusammenzubauen. Wer die Montage übernimmt, spart auch Geld, was suggeriert, man werde für das Zusammenbauen regelrecht entlohnt: wie für eine Arbeit bezahlt.

In anderen Fällen dient das Angebot der Fertigstellung eher der Kompensation von schlechtem Gewissen, das bei Konsumenten entsteht, wenn sie befürchten, selbst zu wenig gearbeitet, zu wenig Engagement gezeigt zu haben. So könnten Hersteller von Fertiggerichten den Konsumenten oft jegliche Eigenbeteiligung ersparen, designen ihre Produkte aber derart, dass noch ein paar Handgriffe nötig sind, die in der Beschreibung zudem zu relevanten Tätigkeiten aufgewertet werden. Die Marktforscherin Helene Karmasin, die Entwickler von Convenience-Food beraten hat, hält die Sorge, mit dem Servieren eines Fertiggerichts nicht genügend Zeit, Arbeit, Liebe für die eigene Familie aufgebracht zu haben, für so weit verbreitet und tief sitzend, dass man die Kunden paradoxerweise nur dann davon überzeugt, wenn sie selbst das Essen vollenden dürfen: »Sie geben zum Beispiel ein bisschen Petersilie und einen Löffel Rahm dazu – dann aber haben sie das Gefühl, selber ein Essen hergestellt zu haben.«[4]

Noch viel wichtiger ist das Selbermachen in der Welt der Heimwerker sowie in der gesamten DIY-Bewegung. Sie ließe sich insgesamt als Gegenstück zu Veblens demonstrativem Konsum klassifizieren, denn während dieser idealerweise die gesamte Zeit in Anspruch nahm und an die Stelle jeglicher Arbeit trat, bedeutet das Prinzip »DIY«, dass man selbst die Freizeit, die für Konsum und Müßiggang zur Verfügung stünde, für Arbeit verwendet – wenn auch für Arbeit, die unentfremdet und frei stattfinden soll. Außerdem ist es eine Arbeit, die doch eng mit Konsum verknüpft ist. Nicht nur braucht es zum Heimwerken diverse Gerätschaften, die man erwerben muss, sondern es gibt innerhalb der DIY-Bewegung auch eine Vorliebe für Produkte, die die Erfahrung befreiend-beglückenden Selbermachens eigens verstärken und den Willen dazu nach außen hin demonstrieren. In ihrem Design und ihren Funktionen zelebrieren Bohrmaschinen, Werkbänke und Werkzeugkoffer die handwerklichen Tätigkeiten geradezu. Sosehr demonstrativer Konsum gemäß Veblen belegen sollte, dass man nicht arbeitet, sondern dem Müßiggang frönt, so sehr geht von den Artikeln in Bau- und

Hobbymärkten also das Signal aus, dass derjenige, der sie kauft, in jeder Minute der eigenen Freizeit etwas produziert. Doch so, wie ehedem mehr Müßiggang demonstriert als betrieben wurde, dürfte heute weniger Produktivität stattfinden, als suggeriert wird. Die meisten Werkzeuge bleiben vielmehr den größten Teil der Zeit ungenutzt.[5]

5. Was für Heimwerker-Zubehör gilt, lässt sich generell beobachten: Das Design hat Produkte so verändert, dass ihr Gebrauch als Arbeit, zumindest aber als hocheffiziente Tätigkeit erscheint. Auch Dinge aus Lebensbereichen, die nichts mit Arbeit zu tun haben, lassen mittlerweile jeden, der sie nutzt oder um sich hat, als engagiert, aktiv, ergebnisorientiert erscheinen. Fahrradhelme signalisieren weniger Schutz als Hochleistung, Wanderschuhe nicht Erholung in der Natur, sondern optimale Performance, Kosmetikprodukte nicht nur Schönheit, sondern genauso Fitness und Power.[6] Der Verdacht, müßig zu sein, kann also gar nicht aufkommen. Dafür werden Konsumenten durch das Design in die Rolle von Profis versetzt, die in jedem Moment zu Leistung motiviert sind und sich ganz mit dem identifizieren, was sie gerade tun. Selbst etwas wie Wohnen oder Sich-Erholen wird in eine Aktivität transformiert, die effizient und produktiv zu betreiben ist und daher Arbeit viel nähersteht als Müßiggang und Verschwendung. [...]

6. Der neueste Weg, sich als Konsument – gerade auch teurer Markenprodukte – als produktiv und bei der Arbeit zu fühlen, ist das Selbstverständnis als Influencer. Man fotografiert sich mit der neusten Mode, bei der Nutzung schicker Kosmetik oder technischer Produkte, postet die Fotos auf einem *Instagram*-Account und bemüht sich um Follower, Likes und Kommentare. Wer genügend Resonanz erzielt, bekommt von Unternehmen unaufgefordert neue Produkte; falls es noch besser läuft, erhält man zusätzlich Geld, und im besten Fall kann man unter seinem eigenen Namen sogar Produktlinien vertreiben. Unter Jugendlichen gehört »Influencer« aktuell

zu den Traumberufen, winken doch Prominenz und Reichtum. Als Konsument kann man also erreichen, was sonst nur Stars gelingt, zumindest aber kann man das Konsumieren zur Profession machen, mit der sich genauso Geld verdienen lässt wie in klassischen Berufen. Nach und nach setzt sich so die Vorstellung durch, auch der Konsum – von der Kleidungswahl über die Wohnungseinrichtung bis hin zum Essen – sei eine Arbeit, mit der eine Wertschöpfung stattfindet – und damit das Gegenteil von Müßiggang und Verschwendung.

Da Influencer das, was sie konsumieren, eigens inszenieren, wird ihre produktive Tätigkeit aber nicht nur als profane Arbeit, sondern genauso als kreative Leistung gewürdigt. Das wiederum ist Teil einer breiteren Entwicklung, die darin besteht, Konsumieren als höhere Form der Produktion anzusehen und in Kategorien des Schöpferischen zu beschreiben. Konsumenten arbeiten also nicht nur, sie kuratieren oder sind Sammler. Selbst wer nur einmal ein Gemälde kauft und über das Sofa hängt, wird schon als Sammler bezeichnet. Auch wer einen Weinkeller anlegt, ein paar Designklassiker im Wohnzimmer oder drei Autos in der Garage hat, kann als Sammler durchgehen. Damit ist impliziert, dass der Erwerb der jeweiligen Objekte mit intellektuellem Impetus oder Originalitätsanspruch – im weitesten Sinne also kreativ – betrieben wird. Dasselbe ist der Fall, wenn Konsumenten zu Kuratoren erklärt werden. Man attestiert ihnen, allein durch geschickte Kombination von Kleidern oder Möbeln deren jeweils interessanteste Seiten überraschend zur Geltung bringen, sie exponieren und inszenieren und so in ihrem Wert steigern zu können. Damit erweisen sie sich einmal mehr als produktiv, womit die Assoziation des Konsums mit Verzehr und Zerstörung endgültig gekappt wird. [...]

Hier deutet sich eine neue Version einer Klassengesellschaft an. Wer mehr Zeit, Bildung, Möglichkeiten der Selbstverwirklichung und Selbstbestimmung hat, wird ein stilbewusster Besserbürger oder ein verantwortungsbewusster Moralbürger – oder eine Mischung aus beidem – und definiert sich in hohem Maße über Kreativität oder Konsumarbeit. Die Menschen hingegen, die sich nach wie vor vornehmlich über Erwerbsarbeit definieren, haben einen niedrigeren Status, ganz zu schweigen von denen, die arbeits- und einkommenslos sind und die daher auch nur in eingeschränktem Maße konsumieren können, was sie gleichsam ein zweites Mal arbeitslos sein lässt. Denn milieuübergreifend ist es in der Wohlstandsgesellschaft dazu gekommen, den Konsum als Form von Produktion – häufiger als Arbeit, seltener als Kreativität – zu begreifen.

Aber es ist sogar noch mehr passiert. So wäre die Transformation des Konsums in etwas Produktives eine halbe Sache geblieben, hätte man nicht zugleich das bisherige Verständnis von Produktion verändert. Damit die vielen Menschen, die einer Arbeitsethik verpflichtet sind, ein wirklich ungezwungenes Verhältnis zum Konsum finden können, genügt es also nicht, diesen aufzuwerten; dafür muss man vielmehr das, was traditionell als Arbeit und Produktion gilt, als Verschwendung und Zerstörung erscheinen lassen. Statt den alten Gegensatz zwischen Produktion und Konsum einfach nur aufzuheben, haben seine Pole ihre Bedeutung zu ändern. Und tatsächlich hat in den letzten Jahrzehnten eine Umpolung stattgefunden, die – zumal in dieser Stärke und Geschwindigkeit – ideengeschichtlich kaum Parallelen haben dürfte.

Vor allem im Zuge der Debatten um Ökologie, Nachhaltigkeit und soziale Gerechtigkeit ist es üblich geworden, das Augenmerk auf die Produktion zu legen und diese zu problematisieren. Geht es um Ressourcenverbrauch, CO_2-Bilanzen und Arbeitsbedingungen, wird die Schuld an Formen von Verschwendung und Ausbeutung nämlich nicht etwa (auch) den Konsumenten gegeben, die für Nachfrage sorgen und immer mehr kaufen und verbrauchen, sondern allein den Produzenten zugeschoben, die ein Angebot bereitstellen: Sie verschmutzen die Umwelt, sie beuten Ressourcen und Menschen aus. So gerne sich Konsumenten als verantwortlich für jede Verbesserung ansehen und stolz sind, mit ihrer Nachfrage direkt auf das Angebot einzuwirken, so sehr müssen sich also die produzierenden Unternehmen Umweltprojekte einfallen lassen, Recyclingprogramme entwickeln oder ihren Mitarbeitern bessere Konditionen verschaffen. Sie nehmen die Schuld auf sich, weil nur so sichergestellt ist, dass die von Verschwendungsvorwürfen völlig entlasteten Konsumenten weiter einkaufen. Haben die Konsumenten nicht nur kein schlechtes Gewissen mehr, sondern erscheint ihnen ihr Konsum als sinnvolle, produktive Arbeit, ja als die bessere Arbeit gegenüber der herkömmlichen Produktions- und Erwerbsarbeit, dann verführt ihr Arbeitsethos sie aber sogar dazu, umso mehr einzukaufen. Denn je mehr sie konsumieren, desto mehr verändern und verbessern sie die Welt. [...]

Wenn man bedenkt, dass die Umwertung der Pole »Produktion« und »Konsumption« nur dank der Einführung von Kriterien für verantwortungsvollen Konsum durchgängig möglich geworden ist, wird man paradoxerweise der Ökologiebewegung und einigen anderen emanzipatorischen Strömungen den größten Anteil an der Entlastung der Konsumenten und damit an der Ankurbelung des Konsums zuzusprechen haben. Mit Kriterien wie Nachhaltigkeit, Arbeitsschutz und Fair Trade haben sie den Konsumenten Mittel verschafft, sich als aktiv und konstruktiv zu erfahren, zugleich aber Ansprüche formuliert, die letztlich nur von den Herstellern erfüllt werden können. Wurden diese dadurch in die Rolle von Schuldigen versetzt, so konnten die Konsumenten erstmals ohne schlechtes Gewissen sein und sogar zu dem Schluss gelangen, sie seien umso bessere Menschen, je mehr sie kriterienbewusst konsumierten. Dem Konsum wurde alles Frivole genommen. Er ist Arbeit. Er verbessert die Welt. Er ist protestantisch und links.

Tatsächlich dürften gerade die Strömungen mehr Interesse oder zumindest eine unbewusste Neigung haben, Produktion als Verschwendung darzustellen und den Konsum umgekehrt in Arbeit zu verwandeln, die diesen ursprünglich besonders stark als Sünde, als Zerstörung, zumindest als unproduktiv angesehen haben. Zugleich mussten aber überhaupt erst so viele Menschen in die Rolle von Konsumenten gelangen wie in der heutigen Wohlstandsgesellschaft, damit genügend Antrieb für eine Umwertung des Konsums entstehen konnte. Die Umpolung der Wertigkeit von Produktion und Konsumption ist somit eine große kompensatorische Leistung.

Dass Konsum zu einer Form von Arbeit geworden ist, nimmt jedoch auch einem Großteil bisheriger Konsumkritik die Berechtigung. Wie sollte man Konsumenten noch Materialismus, Hedonismus oder Eskapismus vorwerfen, wenn sie in jeder Phase des Konsumierens unter Beweis stellen, von Verantwortungsgefühl und Werkinstinkt getrieben zu sein? Dafür müsste man jedoch überprüfen, ob, wann und wie sich der gewünschte produktive Charakter des Konsums wirklich erfüllt. Wann also ist Konsum Arbeit, wann hingegen vielleicht nur ein Surrogat davon und letztlich doch nur Verschwendung und Ausbeutung? Wann demonstrieren Konsumenten damit bloß einen Willen zur Arbeit, wann hingegen leisten sie tatsächlich etwas Produktives? Und wann ist das erfüllende Arbeit, wann hingegen nur lästig? Was schließlich heißt es, wenn Konsumarbeit sogar höher geschätzt wird als Erwerbsarbeit? Welche Folgen hat eine Klassengesellschaft, die daraus entsteht? – In dem Moment, in dem erkannt wird, dass Konsum und Arbeit einander so nah gerückt sind wie noch nie in ihrer Geschichte, hat also ein neues Kapitel der Konsumkritik zu beginnen.

ANMERKUNGEN

1 Thorstein Veblen: *Theorie der feinen Leute. Eine ökonomische Untersuchung der Institutionen* (1899), München 1971, S. 30, 42.
2 Veblen, a. a. O. (Anm. 1), S. 81.
3 Tanja Busse: *Die Einkaufsrevolution. Konsumenten entdecken ihre Macht*, München 2006, S. 241.
4 Helene Karmasin: *Die geheime Botschaft unserer Speisen*, Bergisch Gladbach 2001, S. 256.
5 Vgl. Jonathan Voges: *»Selbst ist der Mann«. Do-It-Yourself in der Bundesrepublik Deutschland*, Göttingen 2017, S. 348 ff.
6 Vgl. Wolfgang Ullrich: *Alles nur Konsum. Kritik der warenästhetischen Erziehung*, Berlin 2013, S. 81 f.

BARBARA BLEISCH

In der Familienhölle

Die Tücken der Blutsbande

[...] Im Folgenden unternehme ich einen gedanklichen Streifzug durch die Familienhölle und frage: Was macht eigentlich ausgerechnet die existentiellste aller unserer Beziehungen so gefährdend? Warum besteht ein Großteil der Weltliteratur aus Familiendramen – und weshalb glauben die meisten dennoch, Familie sei von unschätzbarem Wert? Sind wir alle leicht masochistisch veranlagt, oder ist der Familienhimmel ohne die Hölle nicht zu haben? Leo Tolstoi hatte zwar durchaus etwas Wichtiges bemerkt, als er am berühmten Anfang von *Anna Karenina* schrieb: »Alle glücklichen Familien gleichen einander, jede unglückliche Familie ist auf ihre eigene Weise unglücklich.« Die Familienmisere kann tatsächlich ganz verschiedene Formen annehmen, von eisigem Schweigen über bedrängende Nähe bis zu boshaftem Ignorieren. Die Art und Weise, wie Familienmitglieder einander Schmerz zufügen, mag also in hohem Maße variieren, und was die einen in ihrer Familie als unerträglich empfinden, mag für andere problemlos sein. Die Gründe jedoch für den Umstand, dass in der Familie Himmel und Hölle fürchterlich nah beieinanderliegen, haben in allen Familien dieselben Quellen, denn diese Quellen liegen in dem Wesen von Familienbeziehungen schlechthin, die uns in einer spezifischen Weise verletzlich machen. Studieren wir diese Verletzlichkeit genauer, gelangen wir zu drei Momenten des Höllischen, um die es im Folgenden gehen wird: nämlich Schuld, Unentrinnbarkeit und Unersetzbarkeit. In einem ersten Teil werden diese drei Momente des Infernalischen genauer vorgestellt. Weil wir aber alle Familie haben und ich

Sie ungern so düster in Ihren Alltag entlasse, werde ich im zweiten Teil drei himmlische Dispensationen aufzeigen, die deutlich machen: Nicht nur im Kinderhüpfspiel »Himmel und Hölle«, sondern auch im wahren Leben liegen Inferno und Paradies nah beieinander und bedingen sich gegenseitig.

Erstes Moment des Höllischen: Schuld

Wenden wir uns also dem Schuldgedanken zu, der viele familiäre Verhältnisse belastet. Ganz unabhängig davon, ob wir das Leben lieben oder nicht, wird von Kindern erwartet, dass sie ihren Eltern für ihre Existenz und für Fürsorge und Erziehung dankbar sind und sich erkenntlich zeigen für all die Gaben, die sie erhalten haben. »Ehre deinen Vater und deine Mutter«, heißt es schließlich schon im Dekalog, und die implizite Warnung folgt sogleich, »auf dass es dir wohl ergehe auf Erden und Du lange lebest«. Mit der Geburt erhalten wir das Pflichtenheft inklusive Schuldschein also gleich mitgeliefert.

Die elterlichen Ansprüche auf Kompensation für ihre weitreichenden Aufwendungen scheinen dabei ja durchaus gerechtfertigt, denn immerhin haben sie meist ziemlich viel für ihren Nachwuchs getan. Das beginnt ja eben schon beim Lebensgeschenk, für das glücklicherweise nicht jede Mutter mit dem eigenen Leben bezahlt, aber immerhin mit großen Schmerzen. Und sind die Kinder erst einmal in der Welt, müssen sich die Eltern um sie sorgen, sie hegen und pflegen und dabei eine ganze Palette umfangreicher Mühen auf sich nehmen – darunter durchwachte Nächte mit schreienden Bündeln im Arm, Phasen mit trotzigen Kindern, die an Irrationalität kaum zu überbieten sind, und verzweifelte Versuche der Verständigung mit pubertierenden Halbwüchsigen. Elternschaft verlangt von erwachsenen Menschen außerdem, einen Großteil ihrer Lebensgewohnheiten in Frage oder gleich ganz auf den Kopf zu stellen: Chili und Curry werden gegen milde Streuwürze eingetauscht; Hochseilklettern gegen familientaugliches Wandern; Designstücke gegen billige Ikea-Ware. Außerdem strapaziert ein Kind den Geldbeutel: Je nach Berechnungsgrundlage und Land kostet ein Kind seine Eltern in Europa im Schnitt bis zu seiner Volljährigkeit zwischen 200 000 und 700 000 Euro – eine stolze Summe, mit der man sich durchaus den einen oder anderen Luxus, eine berufliche Neuorientierung oder vielleicht ein Eigenheim hätte leisten können.

Angesichts derart hoher Aufwendungen von Seiten der Eltern ist es nur naheliegend, dass sie dafür eine Art Wiedergutmachung durch ihren Nachwuchs erwarten – ansonsten wäre Elternschaft tatsächlich nur etwas für »verkappte Extremisten«, wie Dieter Thomä schrieb.[1] Kinder sollen deshalb mit Anmut und Erfolg dem guten Ruf der Eltern zudienen und sich später, sind Vater und Mutter alt und gebrechlich, erkenntlich und fürsorglich zeigen und anstehende Kosten übernehmen. Diese Vorstellung, dass Kinder in der Schuld ihrer Eltern stehen, ist nicht nur weit verbreitet, sie hat auch eine lange philosophische Tradition. […] Da Eltern ganz offensichtlich mit der Aufzucht und Erziehung ihrer Kinder massiv in Vorleistung gegangen sind, scheint es nur plausibel, dass für die Kinder mit der Mündigkeit die Zeit des Abzahlens beginnt. Die Hölle der Kinderaufzucht bedarf offenbar der kindlichen Kompensation.

Klingt einleuchtend, ist aber falsch. Kinder haben um ihre Existenz nie gebeten, und glaubt man Arthur Schopenhauer, ist Existenz für sich genommen ohnehin stets ein Danaergeschenk, denn Leben auf Erden ist immer die Hölle. Doch selbst wer für sein Dasein dankbar ist, wird einsehen, dass die erhaltene Zuwendung und Fürsorge der Eltern deren Pflicht war und die Kinder gar nicht anders können, als diese Gaben anzunehmen. Außerdem haben auch Kinder ihren

Eltern meist eine Menge geschenkt – an Lebenssinn, Bewunderung und Liebe. Maria Montessori meinte deshalb, Eltern stünden ihrerseits in der Schuld ihrer Kinder, denn dank diesen erhalte das Leben der Eltern eine neue, wertvolle Dimension. Kinder im Erwachsenenalter generell und einseitig als moralische Schuldner ihrer Eltern zu sehen halte ich daher für völlig falsch. Vor allem aber gilt: Schuldgefühle sind höllisch. Sie belasten und trennen; sie verbinden nicht. Die normative Kraft, die uns in Familien aneinanderbinden und uns Gründe geben sollte, uns umeinander zu bemühen, muss das lebendige Interesse aneinander oder, im besten Fall, die wechselseitige Liebe sein, ansonsten ist es mit dem Familienglück ohnehin nicht weit her.

In vielen Familiengefügen kann von gegenseitigem Interesse jedoch keinerlei Rede sein. Im Gegenteil: Die Weltliteratur und Populärkultur ist voll von Geschichten, in denen Kinder in ihren Familien weder geschützt noch gestützt, sondern vielmehr vernachlässigt, gedemütigt oder gequält wurden. [...] Die Familienhölle besteht nicht selten im Bild, das sich Eltern von ihren Kindern gemacht haben und auf das sie diese festlegen wollen. Dabei hätten Väter wie Mütter von der Geburt ihrer Kinder an nur eine Aufgabe: nämlich ihre Kinder zur Selbständigkeit zu erziehen und in ein eigenes Leben zu entlassen. [...] Unterlassen es Eltern, die wachsende Selbständigkeit ihrer Kinder angemessen zu fördern und zu respektieren, wird Kindern höllisches Unrecht zuteil, das sich wie ein zäher Schleim über alle Suchbewegungen des Kindes legen kann, das vor allem eines nicht schafft: sich ein eigenes Leben aufzubauen.

Das erste Moment des Höllischen besteht also darin, dass sich das Kind komplett abhängig weiß von der Zuwendung der Eltern, sich aber gleichzeitig mit Ansprüchen konfrontiert sieht, die Aufwendungen wiedergutzumachen – wenn nicht mit Rückgabe, so doch mit Ruhm und Ehre, von dem dann ein Stück auf die Eltern abfallen könnte. Doch was die

Eltern erwarten, ist nicht, was das Kind leisten kann, denn es muss ja zugleich sein eigenes Leben entwerfen, und in diesem Prozess der Selbstwerdung, der zweiten Geburt, die es erlebt, trifft es auf ein zweites Moment des Höllischen: auf die Unentrinnbarkeit der familiären Bande. Denn sosehr wir uns abstrampeln im Kampf, über unsere Herkunft hinauszuwachsen – wir scheitern stets von Neuem.

Zweites Moment des Höllischen: Unentrinnbarkeit

[...] Die Familienhölle besteht unter anderem im Umstand, dass uns eine negative Familiengeschichte in einer Weise eingeschrieben ist, dass wir sie nie ganz überwinden können. Einer der Gründe dafür liegt in der Nichtwählbarkeit von Familie. Eintritt wie Austritt in diese Verbindung sind nicht wählbar – ein Umstand, der sich in keiner anderen Beziehung genau so findet. Zwar kann beispielsweise auch die katholisch geschlossene Ehe nicht wieder verlassen werden, wohl aber ist der Eintritt in sie frei wählbar. Umgekehrt werden wir bei Geburt nicht gefragt, ob uns diese oder jene Staatsbürgerschaft recht ist, wir können unsere Nationalität aber jederzeit aufgeben. Diese Wahlmöglichkeiten haben wir hinsichtlich der Familienbeziehung nicht. Genau genommen, handelt es sich bei ihr sogar um die denkbar unfreiwilligste Bindung überhaupt. Etwas zugespitzt können wir deshalb auch sagen: Freundschaften und Liebesbeziehungen sind, wenn sie schlecht laufen, das Fegefeuer; irgendwann nimmt das Leiden ein Ende, und es kann, wenn wir uns neu verlieben oder neue Freunde finden, doch noch der Himmel auf Erden locken. Familie hingegen ist, wenn man sich gegenseitig zermürbt, schlicht die Hölle – denn die Familie wird man zeitlebens nicht mehr los, ja, sie verfolgt einen sogar meist bis ins Grab. Das verhält sich in Freundschaften anders: Freunde können sich entfremden, ausein-

anderleben, miteinander brechen. Natürlich sollten sich auch Freunde nicht kurzerhand von heute auf morgen aus dem Staub machen. [...] Dennoch kann man Freundschaft lösen, es gibt kein Zusammen auf Gedeih und Verderb. Anfang und Ende der Beziehung sind frei und gestaltbar; wir wählen, suchen, finden unsere Freunde, wir harren bei ihnen aus, und zuweilen versanden diese Bande eben wieder.
Familie dagegen hat man; man wählt weder die Eltern noch die Kinder, und man wird sie nie wieder los. Denn wir sind und bleiben ein Leben lang von ganz bestimmten Personen Geborene, Aufgezogene und Erzogene; aus dieser Haut können wir nicht schlüpfen. [...] Nun mag man einwenden, dass diejenigen Elemente der Familienbeziehung, die sich nicht aufkündigen lassen und denen man deshalb nicht entgehen kann, nur empirischer Natur seien. Biologische Abstammungsverhältnisse jedoch sind mehr als Empirie. Man muss keinen kruden genetischen Determinismus vertreten, um zu wissen, dass die Formel, Blut sei dicker als Wasser, eine enorme Wirkkraft hat.
Der Grund dafür liegt darin, dass familiäre Herkunft in hohem Maße *identitätskonstitutiv* ist. Wenn wir uns fragen, wer wir sind, dann rekurrieren wir bei einer Antwort stets auf unsere Geschichte, auf das, was uns zu dem gemacht hat, was und wer wir sind. Unsere Identitäten sind Narrative, es sind Erzählungen, und ein wesentlicher Teil dieser Erzählung spielt sich nun einmal notgedrungen in der Familie und vermittelt durch die Herkunft ab. [...] Dass Familie mit unserem Selbstverständnis, unserer Identität aufs engste verwoben ist, sehen wir auch an der Rede von der »erweiterten Identität«: Das, was die eigenen Kinder tun und lassen, kann auch die Eltern tangieren und *vice versa*. Viele Eltern fühlen sich persönlich angegriffen, wenn ihre Kinder Ansichten vertreten, die sie nicht goutieren. Und Kinder wiederum kann es peinlich berühren, wenn die eigenen Eltern Verhaltensweisen an den Tag legen oder politische Ansichten äußern, die

sie selbst für verfehlt oder gar geschmacklos halten. Zwar gilt für die meisten Menschen, mit denen wir uns umgeben, dass sie ein gutes oder schlechtes Licht auf uns werfen können. Doch in Freundschaften schließen wir weitaus weniger von den Untaten des einen auf den Charakter des anderen. Kinder können aber durchaus als Nestbeschmutzer den glänzenden Ruf der Familie in Mitleidenschaft ziehen. Und wehe dem Kind, das nicht »aus gutem Stall kommt«. Wissen wir nicht alle, dass der Apfel nicht weit vom Stamm fällt? [...]
Und weil dem so ist, können die Bedeutung und die Analyse der Familiengeschichte zur Obsession werden. Wer eine unglückliche Familiengeschichte hat oder an den eigenen Eltern Züge entdeckt, die ihn irritieren, kann sich nämlich sogar regelrecht davor fürchten, diese negative Geschichte fortzuschreiben. Zuweilen sprechen wir in diesem Sinne von einem »Familienfluch«, der auf einer Familie lastet, und dem wir stets von Neuem zu entkommen versuchen. Denn Familie hat etwas so unfassbar Wirkmächtiges, dass sie sich nicht einfach abstreifen lässt. Wenn gilt: »Blut ist dicker als Wasser«, dann ist das dementsprechend nicht immer eine Verheißung, zumindest von der eigenen Familie nicht im Stich gelassen zu werden, sondern dann ist das zuweilen eben auch ein Verdikt, und zwar eines, dem wir lebenslang zu entrinnen versuchen, und an dem wir immer von Neuem scheitern. Dieses Scheitern hat seinen Grund in einem weiteren Wesenszug von Familie. Familienmitglieder lassen sich nämlich nicht ersetzen. Wer der Familie entfliehen will, kann auch deshalb so schlecht über sie hinwegkommen, weil Familienmitglieder sehr oft unersetzbar bleiben. Und damit sind wir beim dritten Moment des Höllischen: der Unersetzbarkeit.

Drittes Moment des Höllischen: Unersetzbarkeit

Wenn ein Sohn den Kontakt zu seinem Vater abbricht, kann der Vater nicht einen neuen Sohn finden. Der Kontaktabbruch hinterlässt vielmehr eine klaffende Lücke, eine Leerstelle, die nicht neu gefüllt werden kann. Dies gilt zwar bis zu einem gewissen Grad für alle tieferen persönlichen Beziehungen: Liebespartner hoffen beispielsweise ebenfalls, dass sie einander nicht als ersetzbar ansehen, und auch langjährige gute Freunde teilen vermutlich das Gefühl, in einer Weise verstanden zu werden, wie sie nie wieder von einer anderen Person verstanden werden. In einer gewissen Weise ist also Exklusivität sogar fast so etwas wie das »Markenzeichen« einer wirklich guten Beziehung. Dennoch ist es selbstverständlich formal möglich und unter Umständen auch inhaltlich angemessen, eine verlassene Freundin zu trösten mit den Worten: »Sei nicht zu traurig, er war sowieso nicht der Richtige für dich; früher oder später wirst du jemanden finden, der besser zu dir passt.« Es wäre aber vollkommen unangebracht, Ähnliches zu Eltern zu sagen, die von ihrer Tochter verlassen wurden, oder zu einem Freund, dessen Vater verstorben ist. Ist man erst einmal erwachsen, kann man nicht noch einmal neu anfangen mit der Familienbeziehung. Familienmitglieder sind aber nicht nur unersetzbar als genealogische Wegmarken; sie sind auch unersetzlich in ihrer Funktion füreinander. Natürlich hätte Meghan Markles Vater die junge Braut zum Altar führen müssen; freilich kann nicht die Nanny am Elternabend der Schule erscheinen; und findet sich beim Begräbnis des alten Mannes keines seiner Kinder ein, wird vielleicht gar niemand zugegen sein. Zugegeben lässt sich vieles, was wir in Familien gewöhnlich an Pflichten abzuhaken und an Verantwortlichkeiten zu erfüllen haben, ebenso gut delegieren. Auch wenn es praktischer ist, den pensionierten Vater zu bitten, die klemmende Schublade zu flicken, oder den halbwüchsigen Enkel anzufragen,

ob er einem die Funktionen des neu erstandenen Mobiltelefons erklärt – erledigen könnten dies auch andere Personen. In vielen Familien sind solche kleinen Hilfsgriffe der schöne Teil eines geteilten Lebens und festigen die Zugewandtheit untereinander. Schwierig wird es aber dann, wenn die Bedürfnisse, die eine Person hat, sehr umfangreich ausfallen und sich deren Erfüllung nicht delegieren lässt. [...]
Halten wir kurz inne: Verletzlichkeit ist das Nebengeräusch jeder liebevollen Bindung. Indem wir uns anvertrauen, uns öffnen, uns preisgeben, zeigen wir auch unsere empfindlichsten Stellen und machen uns anfällig für Missbrauch, Verrat und Verlust. In der Familie haben wir gar keine andere Möglichkeit, als uns hinzugeben. Das kleine Kind kann sich nicht entscheiden – weder für die Geburt noch für seine Eltern, noch für alternative Bezugspersonen. Es muss sich arrangieren mit dem Gegebenen. Und das bleibt, zumindest ein Stück weit, ein Leben lang so. Freilich lassen sich auch Familienbande bis zu einem gewissen Grad gestalten. Natürlich können wir uns abgrenzen und versuchen, die Rolle, die uns in der Familie zugedacht war, neu zu füllen. Doch die Macht der Gewohnheit, die Macht der Geschichte ist in der Familie groß. Und deshalb sind höllische Momente fast vorprogrammiert, weil wir zugleich einem anderen inneren Imperativ gehorchen wollen, nämlich jenem, ein eigenes, ein befreites Leben zu leben.

Drei Dispensationen vom Höllischen

Zwar mag die frei gewählte Freundschaft in vielerlei Hinsicht unkomplizierter und angenehmer sein als die unfreiwilligen Familienbande – aber sie ist vielleicht auch langweiliger. Denn in der großen weiten Welt können wir einander zumeist aus dem Weg gehen und unsere Zeit nur mit ein paar wenigen uns Gleichgesinnten zubringen. Unsere Weg-

begleiter wählen wir meist aufgrund von Sympathie, was dazu führt, dass wir oftmals wie in Filterblasen in unserer eigenen kleinen Subkultur leben und die bunte, widerständige Welt nach draußen verbannen. Der Streit wird nur noch um des Streites willen vom Zaun gebrochen, er bleibt ein kleines intellektuelles Sandkastenspiel, das uns nicht wirklich fordert. Eine Gesellschaft, in der wir einander weitgehend aussuchen können und uns nur mit unseresgleichen ins innere Clubhaus zurückziehen, in welchem wir uns fortan lediglich gegenseitig in dem bestätigen, was wir immer schon glaubten und wussten, ist aber stets auch eine Gesellschaft »zur Förderung der Beschränktheit«, wie es der englische Schriftsteller Gilbert Keith Chesterton formulierte.[2]
In der Familie können wir einander jedoch genauso wenig wie in der Enge des Dorfes oder im Verein wählen, noch können wir uns wirklich aus dem Weg gehen. Das macht Begegnungen und vor allem Auseinandersetzungen manchmal fürchterlich anstrengend, aber auch wunderbar horizonterweiternd. [...] Familie ist wie ein geistiges Trainingslabor: Sie fordert uns gerade in ihrer Widerständigkeit heraus. Und deshalb fürchten wir den Nachbarn genauso wenig wie unsere Familie auch nicht wegen der Beschränktheit ihres Horizontes, sondern wegen ihres fantastischen Hanges, unseren Horizont zu erweitern, sagt Chesterton. In dieser Hinsicht ist Familie wie Nachbarschaft: Sie verursacht Reibung, greift in die Speichen der eigenen Werthaltungen und Überzeugungen und ist gerade deshalb voll von himmlischem Reichtum.
Außerdem hat die Unfreiwilligkeit der familiären Bande die schöne Seite, dass wir für einmal nicht nur nicht wählen *können*, sondern auch nicht wählen *müssen*, und das ist die zweite Dispensation vom Höllischen. Jean-Paul Sartre bezeichnete den Menschen als »zur Freiheit verurteilt«, weil die eigene Existenz stets des Selbstentwurfs bedarf und deshalb harte Arbeit ist. Das gilt auch für einen Großteil der menschlichen

Beziehungen: An wen denn sollen wir uns binden, wenn wir wählen können – und vor allem: wenn die Wahl nie zu Ende ist? Lebenspartner werden in unserer Welt für viele zu Lebensabschnittspartnern, monogame Beziehungen tauschen wir gegen polyamouröse Verhältnisse, Freunde wechseln viele von uns als globale Arbeitsnomaden immer wieder aus. Freiheit ist – bei allen Vorteilen, die sie bringt – aber vor allem auch eine äußerst anspruchsvolle Aufgabe. In der viel zitierten Multioptionsgesellschaft empfinden manche eher die Qual der Wahl statt deren Chance. [...] In unseren Familienbeziehungen werden wir hingegen in aller Regel bedingungslos anerkannt, wenn nicht sogar im besten Fall geliebt. Diese Bedingungslosigkeit hat ihren Grund just in der Unfreiwilligkeit oder, genauer, Nicht-Wählbarkeit der familiären Bande: Gerade weil wir uns in unseren nahen Familienbeziehungen gegenseitig nicht aussuchen können und die Verbindung unfrei ist, können wir auch keine Bedingungen aneinander stellen.

Die dritte Dispensation vom Höllischen ist deshalb die Bedingungslosigkeit von Familie: Wir sind einander »gegeben« und müssen uns miteinander arrangieren. Das kann zwar im Einzelfall auch nachteilig sein, doch in erster Linie ist es ein hohes Gut, über einen Vorrat an Anerkennung und Zugehörigkeit zu verfügen, den wir uns nicht erst verdienen müssen und den wir selbst bei größeren Fehltritten nicht verlieren. Insbesondere gilt das in einer Zeit, in der der Drang zur Optimierung und Evaluierung immer mehr Lebensbereiche prägt. [...] Der Gemeinschaft im Großen und unseren Freunden und Familien im Kleinen kommt sowohl hinsichtlich unserer moralischen Orientierung als auch hinsichtlich unserer personalen Identität immense Bedeutung zu. Wer den Menschen als frei flottierendes Individuum denkt, das sich nach Belieben binden und wieder lösen kann, wann immer ihm danach der Sinn steht, geht von einem amputierten Personenverständnis aus. Wir sind auf Beziehungen mit anderen Menschen vielmehr in hohem Maße angewiesen. Und zwar nicht nur, um überhaupt zu überleben, sondern auch, um uns zu jenen eigenständigen Persönlichkeiten und moralischen Wesen entwickeln zu können, die hernach selbstbestimmt ihre Wahl treffen und moralisch handeln können. Familie ist deshalb auch Himmel – oder kann zumindest Himmel sein, wenn wir der Hölle das abzuringen versuchen, was sie an Reichtum birgt. [...]

ANMERKUNGEN

1 Dieter Thomä (2002): *Eltern. Kleine Philosophie einer riskanten Lebensform*, München: C. H. Beck, S. 15.
2 Gilbert Keith Chesterton (1998): *Eine Verteidigung der Orthodoxie gegen ihre Verächter*, Frankfurt a. M.: Eichborn Verlag.

LISA HERZOG

Elite ohne Verantwortung?

Die missverstandene Meritokratie

Einleitung

Die deutsche Sprache hält eine Doppelung bereit, die geradezu tückisch zu einem Missverständnis einlädt: dass man das, was man verdient, auch verdient. Dabei geht es um grundverschiedene Dinge: einerseits die Frage, wie viel Geld man für bestimmte Aktivitäten erhält, und andererseits die Frage, ob dahinter eine tiefergehende, moralische Aussage über den Wert der eigenen Person steckt. Die sprachliche Doppelung trägt möglicherweise dazu bei, dass nicht wenige derjenigen Menschen, die viel Geld verdienen (Bedeutung I), denken, sie müssten unglaublich tolle Hechte sein, denn sie hätten das viele Geld ja verdient (Bedeutung II).[1] Allerdings gibt es diese Vorstellung auch in Ländern, in denen eine sprachliche Trennung der zwei Bedeutungen – zum Beispiel im Englischen zwischen »to earn« und »to deserve« – vorliegt.

Wer davon ausgeht, dass diejenigen, die in irgendeinem Bereich der Gesellschaft an der Spitze stehen, dies »verdienen« (Bedeutung II), der blickt anders auf »Elite«. Das Konzept des »Verdiensts« (Bedeutung II) bietet eine verlockend einfache Erklärung, wieso auch in Demokratien Hierarchien vorherrschen, und wie sich entscheidet, wer weiter oben und wer weiter unten steht. Im Prinzip sind wir alle gleich – so geht diese Geschichte –, aber manche arbeiten halt doch härter, machen sich nützlicher, »leisten« mehr. Würde man all diese »Verdienste« (Bedeutung II) leugnen wollen, sei das regelrecht illiberal, und es würde zu einer gefährlichen Gleichmacherei führen, bei der am Ende alle schlechter dastünden. Wenn Ihnen diese Geschichte bekannt vorkommt, dann liegt dies daran, dass sie so oder so ähnlich von liberalen und konservativen Parteien in vielen europäischen Ländern erzählt wurde.

Im Folgenden möchte ich zeigen, was an dieser Geschichte falsch ist – *ohne* in naive Formen der Gleichmacherei zurückzufallen. »Meritokratie« als »Herrschaft derjenigen, die Meriten erworben haben«, ist ein höchst missverständliches Konzept, und ich werde auf den Erfinder des Begriffs zurückgehen, um einige seiner Paradoxien herauszuarbeiten. Anschließend werde ich argumentieren, dass der »Wert der Wenigen« am besten als der »Wert der Spezialisierten« zu verstehen ist, und dies mit Überlegungen zu einem demokratischen Verständnis von »Professionalität« verbinden. Darauf folgen einige, vielleicht etwas polemisch geratene, Gedanken zum Begriff der »Führung«, der ebenfalls gerne herangezogen wird, um hohe »Verdienste« (Bedeutung I) zu rechtfertigen.

Das Missverständnis der Meritokratie

1958 erschien bei Penguin Books ein Werk mit dem Titel *The Rise of the Meritocracy, 1870–2033*, verfasst von dem Soziologen Michael Young.[2] Getarnt als *Essay on Education and Equality* – so der Untertitel – und konzipiert als historischer Abriss der Methoden, mit denen Großbritannien (es ist ein sehr britisches Buch!) sich des Standesdünkels, der Alterswürde und überhaupt aller nichtmeritokratischen Prinzipien entledigte, wirft dieser Text einige fundamentale Fragen auf. Dazu gehört unter anderem die nach der Rolle der »Verlierer«: Ihnen fehlt die Möglichkeit, sich auf mangelnde Chancen zu berufen, so dass sich ihre Unzufriedenheit – es werden soziale Unruhen angedeutet, der Verfasser gerät am Ende in deren Mühlen – nicht mehr durch den Verweis auf fremdes Verschulden abfedern lässt. Dabei, so macht die Lektüre klar, waren die Absichten derjenigen Politikerinnen und Politiker, die auf diese »aristocracy of talent« hinarbeiteten, durchgehend wohlmeinend: Man wollte dem Land dienen, indem man alle Potenziale nutzte und Kindern aus allen Schichten die Chance auf einen Aufstieg durch Bildung gab. Auch das Problem, dass manche Menschen erst später im Leben ihre Fähigkeiten entwickeln, wurde gelöst: Alle Individuen werden in fünfjährlichem Rhythmus getestet, und je nach Entwicklung können sie beruflich auf- oder absteigen.

Doch eigentlich führt Young den Gedanken einer Gesellschaft, die rein nach Verdienst funktioniert, mit diesem Text *ad absurdum*. Das betrifft nicht nur die Frage, ob man Intelligenz oder Leistungsfähigkeit jemals so gut würde messen können, wie Youngs Erzählung es – als entscheidenden Durchbruch hin zur Meritokratie – annimmt. Da ist auch die Frage, wie die Menschen in einer derartigen Gesellschaft einander sehen, und ob demokratisches Regieren noch möglich ist; nicht zuletzt werden durch die strenge Selektion all diejenigen, die potenziell Führerinnen oder Führer der Arbeiterklasse hätten werden können, von dort abgezweigt und auf »höhere« Berufe vorbereitet. Und nur am Rande bemerkt: Dass irgendjemand in Youngs Szenario besonders *glücklich* wäre, auch davon ist nicht die Rede. [...]

Die Vorstellung, dass, wenn man – in irgendeiner Hierarchie, sei es nach Geld, Ansehen oder was auch immer – besonders weit oben stehe, dies ein »Verdienst« im Sinne einer moralischen Leistung sei, ist höchst fragwürdig. Wahrscheinlicher ist, dass eine Mischung aus glücklichen Umständen in der eigenen Kindheit und Jugend und dem »zur richtigen Zeit am richtigen Ort sein« bis hin zu schlichten Zufällen einen in die eigene Position befördert hat. Wenn man zu einer gesellschaftlich privilegierten Gruppe gehört – also männlich, weiß, aus gutbürgerlichem Hause, ohne Migrationshintergrund et cetera –, muss man außerdem davon ausgehen, dass der eigene »Erfolg« strukturell gesehen auch mit den mangelnden Erfolgen anderer Gruppen, die Diskriminierungserfahrungen machen und dadurch behindert werden, zusammenhängt.[3] […]

Der Wert der Wenigen?
Der Wert der Spezialisierten!

Aber heißt das, dass man den Gedanken der Meritokratie komplett aufgeben sollte? Was wäre die Alternative? Die Alternative kann sicherlich nicht sein, in Klüngel und Vetternwirtschaft zurückzufallen und dem Gedanken der Chancengleichheit eine komplette Absage zu erteilen. Manchmal könnte es helfen, schlicht die Macht des Zufalls offen anzuerkennen: An der einen oder anderen Stelle, wenn unterschiedliche Qualifizierungsprofile keine Rolle spielen, kann Losverfahren eine sinnvolle Rolle zukommen. Wenn die Verfahren, die angebliche Leistungsunterschiede identifizieren sollen, sowieso nur zufälliges Rauschen erfassen, warum dann nicht gleich aus einer – vielleicht entsprechend vorsortierten – Gruppe per Zufallsverfahren entscheiden? Derartige Vorschläge gibt es zum Beispiel für die Vergabe von Forschungsgeldern in Drittmittelverfahren[4]; sie würden helfen, den unwürdigen Tanz um angeblich meritokratische Kriterien, der auch noch für alle Seiten extrem arbeitsaufwendig ist, zu vermeiden.
Aber an vielen Stellen können Losverfahren keine Lösung sein, denn es gibt doch gewisse Kriterien dafür, welche Eigenschaften man mitbringen muss, um eine Stelle *gut* auszufüllen. Ich möchte im Folgenden vorschlagen, die dahinterstehende Logik nicht meritokratisch – zumindest nicht im üblichen Sinne des Wortes –, sondern *funktionalistisch* zu verstehen. Damit meine ich, dass es nicht um Werturteile über

die beteiligten Personen geht, sondern schlicht um Fragen der Eignung und Passung, die auch gut ohne eine moralische Aufladung auskommen und gleichzeitig die anfangs erwähnte Furcht vor radikaler Gleichmacherei vermeiden können.

»Funktionalismus« war, gerade in sozialwissenschaftlichen Kreisen, lange ein rotes Tuch: Wer definiert, was die »Funktion« bestimmter Institutionen oder Praktiken ist? Lassen sich gesellschaftliche Praktiken so erklären, oder werden dadurch nur Machtstrukturen verdeckt? Wie kann Funktionalismus in einer weltanschaulich pluralistischen Gesellschaft funktionieren?

Ich möchte im Folgenden jedoch vorschlagen, Funktionalismus *normativ* zu verstehen, und zwar in dem Sinne, dass es bestimmte Funktionen gibt, die in einer demokratischen, rechtsstaatlichen Gesellschaft, der am Wohlergehen ihrer Bürger*innen liegt, einfach erfüllt werden müssen.[5] Dazu gehören zum Beispiel Arztpraxen und Krankenhäuser, die sich um körperliche Belange kümmern, Zeitungsredaktionen, die nach journalistischen Standards über politische und gesellschaftliche Ereignisse berichten, oder Unternehmen, die Güter und Dienstleistungen herstellen (ob allerdings *alle* Güter und Dienstleistungen, die derzeit hergestellt werden, funktionalistisch rechtfertigbar sind, das sei hier dahingestellt ...).

Von Alasdair MacIntyre stammt eine Unterscheidung, die für die Art von Funktionalismus, die ich vor Augen habe, hilfreich ist: die zwischen »Praktiken« und »Institutionen«: »Praktiken« orientieren sich an Werten, zum Beispiel Gesundheit, Wahrheit oder Wohlergehen, während »Institutionen« die organisationalen Hüllen sind, in denen Praktiken stattfinden, die aber oft nach Logiken von Geld oder Macht funktionieren.[6] Eine funktionalistische Logik muss sich an Praktiken und den dahinterstehenden Werten orientieren: Eine funktionalistisch gesehen »gute« Ärztin ist eine, die die

Gesundheit ihrer Patienten befördert, nicht eine, die sich in Machtkämpfen optimal behauptet. Die »Institutionen« des Gesundheitswesens können nicht komplett an der Berücksichtigung von Macht und Geld vorbeikommen, aber sie sollen normativ ausgerichtet bleiben an den Praktiken, die ihre *raison d'être* sind. [...]
In diesem Sinne können wir durchaus Urteile fällen, die die Form annehmen: »A hat eine bestimmte Position eher verdient als B.« Aber dies sind keine Urteile über moralische Wertigkeiten, sondern über *Passungen* innerhalb von Praktiken und Institutionen; manchmal wird dafür in der philosophischen Debatte der Begriff »institutional desert« verwendet.[7] Er ist damit kompatibel, anzuerkennen, wie groß die Rolle von Glück, Pech und Zufall ist – denn es geht darum, für spezialisierte Rollen, die Teil komplexer arbeitsteiliger Systeme sind, die jeweils richtig spezialisierten Individuen zu finden. Dabei spielen fachliche Qualifikationen eine Rolle, aber auch Charaktereigenschaften, die sich mit denen anderer Beteiligter, in anderen Rollen, ergänzen müssen. Buchhalter müssen Liebe zum Detail besitzen, Chefinnen müssen andere motivieren können, Zoo-Angestellte sollten Tierliebe mitbringen. Gut funktionierende Teams sind oft solche, in denen es Komplementaritäten in Bezug auf Fähigkeiten und Persönlichkeiten gibt, die sinnvoll ineinandergreifen können.[8] [...]
Warum aber insistiere ich so sehr darauf, Meritokratie in diesem funktionalen Sinne zu verstehen statt im traditionellen Sinne? Mir scheint, dass sie mit einem egalitären Ethos, das die Grundlage jedes demokratischen Gemeinwesens sein muss, wesentlich besser vereinbar ist als ein Verständnis von »Verdienst«, das darin ein Urteil über die Höher- oder Minderwertigkeit von menschlichen Personen sieht. Es ruft diejenigen, die weiter oben landen, die Rolle der Kontingenz beim Erlangen ihrer Position, aber auch die funktionale Verantwortlichkeit, die mit ihr einhergeht, ins Gedächtnis.

Denjenigen, die weiter unten laden, ruft es zu: Auch eure Funktion ist für unser Zusammenleben wichtig – vielleicht sogar wichtiger als diejenigen Funktionen, die nach außen mit mehr Geld und Ruhm beehrt werden. Und: Mit eurer »niedrigen« Funktion geht kein Urteil über euren Charakter einher, und wir werden uns als Gesellschaft bemühen, euch, wenn ihr das wollt, die Gelegenheit zu geben, in andere Funktionen zu gelangen. Wenn man es damit ernst meint, sollte man sich freilich auch die Frage stellen, die ich oben schon angedeutet habe: wie groß die Spreizung der Verteilung überhaupt sein darf! Es reicht nicht, die »Armen« über eine gewisse Mindestschwelle zu heben, es stellen sich auch Fragen nach den Obergrenzen von Einkommen, Vermögen und Macht, die einzelne Mitglieder einer Gesellschaft haben sollten. Man könnte an Rousseau erinnern: Ihm zufolge soll kein Bürger so reich sein, dass er einen anderen kaufen kann, und keiner so arm, dass er sich verkaufen müsste!

Dieses Verständnis von Meritokratie, in einem funktionalen Sinne, ist auch damit vereinbar, dass man die Anforderungen an bestimmte Positionen so umdefinieren kann, dass bislang unbeachtete Fähigkeiten und Eigenschaften eine Rolle spielen können – bis hin zu den oft so kontrovers diskutierten Quoten für bestimmte Gruppen! Wenn zum Beispiel die Funktion von Aufsichtsräten ist, sich um die Belange *aller* Mitglieder eines Unternehmens zu kümmern, bislang aber die Perspektiven von Frauen oder Minderheiten außen vor blieben, dann kann es funktional folgerichtig sein, bei der Besetzung eines Postens die bislang nicht oder zu wenig repräsentierten Gruppen zu berücksichtigen. [...]

Mindestens ebenso wichtig wie die Frage nach Zugangskriterien ist in diesem funktionalistischen Verständnis von Meritokratie jedoch der Fokus auf der Verantwortung, die mit Positionen einhergeht. Hier treffen sich scheinbar altmodisch wirkende Vorstellungen von »Beruf« als »Berufung« mit theoretischen Überlegungen zum »Professionalismus«

als einer Haltung, die dem profitorientierten Markthandeln fundamental entgegengesetzt ist. Im Englischen sind die »professions« – klassischerweise Ärzt*innen, Jurist*innen und Geistliche – diejenigen, die ihr Wissen ihren Kund*innen – »clients«, im Gegensatz zu bloßen »customers« – zur Verfügung stellen und dabei einer Treuepflicht – »fiduciary duty« – unterliegen. Die Konstellation ist die einer Wissensasymmetrie: Die Expert*innen wissen (oder können) mehr als die Laien und könnten theoretisch dieses Wissen ausnutzen und gegen sie verwenden. Sie verpflichten sich aber – paradigmatisch im hippokratischen Eid –, dies nicht zu tun, sondern im Interesse ihrer Kund*innen zu handeln. Ein aufwendiges Gewebe sozialer Institutionen, von Zugangsprüfungen über regelmäßige Schulungen und Kontrollen, sichert ab, dass diese Selbstverpflichtung nicht nur eine Frage der individuellen Moral, sondern auch der beruflichen Identität und der Anerkennung unter »peers« ist. [...]
Dieses Professionsverständnis ist mit einem funktionalen Meritokratieverständnis, wie ich es oben geschildert habe, wunderbar vereinbar. Wer eine bestimmte Position hat, kann *sowohl* zugestehen, dass viel Glück im Spiel war, um sie zu erreichen, *als auch* die damit einhergehende Verantwortung in einem professionellen Sinne ernst nehmen – und all das, ohne dabei irgendwelche Annahmen über angeblich höhere oder niedrigere moralische Bewertungen von Individuen treffen zu müssen. Auf die Metaphernwelt von Sieger*innen und Verlierer*innen, und von irgendwelchen Wettrennen, bei denen es um Unterschiede im Millisekundenbereich gehe, kann man dabei getrost verzichten. [...]
Mein Gegenvorschlag einer rein funktionalistisch verstandenen Meritokratie möchte zurückgehen zu einer gemeinschaftlichen Orientierung an Praktiken, in denen bestimmte Aufgaben zu erledigen sind, die bestimmte Werte verwirklichen. Über den Zuschnitt der jeweiligen Funktionen, die relevanten Werte und die Zuständigkeit unterschiedlicher

Institutionen für ihre Verwirklichung kann man sicherlich trefflich streiten, und die Ergebnisse derartiger Diskussionen haben direkte Auswirkungen darauf, wie man beurteilt, wer einen bestimmten Posten »verdient«. Doch das ist genau, wie es sein soll, und je weniger von dem Ballast eines missverstandenen Meritokratieverständnisses wir dabei mitschleppen, umso besser können wir diese substantiellen Auseinandersetzungen führen.

Führung und Verantwortung

Man könnte allerdings einwenden, dass ich mich vor einem der härtesten Fälle bislang argumentativ gedrückt habe. Dass Chirurginnen oder Förster spezifische Qualifikationen brauchen, dass man hier sinnvollerweise von so etwas wie »beruflicher Verantwortung« sprechen kann, das mag einleuchten – aber was ist mit denjenigen, die an der Spitze großer Organisationen landen und »Führungsaufgaben« übernehmen? Kann man da von spezifischen Qualifikationen und Kompetenzen sprechen? Kann man sie überprüfen? Sind sie unabhängig davon, ob die Organisation, sagen wir, eine Großbrauerei, ein Altenheim oder ein Logistikkonzern ist? Das wird schließlich nahegelegt, wenn von »Führungskompetenzen« oder »leadership skills« die Rede ist (und nur am Rande bemerkt: Vielleicht ist es kein Zufall, dass auch im deutschsprachigen Raum so gerne die Begriffe »Leadership« und »Leader« verwendet werden, die deutschen Äquivalente haben historische Konnotationen, die die Ambivalenz dieser Konzepte mit allzu großer Drastik vor Augen führen …).
Um Organisationen, jenseits einer gewissen Größe und Komplexität, funktional – und übrigens auch moralisch! – auf Kurs zu halten, müssen sehr viel *mehr* Menschen als nur diejenigen auf der »Führungsebene« ihren Beitrag leisten. Gute Führung, so die Schlussfolgerung, hat zentral damit zu

tun, *andere* zu motivieren, sich entsprechend einzubringen, damit diejenigen an der Spitze überhaupt sinnvoll ihre Arbeit machen können. [...]

So weit, so gut – aber ist das alles? Ich möchte, mithilfe von MacIntyres Unterscheidung zwischen »Praktiken« und »Institutionen«, einen weiteren Aspekt von Führungsverantwortung vorschlagen, der auch mit dem gerade gemachten Argument einhergeht, dass »Führungspersönlichkeiten« sowieso nicht alles selbst machen können. Gute Führung ist demnach eine, die sich an den Praktiken, und damit letztlich an den dahinterstehenden Werten, orientiert und diese Orientierung auch den Mitarbeiter*innen in der Organisation vermittelt. Sie achtet zum Beispiel nicht nur darauf, dass eine Universität in Rankings gut dasteht oder ein Unternehmen immer weiter wächst, sondern fragt auch, was der *Sinn* all dieser Tätigkeiten ist. Das setzt voraus, selbst diese Werte und Praktiken detailliert zu verstehen – am wahrscheinlichsten, wenn auch vielleicht nicht ausschließlich, scheint dies, wenn Führungskräfte aus dem Pool derjenigen rekrutiert werden, die selbst im entsprechenden Tätigkeitsfeld gearbeitet haben.

Wer in Organisationen arbeitet, die von derartigen Führungskräften geleitet werden, kann sich glücklich schätzen. Mein Eindruck ist, dass eine der großen systemischen Herausforderungen unserer Zeit – und damit ein Faktor, der die Lösung vieler anderer Probleme, von Klimawandel über soziale Ungleichheit bis hin zur Rückbesinnung auf eine menschenfreundlichere Wirtschaft, beeinflusst – die Frage ist, wie in den unterschiedlichsten Institutionen die Auswahl der Führungskräfte stattfindet, und wie man verhindern kann, dass vor allem Dickhäutigkeit und die Fähigkeit, sich am jeweils vorherrschenden Zeitgeist zu orientieren, Leute an die Spitze bringen, also Eigenschaften, die nicht der Logik von »Praktiken«, sondern der von »Institutionen« folgen. »Elitenfeindlichkeit« ist wenig verwunderlich, wenn als

»Elite« wahrgenommen wird, wer sich mit möglichst viel Machtinstinkt und Ellbogen durchsetzt – und insbesondere auch, wenn selbst in Fällen klaren Scheiterns noch Abfindungen in schwindelerregenden Höhen gezahlt werden. Die tatsächliche Führungsleistung all derjenigen, die Tag für Tag ihren Betrieb oder ihre Behörde auf Kurs halten, oft unter hohem persönlichen Einsatz, erhält weniger mediale Aufmerksamkeit. [...]

Schluss

Denkt man über diese Fragen nach »Verdienst«, »Elite«, »Meritokratie« und so weiter nach, stellen sich auch psychologische Fragen. Was steckt hinter dem Streben nach »Verdienst« und danach, an die Spitze zu kommen? Es ist nichts, das sich methodisch einfach beweisen ließe, aber ich bin zutiefst überzeugt davon, dass dahinter letztlich die Suche – oder soll man sagen: Sucht? – nach Anerkennung steckt, auch und gerade bei den extremen Fällen derjenigen, die um jeden Preis reüssieren wollen. Die Suche nach sozialer Anerkennung steckt, wie wir spätestens seit Hegel und Honneth[9] wissen, in jedem von uns. Doch bei manchen Menschen scheint es eine Suche nach Anerkennung zu sein, die *relativ* ist: Sie wollen stets *mehr* Anerkennung als andere erhalten. Das kann eigentlich nie gut enden, denn in einer globalisierten Welt gibt es immer noch irgendjemand, der weiter oben steht als man selbst. [...]
Die alternative Vision, die sich mit einem funktionalen Meritokratieverständnis entwickeln lässt, ist eine, in der es darauf ankommt, dass alle Individuen ihren Platz in einem funktional ausdifferenzierten Netzwerk geteilter Arbeit haben, in dem es auf jede und jeden ankommt. Alle übernehmen Verantwortung für ihren jeweiligen Bereich, alle leisten damit einen wertvollen Beitrag – nicht gegeneinander, son-

dern miteinander. Wir müssten uns nicht gegenseitig vorgaukeln, perfekt zu sein, sondern können auch Schwächen und Fehler zugeben, weil unser Selbstwert nicht an diffusen, und höchstwahrscheinlich falschen, Vorstellungen unserer beruflichen »Leistung« hängt.

Zu schön, um wahr zu sein? Ich würde entgegnen: dringend einen Versuch wert!

ANMERKUNGEN

1 Siehe auch Lisa Herzog, *Freiheit gehört nicht nur den Reichen*, München 2014, S. 83–97.

2 Michael Young, *The Rise of the Meritocracy, 1870–2033. An Essay on Education and Equality*, Harmondsworth 1958.

3 Siehe zum Beispiel die Überblicksstudie zu den Problemen, die Frauen in der akademischen Welt haben: Troy Vettese, »Sexism in the Academy. Women's narrowing path to tenure«. *N+1 Magazine*, Spring 2019, https://nplusonemag.com/issue-34/essays/sexism-in-the-academy/

4 Siehe zum Beispiel Bruno S. Frey, »Den Zufall entscheiden lassen?«, *Das Magazin* 31/32, 2016.

5 Siehe ähnlich zum Beispiel Seumas Miller, *The Moral Foundations of Social Institutions. A Philosophical Study*, Cambridge 2009.

6 Alasdair MacIntyre, *After Virtue*, Notre Dame 1981.

7 Siehe dazu zum Beispiel Martin O'Neill, »Legitimate Expectations«. In *The Rawls Lexicon*, edited by Jon Mandle and David Reidy, Cambridge 2014, S. 428–430.

8 Einen ähnlichen Ansatz im Bereich der *epistemischen* Tugenden schlägt Boudewijn de Bruin vor, *Ethics and the Global Financial Crisis. Why Incompetence is Worse than Greed*, Cambridge 2017, besonders Kap. 2.

9 Siehe insbesondere Axel Honneth, *Kampf um Anerkennung. Zur moralischen Grammatik sozialer Konflikte*, Frankfurt a. M. 1994.

JAN ASSMANN

Als ob: Religion und Fiktion

Unser Leben – Fühlen, Denken, Erleben, Handeln – vertraut auf Voraussetzungen, »als ob« sie gegeben wären. Diese Basis-Fiktionen unseres Lebens lassen sich in dem Begriff »Sinn« zusammenfassen. Sinn bedeutet Zusammenhang und Richtung, wie hängt was miteinander zusammen? Worauf will dieser Zusammenhang hinaus? Ohne solche Sinnfiktionen können wir nicht leben. Sie haben nichts mit Lüge und Fälschung zu tun, sondern sind absolut legitim, weil unverzichtbar. Das muss vorab festgestellt werden. Was solchem »Als ob« als Wahrheit gegenübergestellt werden könnte, wirkt sinnvernichtend und lebenzerstörend. Das ist etwa die Botschaft von Schillers Ballade *Das verschleierte Bild zu Sais*.
Zu den vielen Bereichen des individuellen und kollektiven Lebens, die nur im Modus des »Als ob« funktionieren, gehört in allererster Linie die Religion. Das gilt schon für die antiken »kosmotheistischen« Religionen, deren Gottheiten in Gestalt kosmischer Mächte – Sonne und Mond, Blitz und Donner, Regen und Dürre, Land und Meer, Wüste und Fruchtland, Leben und Tod usw. usw. – in höchster, fragloser Evidenz erfahrbar waren. In noch ganz anderer Weise verschärft sich das Problem in den monotheistischen Religionen, die nicht auf alltägliche und allgemeine Erfahrbarkeit bzw. natürliche Evidenz, sondern auf den »Glauben« setzen, also – nach der Definition des Hebräerbriefs – auf »eine feste Zuversicht auf das, was man hofft, und ein Nichtzweifeln an dem, was man nicht sieht« (Hebräer 11,1). Ich möchte der Frage des Als-ob in der Religion im Folgenden in vier Schritten nachgehen. Zunächst widme ich mich dem Als-ob in der *ägyptischen Religion* als Beispiel einer kosmotheistischen Reli-

gion. Zweitens werfe ich einen Blick auf Israel und den strikten *Monotheismus der Thora*. In einem dritten Schritt möchte ich dem Problem nachgehen, das sich aus der Koexistenz der *drei aus der hebräischen Bibel hervorgegangenen Religionen* mit ihren konkurrierenden Wahrheitsansprüchen ergibt und in der Ringparabel eine Lösung im Sinne des Als-ob gefunden hat. Viertens werfe ich einen Blick auf die antike Religionskritik und unser *säkulares Zeitalter*, das in mancher Hinsicht auf die Religion im Modus des Als-ob angewiesen bleibt.

1 Ägypten – Kosmotheismus »Hierosphäre« – das »Als ob« personaler Präsenz und Kommunikation

Ich beginne also mit dem Kosmotheismus, für den die Welt göttlich, von Gott oder Göttern beseelt ist. Um mit den Göttern kommunizieren, ihnen opfern, sie kultisch verehren und anflehen zu können, mussten die in Natur und Kultur erfahrbaren Mächte erstens personale und narrative Konturen, Name, Gestalt, Geschlecht und Charakter gewinnen und zweitens einen aus der profanen Welt abgesonderten Raum erhalten, in dem diese Kommunikation stattfinden kann. Das erforderte ungeheure Akte der Imagination, Artikulation und Gestaltungskraft, für die im Altertum vor allem die Ägypter berühmt waren. Das bezeugt als einer der Ersten und Einflussreichsten Herodot. »Sie [= die Ägypter] sagen, daß zuerst bei den Ägyptern die Benennung von zwölf Göttern vorgenommen worden sei und es die Hellenen von ihnen übernommen hätten.« Die Ägypter seien die Ersten gewesen, die den Göttern »Altäre, Götterbilder und Tempel errichtet haben« (II 4, 3). Erst die Ägypter haben die Götter nach Namen und Zuständigkeiten unterschieden und es dadurch möglich gemacht, die Götter individuell anzurufen. Von ihnen hätten die Griechen die Götter übernommen. [...]

Es geht also um die begriffliche und sprachliche Artikulation einer bis dahin undifferenzierten diffusen Machtsphäre und die Einrichtung von Tempeln und Kulten, zwei Kulturleistungen epochalen Ranges, die den Ägyptern als den Ersten gelungen seien und von denen es die anderen übernommen hätten. Ganz unabhängig von der Frage, ob die These von der ägyptischen Herkunft der griechischen und syrischen Götter eigentlich zutrifft, geht aus diesem Diskurs doch ein Bewusstsein davon hervor, wie viel kulturelle Arbeit in dieser Artikulation der Götterwelt steckt. Mit der Erkenntnis und Unterscheidung der in der Welt wirksamen, die Welt konstituierenden Mächte ist es nicht getan. Sie erfordert zweitens die Errichtung einer, wie ich das nennen möchte, »Hierosphäre«, die diese Götterwelt in der Menschenwelt repräsentiert und der Kommunikation mit ihr Raum und Gestalt gibt. Diese Sphäre wird einerseits konstituiert durch die von Herodot genannten »Altäre, Götterbilder und Tempel« und andererseits durch die Riten und Liturgien der kulturellen Praxis.

Das grundlegende »Als ob« dieser artikulatorischen Arbeit an der Götterwelt und der Institution einer Hierosphäre besteht in der Voraussetzung einer Analogie zwischen Göttlichem und Menschlichem, wie sie Goethe nach Platon und Plotin in Verse gebracht hat: »Wär nicht das Auge sonnenhaft, die Sonne könnt es nicht erblicken. Läg nicht in uns des Gottes eigne Kraft, wie könnt uns Göttliches entzücken?« Das dürfen wir nicht als Gottesbeweis nehmen, aber vielleicht als ein Gegengewicht gegen die Gefahr, die Artikulationen des Göttlichen im reinen Als-ob aufgehen zu lassen. Wie abstrakt müssen wir aber diese Analogie zwischen Göttlichem und Menschlichem denken, wenn wir die ägyptischen tiergestaltigen Gottheiten betrachten? Aber auch die tiergestaltigen Götter agieren als Personen. Ihre Personalität ist das entscheidende Als-ob.

Werfen wir nun einen kurzen Blick auf diese ägyptische Hierosphäre! Hier ist alles symbolisch und beruht auf dem Prinzip des »Als ob«. Denn hier steht nicht einfach der Mensch vor Gott, bringt ihm sein Lämmlein dar und fleht ihn um Unterstützung an. Sondern hier tritt ein Priester als Repräsentant des Pharaos, der wiederum die menschliche Gesellschaft repräsentiert, vor das Götterbild im Schrein, das die Gottheit repräsentiert, und bringt etwas dar, was seinerseits in dem begleitenden Spruch in anspruchsvollster Weise ausgedeutet wird und wiederum für anderes steht. Das alles vollzieht sich täglich und nicht etwa im Angesicht einer Gemeinde, die das Geschehen womöglich mit frommen Gesängen begleitet, sondern hinter verschlossenen Türen, unter Ausschluss der Öffentlichkeit.

Keine Religion kommt ohne eine Hierosphäre aus. [...] Auf keinen Fall aber dürfen wir davon ausgehen, die Menschen wären sich des »Als ob« nicht bewusst gewesen und hätten das Bild für den Gott selbst genommen.

Das kann aber nicht alles sein. Vielleicht sind die Ägypter in der Symbolizität und Theatralität ihres Gottesdienstes zu weit gegangen. Im 14. Jh. v. Chr. jedenfalls kam es zu einer schweren Krise. Echnaton, der als Amenophis IV. um 1360 den Thron bestieg, hat den kühnen Versuch unternommen, dieses Prinzip des »Als ob« abzuschaffen. Er hat die ganze so kunstvoll durchartikulierte Götterwelt und die ihr entsprechende irdische Hierosphäre abgeschafft und nur noch die Sonne als einzigen Gott anerkannt, der im Sonnenlicht leibhaftig gegenwärtig war und dem er, Pharao, durch keinen Priester vertreten, selbst leibhaftig gegenübertrat, in Tempeln ohne Dach, nach oben offen, mit Opfergaben, die nichts anderes als sich selbst bedeuteten, und mit Hymnen, die nichts anderes als die erfahrbaren Werke und Wirkungen der Sonne priesen. [...]

Die radikale, ikonoklastische Abschaffung alles symbolischen Als-ob hat nicht funktioniert. [...]

2 Israel – Offenbarung
Das »Als ob« politischer Institutionalisierbarkeit transzendenter Wahrheit

Hinter dem, was uns die Bibel als die Religion Israels darstellt, am Sinai gestiftet und von den Richtern und Königen mit Priestern und Volk bis zum Fall Jerusalems 587 v. Chr. befolgt und ausgeübt, stehen in Wirklichkeit zwei Religionen: die offizielle Staatsreligion und eine neue, von den Propheten geforderte Religion, die ab dem 8. Jh. v. Chr. als eine Widerstandsbewegung gegen die offizielle Religion begann und sich dann im und nach dem babylonischen Exil als die frühjüdische Religion des II. Tempels endgültig durchsetzte.

Diese neue Religion steht in schärfstem Gegensatz zur ägyptischen Religion und betont ja selbst mit ihrem Gründungsmythos vom Auszug aus Ägypten diesen Gegensatz. Dennoch erinnert sie in manchen Zügen sowohl an Echnatons Reform als auch an die Persönliche Frömmigkeit. Auch der biblische Monotheismus, wie er in den Büchern Exodus bis Deuteronomium greifbar wird, räumt mit allen Formen symbolischer Vermittlung auf zugunsten einer neuen Unmittelbarkeit in der Beziehung von Gott und Mensch, die in ihrem ikonoklastischen Impuls – dem Bilderverbot – an Echnaton und in ihrer Forderung nach Treue und Loyalität an die Persönliche Frömmigkeit erinnert. Sie führt aber eine entscheidende, revolutionäre Neuerung ein: Jetzt geht es nicht um Unmittelbarkeit zwischen Gott und König oder Gott und dem Einzelnen, sondern Gott und Volk.

Im Buch Exodus wird in den Kapiteln 19–24 dieser Bund zwischen Gott und Volk in Form eines Vertrags mit einem Regelwerk von Gesetzen ausbuchstabiert und zeremoniell beschlossen. Aber auch die Struktur einer vermittelnden Hierosphäre, ohne die auch diese neue Form von Religion undenkbar ist, wird in hunderten von Einzelheiten offenbart (das Zeltheiligtum, die Priesterschaft, die Opfer, die Gewänder usw. usw.). Diese Hierosphäre existiert aber zunächst nur in der Schrift, wo ihre Beschreibung die längste Katalogdichtung der Antike darstellt. Deren liturgische Lesung ist ein spirituelles Exerzitium, das die in der Wirklichkeit verschwundene Hierosphäre im Kopf der Betenden rekonstruiert. Die verschriftete Offenbarung ersetzt die reale Hierosphäre mit Tempel, Priestern und Opferkult. Wir müssen uns klarmachen, dass diese neue, auf Offenbarung und Bund, Buch und Schrift beruhende Religion die Schöpfung einer Gruppe ist, die im babylonischen Exil die real existierende Hierosphäre des salomonischen Tempels verloren hat.

Diese neue Religion beruht auf neuen, viel grandioseren Fiktionen, wie sie vor allem das Buch Exodus mit seiner exuberanten Fantastik erzählt: die zehn Plagen, mit denen Ägypten geschlagen wird, das Meerwunder, wodurch sich das Wasser spaltet, die gewaltige Offenbarung am Sinai mit der Stiftung des Bundes zwischen Gott und Volk und schließlich die Fiktion, dass sich das epochemachende einmalige Offenbarungsgeschehen in Form der Schrift auf Dauer stellen lässt. Dieser Schrift wird nun ein Status von Wahrheit und Verbindlichkeit zugesprochen, wie er nie vorher einem heiligen Text zuteilgeworden ist. Denn diese Texte wollen ja nicht nur das Heilige repräsentieren und die Kommunikation mit den Göttern ermöglichen, sondern sie wollen in ihrem Anspruch zur Geltung gebracht werden, das ganze Leben der Gruppe auf eine neue Grundlage zu stellen, so »als ob« die damals ergangene Offenbarung in der Schrift eine dauerhafte, jede neue Generation in die Pflicht nehmende Form gewonnen hätte. Damit entsteht ein vollkommen neuer Typus von Text und Schrift, Texte, die sich als Gottes Wort geben und absolute Wahrheit und Verbindlichkeit beanspruchen. Zugleich entsteht ein neuer Begriff, der Begriff des Glaubens, der den Verlust an sinnlicher Präsenz kompensiert und den Hiat zwischen dem Gegebenen und dem

Geoffenbarten überbrückt. Damit ist zugleich auch eine neue Form von »Als ob« gegeben.

3 Aufklärung
Die drei Ringe – die Relativierung transzendenter Wahrheit

In der Spätantike treten drei Religionen auf, die ebenso wie die frühjüdische Religion des II. Tempels auf Offenbarung und Glauben beruhen: das rabbinische Judentum, das die Bibel um Mischna und Talmud ergänzt, das Christentum, das sie um das Neue Testament ergänzt, und der Islam, der sie durch den Koran ersetzt.

Von der prophetischen Religion Israels übernehmen sie die scharfe Unterscheidung zwischen Gott und Welt. Für sie manifestiert sich das Göttliche nicht fortwährend in der Welt wie für die kosmotheistischen Religionen, sondern der Eine Gott hat sich an einem bestimmten Punkt der Geschichte in einem einmaligen Akt der Offenbarung einer auserwählten Gruppe offenbart und ihr eine für immer gültige Religion gegeben, den Juden am Sinai in Gestalt der Mose diktierten Thora, den Christen in Gestalt Jesu Christi und den Muslimen in Gestalt des Mohammed diktierten Koran, der sich als die unverfälschte Originalfassung der Thora versteht.

Nun stehen sich drei Offenbarungen mit gleichem absoluten Wahrheitsanspruch gegenüber, und der Konflikt wird in dem Maße unvermeidlich, wie zwei von ihnen, Christentum und Islam, sich mit politischer Macht verbinden und aneinandergeraten. Diese beiden Religionen sind auch die einzigen, die mit dem *absoluten Wahrheitsanspruch* ihrer Offenbarungsschriften auch einen *universalen Geltungsanspruch* verbinden. Das Judentum sieht das anders, die Thora gilt nur für Juden, und dass die anderen, die Völker, die Gojim, ihren eigenen Gesetzen folgen, ist vollkommen in Ordnung.

Christentum und Islam dagegen wollen universal gelten und verfolgen dieses Ziel durch Mission und Unterwerfung.
Die Antwort der Kultur auf diese Konflikte ist die Gattung der Religionsgespräche. Vielleicht das berühmteste Beispiel ist Lessings Schauspiel *Nathan der Weise* mit der Ringparabel, in der das Problem des »Als ob« in einer völlig neuen Form zurückkehrt. Ich brauche die Fabel hier nur anzudeuten. Ein Mann hat einen Ring, der die geheime Kraft hatte, seinen Besitzer »vor Gott und Menschen angenehm zu machen«. Der Ring sollte immer vom Vater auf den Sohn, und zwar den Lieblingssohn vererbt werden. So kam er an einen Vater, der drei Söhne hatte, die er gleich liebte. Also ließ er von seinem Ring zwei Kopien herstellen, die dann weder er selbst noch der Juwelier vom echten unterscheiden konnte. Vor seinem Tod bekommt jeder Sohn einen Ring, und nach seinem Tod will jeder sein ausschließliches Besitzrecht geltend machen. Sie gehen vor einen Richter, der ihnen den Bescheid gibt:

> Ich höre ja, der rechte Ring
> Besitzt die Wunderkraft beliebt zu machen;
> Vor Gott und Menschen angenehm. Das muß
> Entscheiden!
> …
> Hat von Euch jeder seinen Ring von seinem Vater:
> So glaube jeder sicher seinen Ring
> Den echten. –
> …
> Es strebe von euch jeder um die Wette,
> Die Kraft des Steins in seinem Ring' an Tag
> Zu legen! Und wenn sich dann der Steine Kräfte
> Bei euern Kindes-Kindeskindern äußern:
> So lad ich über tausend tausend Jahre
> Sie wiederum vor diesen Stuhl. Da wird
> Ein weisrer Mann auf diesem Stuhle sitzen

Das heißt, der echte Ring, die Wahrheit, ist verborgen. Sie lässt sich nicht dogmatisch *begründen*, sondern nur im Tun *bezeugen*, »mit Sanftmut, / Mit herzlicher Verträglichkeit, mit Wohltun, / Mit innigster Ergebenheit in Gott«, im festen Glauben, dass der eigene Ring der echte sei, also leben und handeln, »als ob« er es wäre, in gleichzeitiger Anerkennung der Tatsache, dass auch einer der anderen Ringe der echte sein könne. Benedikt XVI. hat, als er noch Kardinal war, dazu bemerkt: »In schönen Fiktionen zu leben, mag den Theoretikern der Religion gegeben sein; für den Menschen, der die Frage stellt, womit und wofür er leben und sterben könne, langen sie nicht.« Hier geht es aber nicht um Fiktionen. Dass es die Wahrheit gibt, wird nicht bestritten. Nur lässt sie sich nicht beweisen, sondern nur glauben und bezeugen. Das »Als ob« zielt nicht auf Erfindung, sondern auf Wirklichkeit, aber nicht auf *gegebene*, sondern auf im Handeln *herzustellende* Wirklichkeit. [...]

4 Antike Religionskritik und moderner Säkularismus

Nun gibt es aber seit der Antike eine Form von Religionskritik, in der das »Als ob« noch einmal eine ganz andere, radikale Form annimmt. In dieser kritischen Perspektive erscheint die Religion überhaupt als eine Erfindung des Staates, der ihrer bedarf, um die Bürger bei der Stange zu halten. Diese These kommt in zwei Varianten vor. Einmal geht es um die Erfindung der Götter im Interesse der Gottesfurcht, die die Menschen vor Verbrechen zurückhalten und sie regierbar machen soll. In der anderen geht es um die weisen Gesetzgeber, die ihren Gesetzen Autorität verschafften, indem sie behaupteten, sie von irgendwelchen Göttern erhalten zu haben. [...]

Die flache Religionskritik, die Religion überhaupt als Erfindung des Staates und Priesterbetrug erklärt, um die Untertanen durch Gottesfurcht zur Einhaltung der Gesetze zu bringen, braucht uns hier nicht weiter zu interessieren. Interessant ist aber der Gedanke der lebensdienlichen und daher *legitimen Fiktion*, wie ihn William Warburton, Bischof, Altphilologe und Shakespeareforscher, in seinem mehrbändigen Werk *The Divine Legation of Moses* (1738–41) dargestellt hat. Warburton unterscheidet drei Formen von Religion: natürliche, politische und Offenbarungs-, d. h. biblische Religion. Die natürliche Religion entspricht dem, was ich »Kosmotheismus« nenne: der Kult der Natur als einzige oder als Götterwelt diversifizierte Gottheit. Warburton denkt hier an eine Art Urmonotheismus. Mit der Entstehung von Staaten, wobei Ägypten voranging, wurde aber eine andere Religionsform unausweichlich, weil die Natur keine Grenzen und keine Unterschiede kennt und daher in keiner Weise staatstragend sein kann.

Staat und zivile Gesellschaft brauchen aber persönliche Götter, die lohnen und strafen, Moral und Gesetze schützen und nationale und regionale Identitäten repräsentieren. Die Menschen würden die Gesetze nicht respektieren ohne Furcht vor göttlicher Strafe und verlören jede moralische und politische Orientierung ohne Stadtgötter und Staatsgötter. Daher musste sich jede Gesellschaft, die nach sozialer Ordnung und politischer Macht strebte, solche Götter zulegen, und da sie nicht auf eine Offenbarung zurückgreifen konnten, wie sie nur den Israeliten durch Moses zuteilgeworden war, mussten sie diese Götter erfinden und verdiente Gesetzgeber, Kulturgründer, Heroen, Häuptlinge und Könige zu Göttern machen und ihnen Funktionen zuweisen in der Aufsicht über die Gesetze und der Symbolisierung politischer und sozialer Identität.

Diese Götter sind zwar Fiktionen, aber *legitime* Fiktionen, weil sie unentbehrlich sind für die Aufrechterhaltung von Ordnung, Recht, Gerechtigkeit und Herrschaft. Man brauchte also die fiktiven Götter, wollte andererseits aber auch nicht auf die *natürliche Religion und Theologie* verzichten, die als Wahrheit geglaubt und durch Alter geheiligt war. Vor dieser Wahrheit mussten aber die fiktiven Götter geschützt werden, damit sie nicht als fiktiv entlarvt würden und so ihre staatstragende Glaubwürdigkeit verlören. Daher musste die natürliche Urreligion im Verborgenen praktiziert und tradiert werden. Das ist der Ursprung der Mysterien.

Diesen Diskursen liegt die Überzeugung zugrunde, dass ein Staat auf Religion angewiesen ist, um Ruhe und Ordnung, Recht und Moral aufrechtzuerhalten. Auch wenn es sich bei den Göttern um Fiktionen handelt, so sind diese Fiktionen doch unabdingbar und insofern legitim, als die Menschen nicht ohne Staaten leben und die Staaten ohne Religion nicht funktionieren könnten. Selbst der radikale Aufklärer Voltaire war der Ansicht, dass es ohne Gott unter den Menschen keine Moral und Gerechtigkeit geben könnte. »Si Dieu n'existait pas, il faudrait l'inventer«, wenn es Gott nicht gäbe, müsste man ihn erfinden.[1] Noch heute trifft man bei Theologen und Philosophen auf die Ansicht, dass erst mit dem biblischen Monotheismus und verwandten Religionen Moral und Recht in die Welt gekommen seien und daraus verschwinden würden, wenn es Gott und Religion nicht gäbe. Das ist aber eine gefährliche Argumentation, die im Grunde mit Lessings Als-ob arbeitet. Weil wir ohne Recht und Moral nicht in Gemeinschaft leben können und daher auf Staaten angewiesen sind, die dafür die notwendigen Rahmenbedingungen schaffen, diese Staaten aber wiederum auf Gott und Religion angewiesen sind als Voraussetzung ihres Funktionierens, müssen wir verfahren, *si Deus daretur*, als ob es Gott gäbe. Das verletzt aber die allgemeine theologische Überzeugung von der absoluten Unverfügbarkeit Gottes. Im Gegenteil müssen Recht und Moral funktionieren, wie schon Hugo Grotius 1625 forderte: *etsi Deus non daretur* – als ob es Gott nicht gäbe. In der Menschenwelt, wie sie ist, wird es niemals *einen* Glauben, *einen* Gott, *eine* Wahrheit geben. Wenn etwas wie z. B. die Menschenrechte allgemeine Geltung gewinnen soll, dann kann es nicht religiös begründet werden. Auch wenn es Gott gibt, kann sein Wesen unmöglich darin bestehen, staatliche Ordnung zu gewährleisten.

Der Apostel Paulus, der in der Naherwartung von Weltende und Weltgericht lebte, hat dieses Weltverhältnis umgedreht. Es kommt nicht darauf an, in der Welt zu leben und sie rechtlich und moralisch zu organisieren, als ob es Gott nicht gäbe, sondern es kommt darauf an, als Christen in der Welt zu leben, als ob es die Welt nicht gäbe. [...]

In der aufgeklärten Moderne emanzipiert sich der Staat von der Religion, die sich zwei Jahrtausende vorher vom Staat emanzipiert hatte. [...] Damit ist nicht gesagt, dass es Gott und Religion nicht gibt oder geben darf, sondern nur, dass sich Gott und Staat nicht gegenseitig voraussetzen und ohne einander nicht auskommen, sodass wir Gott, wenn es ihn nicht gäbe, erfinden müssten, wie Voltaire meinte. Statt im modus des »Als ob« sollte der Staat, was Gott angeht, im Modus des »Als ob *nicht*« operieren, so wie der Apostel Paulus das lehrte. Zwar sollte man nicht leben, als ob es den Staat nicht gäbe, aber doch als ob es auf den Staat und die ganze weltliche Sphäre nicht so entscheidend ankäme.

ANMERKUNG

1 Das Gedicht, in dem dieser Satz steht, schrieb Voltaire übrigens gegen den Traktat von den drei Betrügern, die blasphemischste der religionskritischen Verschwörungstheorien der radikalen Aufklärung.

KONRAD PAUL LIESSMANN

Das Böse, die Hölle, der Hass

25 Jahre Philosophicum Lech

Das Böse, die Hölle, der Hass: drei Themen, die so zufällig wie signifikant die 25 Jahre des Philosophicum Lech umreißen. Natürlich war in diesem Vierteljahrhundert in Lech am Arlberg auch von vielem anderen die Rede: von der Kunst und dem Schönen, vom Eros und der Freiheit, vom Glück und von besseren Menschen. Dass diese Tagungen halb bewusst und halb intuitiv einen thematischen Bogen über die »Abgründe des Menschlichen« spannten, mag mit dem Anspruch zu tun haben, den eine Philosophie, die ihren Namen verdient, erheben muss: die Augen nicht vor dem zu verschließen, was man nicht sehen will. Nachzudenken galt es deshalb auch über die Macht und den Staat, über die Illusion und den Schein, über Gott und die Welt, über das Ich und das Tier.

Das Philosophicum war nie eine Wohlfühlveranstaltung, in der Tugenden wie Toleranz oder Diversität gepredigt wurden, wohl aber ein Unternehmen, das den Dingen auf den Grund gehen wollte. Was heißt das? Günther Anders, einer der großen unbequemen Denker des 20. Jahrhunderts, behauptete einmal, dass »die Chance des Philosophen in seiner Unfähigkeit [besteht], das Wort ›selbstverständlich‹ zu verstehen«.[1] Es gibt nichts, das sich von selbst versteht. Alles Verstehen ist Resultat von Denken, Handeln, Geschichte, Einflüssen, Suggestionen, Einbildungen, Informationen, aber nichts ist von selbst verständlich. Dass alle Philosophie, nach einem berühmten Wort des Aristoteles, mit dem Staunen beginne, gewinnt bei Anders einen provozierenden Unterton. Denn dieses Staunen ist nicht eines aus Verwun-

derung, sondern zunehmend eines, das aus dem Entsetzen wächst über das, was alltäglich und doch zutiefst befremdlich ist, was seine Bedrohlichkeit gerade aus seiner Alltäglichkeit entwickelt.
Diese Verweigerung des Selbstverständlichen macht den Philosophen grundsätzlich zu einer störrischen Figur: »An seinen Defekten sollt ihr ihn erkennen: nicht durch das, was er versteht, unterscheidet sich der Philosophierende vom Nichtphilosophierenden, sondern durch das, was er absolut nicht verstehen kann.«[2] Für eine philosophische Tagung mit öffentlichem Charakter wäre dies natürlich ein wenig attraktives Konzept, erwartet sich das interessierte Publikum doch zu Recht bündige Einsichten und ein tieferes Verständnis der Welt. Doch sich einer philosophischen Reflexion auszusetzen bedeutet immer auch, den Stachel zu spüren, der in Anders' produktivem Nichtverstehenkönnen angelegt ist.
Gerade die Ansichten, Konzepte und Weltdeutungen, deren allgemeine Akzeptanz keinerlei Nachfragen mehr nötig erscheinen lassen, werden in Lech einer kritischen Revision unterzogen, gerade das, was aus den Diskursen gerne ausgeblendet wird, kommt am Arlberg zur Sprache.
Die Überlegungen, die der Autor anlässlich des zehnten Philosophicum Lech dazu anstellte, können als implizite Programmrichtlinie des Philosophicums aufgefasst werden.[3] Ausgangspunkt dafür ist die Bestimmung der Philosophie, wie sie Georg Wilhelm Friedrich Hegel vorgelegt hatte. Philosophie, schrieb Hegel, »ist ihre Zeit, in Gedanken erfaßt«.[4] Das, was ist, zu begreifen ist das Geschäft der Philosophie. Auch die Philosophie ist ein Kind ihrer Zeit und kann die dadurch gesetzten Schranken nicht einfach überspringen. Das klingt für Ohren, die von der Philosophie Sinngebung, Orientierung, Weltwissen, absolute Wahrheit, eine gültige Moral, Einblicke in die Zukunft und die Verbesserung der Welt erwarten oder gar verlangen, doch einigermaßen bescheiden. Diese Bescheidenheit ist allerdings keine Zier, son-

dern eine Herausforderung. Denn das, was ist, in Gedanken zu fassen bedeutet nicht, die Wirklichkeit einfach zu beschreiben, bedeutet auch nicht, das Geschehen dieser Welt zur Kenntnis zu nehmen, bedeutet schon gar nicht, darüber beliebige Meinungen auszutauschen, sondern stellt den Anspruch dar, an den vielfältigen, widersprüchlichen und kaum zu überblickenden Erscheinungen der Wirklichkeit das herauszuarbeiten, was daran das Wesentliche, das Verbindliche, das Charakteristische, das Signifikante und Eigentümliche ist.

Oft genug wurde dieser Anspruch deshalb als überzogen kritisiert, da keine Philosophie mehr in der Lage sei, selbst nur die wichtigsten Strömungen und Entwicklungen einer Zeit zu erfassen, geschweige denn, die wesentlichsten Tendenzen eines Zeitalters zu erkennen. Und in der Tat: Niemand überblickt mehr, was sich in der gleichermaßen globalisierten wie zerrissenen Welt auf den Gebieten der Politik, Ökonomie, Technik, Wissenschaften, Künste und Religionen ereignet, wie diese Prozesse zusammenhängen, wie sie sich gegenseitig bedingen und welche Konsequenzen daraus erfolgen. Und noch weniger wüsste jemand zu sagen, was die entscheidenden Signaturen unseres Zeitalters sind: die Fortschritte in Wissenschaft und Technik, die Wiederkehr der Religion, der Siegeszug des Kapitalismus, der Ausbruch einer Pandemie, der Terror oder die neuen Kriege in Europa. Die Unübersichtlichkeit und Komplexität unserer Welt, aber auch die ungeheure Vielfalt an Wissen, das diese Welt hervorbringt, sowie die Dynamik, mit der sich alles entwickelt, scheint es uns gerade zu verbieten, diese Welt auf einfache Begriffe bringen zu wollen.

Philosophie hat bis heute damit zu tun, sich über die Welt, in der wir leben, wenn nicht klar, so doch klarer zu werden. Nach wie vor geht es uns darum, unsere Gegenwart zu begreifen, herauszufinden, wie und warum die Welt so geworden ist und in welche Richtung sie sich weiterentwickelt.

Wir verstehen unsere Gegenwart als Resultat des vergangenen Geschehens. Wir denken historisch. Unsere Zeit in Gedanken zu erfassen bedeutet, die Gegenwart aus der Perspektive der Vergangenheit und die Vergangenheit aus den Erwartungen an die Zukunft zu deuten. Das macht die Auseinandersetzung über historische Ereignisse und deren Dokumente ideologisch und moralisch so brisant.

Philosophie ist die Zeit, in Gedanken erfasst. Man könnte diesen Satz auch paraphrasieren: Philosophie ist der Gedanke, der an der Zeit ist. Diese Formulierung ist doppeldeutig. Sie kann sich darauf beziehen, dass gerade die Philosophie ein ausgezeichnetes Sensorium für die Besonderheiten und Eigenheiten einer Zeit hat – das macht übrigens auch den besonderen öffentlichen Charakter der Philosophie aus. Der Mensch ist ihr nie nur Objekt, sondern stets auch Adressat und Gesprächspartner. Hegels Bestimmung kann noch anders gelesen werden: dass es für Gedanken einen richtigen Zeitpunkt gibt, einen Kairos, in dem sie formuliert, vorgebracht werden müssen. Viele Einsichten, so glauben wir aus der Geschichte zu wissen, sind oft zu spät gekommen. Vieles, was ungemein aktuell und zeitgemäß erscheint, erweist sich schon wenig später als Irrtum, Fehleinschätzung oder Dummheit. Nachher ist man bekanntlich klüger.

Keine Frage: Gedanken, die ein Lebensgefühl, einen historischen Prozess, eine politische Konfliktlage, einen gesellschaftlichen Wandel bestimmen wollen, müssen ihrer Zeit gemäß sein. Sie bedürfen eines Mindestmaßes an Aktualität. Sie müssen zur Kenntnis nehmen, was geschieht. Blindheit und Blauäugigkeit sind schlechte Diagnostiker. Wer sich der Realität radikal verweigert, wird so wenig erkennen wie derjenige, der sich schon jetzt im Paradiese wähnt. Heißt das aber, dass nur das Zeitgemäße philosophisch relevant sein kann? Und wann wird dabei die Grenze zum nur noch Zeitgeistigen und Modischen überschritten? Ist derjenige am Puls der Zeit, der jeden Trend in irgendeiner Subkultur zum historischen Ereignis aufbläht? Genügt es, um seine Zeit zu begreifen, bei allem mitzumachen, was diese Zeit an Events und Sensationen, an raschen Diagnosen und voreiligen Verkündigungen zu bieten hat? Könnte es zum Geschäft der Philosophie gehören, in manchen Belangen durchaus unzeitgemäß zu agieren?

Seine ersten philosophischen Abhandlungen publizierte der junge Friedrich Nietzsche unter dem Titel »Unzeitgemäße Betrachtungen«. Der Titel war Programm und Provokation. Er distanziert sich dezidiert vom Anspruch, zeitgemäß sein zu müssen, und intendiert doch, dass das Unzeitgemäße das eigentlich Zeitgemäße sei. Gerade in der Verweigerung des Zeitgeists, in der Absage an die Moden und Trends vermutete der junge Altphilologe jenes kritische Potential, das es dem Denken erlauben sollte, den Wahrheiten der eigenen Zeit auf die Spur zu kommen. Unzeitgemäß ist demnach eine Betrachtung, die das, worauf eine Zeit mit Recht stolz ist, als »Schaden, Gebreste und Mangel der Zeit« begreift.[5] Diese Idee des Unzeitgemäßen liegt dem Sinn zugrunde, den Nietzsche der klassischen Philologie unterstellte: in der Zeit »unzeitgemäss – das heisst gegen die Zeit und dadurch auf die Zeit und hoffentlich zu Gunsten einer kommenden Zeit – zu wirken«.[6] Das vermeintliche Festhalten an etwas, das sich überlebt hat, ausgestorben ist wie Latein und Altgriechisch, ist keine Marotte versponnener Verehrer des Altertums, denen die modernen Zeiten Angst einjagen, sondern ein kritisches Korrektiv, das der Zeit einen Weg in die Zukunft weist. Die Unzeitgemäßen in Nietzsches Sinne sind keine Nostalgiker, die vergangenen Zeiten nachtrauern, sondern Zeitgenossen, die ihrer Zeitgenossenschaft misstrauen. Das Unzeitgemäße gewinnt aus der Vergangenheit die Instrumentarien, um auf eine Zukunft vorzubereiten, die der Gegenwart selbst noch verschlossen bleiben muss.

Ist das Unzeitgemäße das Denken, das an der Zeit ist? Jede Reflexion der Wirklichkeit muss nah an dieser und gleichzeitig in Distanz zu ihr sein. Ohne Teilhabe am Leben wird man von diesem wenig verstehen; aber aufgesogen von diesem, wird man keine Zeit finden, etwas zu erkennen. Und vieles, was uns selbstverständlich erscheint, sieht ganz anders aus, wechselt man einmal die Perspektive. Das Unzeitgemäße scheint einem philosophischen Denken auch insofern inhärent zu sein, als sich die Philosophie einer jahrtausendealten Tradition verpflichtet weiß, aus deren Blickwinkel vieles, was die Gegenwart als neu, aufregend oder einmalig empfinden mag, relativiert werden muss. Das Philosophicum Lech, das sich im Jahre 2022 zum 25. Mal jährt, möchte zumindest einigen dieser widersprüchlichen Bestimmungen gerecht werden.

Die Fragen, die in Lech am Arlberg gestellt und diskutiert werden, sollen die brennenden, die beunruhigenden Fragen unserer Zeit sein. Aber die Ansätze, unter denen diese Fragen behandelt werden, sollen die Möglichkeiten der Distanz, der Reflexion, der Besinnung auf vergessene oder verschüttete Einsichten und Zusammenhänge eröffnen. Zeitgemäß, ohne zeitgeistig zu sein, unzeitgemäß, ohne in einem regressiven Sinn vergangenheitsverliebt zu sein: Solches könnte als programmatischer Leitfaden für eine Veranstaltung formuliert werden, die sich den Herausforderungen der Gegenwart stellt, aber weiß, dass für deren Bewältigung mitunter das Korsett der Aktualität gesprengt werden muss.

Sich den vielfältigen Dimensionen menschlichen Lebens vorbehaltlos zu nähern führt manchmal zu verblüffenden, ja erschreckenden Koinzidenzen zwischen den Anstrengungen des Denkens und den Widrigkeiten des Lebens. Während der Planung des Symposions über den Krieg als »Vater aller Dinge« erreichte uns die Nachricht von der militärischen Intervention der Nato am Balkan; und die Meldung vom Zusammenbruch der Lehman Brothers, der die Finanzkrise des Jahres 2008 auslöste, platzte in jenes Philosophicum, das sich dem Thema »Geld« widmete. Auch die vermeintlich zeitlo-

sen Fragen der Philosophie, die unabhängig von jeder Tagesaktualität verhandelt werden können, erscheinen nie unabhängig vom jeweiligen Stand der Erfahrungen und Reflexionen, Hoffnungen und Ängste, Utopien und Befürchtungen. Ob dies die Frage nach Tod und Unsterblichkeit oder die Zukunft des Eros betraf, den prekären Umgang des Menschen mit der Natur und die ambivalente Bedeutung des Staates: Das Philosophicum trachtete danach, die Bedürfnisse der Gegenwart mit dem reichen Fundus der Philosophie in Beziehung zu setzen, immer im Gespräch mit den zuständigen Wissenschaften. Inter- und Transdisziplinarität waren in Lech von Anbeginn an keine leeren Phrasen, sondern entstanden aus dem Bemühen um einen angemessenen Zugang zu den Fragen der Zeit.
Seit Friedrich Nietzsche gehört es zum guten Ton, in luftigen Höhen zu philosophieren. Der Gang in die Berge, der Blick von oben, die klare Luft, die Distanz zum Alltag: All das mag eine Atmosphäre schaffen, in der konzentrierter und freier über die Welt, in der wir leben, nachgedacht werden kann als inmitten des Getriebes. Der Geist erlebt im Gebirge eine besondere Form hellsichtiger Ernüchterung. Die Klarheit des Denkens erlaubt deshalb auch eine besondere Klärung unserer verwirrten Gefühle. Dass sich die Jubiläumsveranstaltung dem »Hass« widmet, war der penetranten Infiltration der Kommunikationskultur unserer Tage mit diesem Affekt zu verdanken. Bei der Planung dieser Veranstaltung konnten wir nicht ahnen, dass der Hass auch eine der Ursachen, Begleiterscheinungen und bitteren Folgen des ersten großen europäischen Krieges im 21. Jahrhundert sein würde. Dieses Gefühl, das uns ebenso unvernünftig wie unberechenbar, ebenso verwerflich wie irritierend erscheint, nicht nur im Gestus der raschen Verurteilung, sondern als zutiefst menschliches, elementares und ambivalentes Phänomen wahrzunehmen, war die Aufgabe, der sich das 25. Philosophicum Lech stellen wollte. Die Verbindung zur Auf-

takttagung des Jahres 1997, die sich dem Bösen gewidmet hatte, ist offenkundig, gilt der Hass als Ausdruck reiner Negativität doch als die emotionale Erscheinungsform des Bösen. In der generellen Verurteilung des Hasses drückt sich dies aus. An ihm lässt sich nichts Positives erkennen, wie die Hassrede würden wir den Hass selbst am liebsten verbieten. Oder täuschen wir uns wieder einmal, verführt durch eine gutgläubige Moral, über einen Abgrund des Menschlichen hinweg?

Keine Frage: Der Hass ist allgegenwärtig. Hasspostings überschwemmen die sozialen Medien, *Hate Speech* ist zu einem beunruhigenden Phänomen geworden, Hassprediger treiben nicht nur im Netz ihr Unwesen, Hass und Hetze sind so weit verbreitet, dass manche Staaten mit Rechtsmitteln und Verboten dagegen vorgehen, verschiedene digitale Plattformen üben eine freiwillige Zensur aus und versuchen, den Hass aus ihren Foren zu verbannen. In der Ablehnung von Hass und Hetze sind sich alle einig. Selten wird gefragt, was Hass eigentlich für ein Gefühl ist, aus welchen Quellen er sich speist, was das Aggressive, Verletzende und Verstörende am Hass ausmacht, jedoch auch, was das Befriedigende, womöglich sogar Lustvolle am Hass sein kann. Wer hasst eigentlich wen, wer oder was kann zu einem Objekt des Hasses werden? Gibt es plausible Gründe für den Hass? Wo verlaufen die Grenzen zwischen Kritik, Abneigung, Antipathie, Missbilligung und Hass? In welchem Verhältnis steht der Hass zu anderen starken Affekten wie Neid und Eifersucht, Angst und Demütigung, Machtwünschen und Ohnmachtserfahrungen? Und nur allzu oft wird die alte Einsicht, dass der Hass die Kehrseite der Liebe ist, vergessen. Wenn dem Hass eine Liebe vorausging, die sich verraten fühlt, dann muss man bei der Analyse des Hasses tiefer ansetzen. Eine rasche moralische Verurteilung verkennt, dass es sich beim Hass um ein elementares Gefühl handelt, das in all seiner Destruktivität auch produktive Energien freizusetzen weiß.

Es besteht, schreibt der Philosoph Aurel Kolnai in seinem vergessenen »Versuch über den Haß« aus dem Jahre 1935, eine »enge Beziehung zwischen Hassen und Für-böse-halten«.[7] Damit schillert der Hass plötzlich in anderen Farben. Nicht der Hass ist böse, ein Laster, Ausdruck eines schlechten Charakters oder einer defizitären Persönlichkeit, sondern das Objekt des Hasses wird zu einem Bösen erklärt, das die Entstehung und Artikulation dieses so heftigen wie negativen Gefühls legitimiert. Böse ist nur der Hass der anderen, der eigene Hass ist gut, denn er richtet sich gegen das Böse. Der Hass als elementares Gefühl kann als emotionaler Indikator für unsere Werthaltungen begriffen werden. Er kennzeichnet alles Unwerte, dem wir weder Legitimität noch Existenz zuerkennen wollen. Als Objekte eines Hassgefühls finden wir uns zurecht in unserer Integrität und in unserem Sein und Lebensrecht angegriffen; als Hassende nehmen wir jedoch das Recht in Anspruch, das von uns als »böse« Erkannte in die Schranken zu weisen, zu verfolgen, zum Schweigen zu bringen und, wenn es gar nicht anders geht, zu vernichten. Der Hass richtet sich dann gegen falsche Meinungen, irrende Ideologien, sinistre Personen und Objekte, die wir für den desolaten Zustand der Welt und ihres Klimas mitverantwortlich machen. Das Fatale am Hass besteht darin, dass unsere Fähigkeit, zwischen Gut und Böse zu unterscheiden, mit ihm untrennbar verbunden ist.

Zur Anatomie dieses verstörenden Gefühls trägt die klassische Definition, die Baruch Spinoza in seiner »Ethik« gegeben hat, einiges Erhellendes bei. Darin heißt es: »Es geschieht in der Natur nichts, was ihr als Fehler angerechnet werden könnte. Denn die Natur ist immer dieselbe, und ihre Kraft und ihr Vermögen zu wirken ist überall gleich. [...] Es folgen daher die Affekte des Hasses, des Zorns, Neids, an sich betrachtet, aus derselben Notwendigkeit und Kraft der Natur wie alles andere.«[8] Ohne auf die komplexen methodischen Voraussetzungen und logischen Prämissen der »Ethik« des

Spinoza hier genauer einzugehen, orientieren wir uns an seiner klassischen Definition von Liebe und Hass: »Liebe ist *nichts anderes als Lust, verbunden mit der Idee einer äußeren Ursache, und Haß nichts anderes als Unlust, verbunden mit der Idee einer äußeren Ursache.*«[9] Wer Lust empfindet und sich dabei vorstellen muss, dass nicht er selbst die Quelle dieser Lust ist, sondern er diese einem anderen verdankt, wird diesen anderen begehren, weil anzunehmen ist, dass er die Quelle der Lust ist. Das nennen wir Liebe – nicht mehr, nicht weniger. Und umgekehrt gilt das Gleiche: Wer annimmt, dass es irgendjemanden gibt, der schuld daran ist, dass er selbst sich schlecht fühlt, wird diesen hassen. Das Resultat davon ist, dass »der Liebende notwendig bestrebt ist, den geliebten Gegenstand gegenwärtig zu haben und zu erhalten, und daß dagegen der Hassende bestrebt ist, den verhaßten Gegenstand zu entfernen und zu zerstören«.[10] Das ist eigentlich – akzeptiert man die Voraussetzungen – so naheliegend wie desillusionierend. Es handelt sich bei Liebe und Hass im Wesentlichen um ein assoziatives Übertragen. Ob der vermeintliche Geliebte oder Gehasste tatsächlich die Ursache der Lust oder Unlust ist, spielt für das Aufkommen dieser Affekte keine Rolle. Solches wird vollends prekär, wenn diese Zurechnung auf Lust und Unlust assoziativ auf verschiedene Ebenen übertragen wird. Wenn ich glaube, so Spinoza, dass ein Mensch mir Lust oder Unlust verschafft, werde ich ihn lieben oder hassen; wenn dieser Mensch signifikanter Träger bestimmter Merkmale ist, werde ich alle Träger dieser Merkmale mitlieben oder mithassen: »Wenn jemand von einem Angehörigen einer anderen Klasse oder Nation mit Lust oder Unlust affiziert worden ist, verbunden mit der Idee dieses Menschen unter dem allgemeinen Namen seiner Klasse oder Nation als Ursache, so wird er nicht nur ihn, sondern alle Angehörigen seiner Klasse oder Nation lieben oder hassen.«[11]

Schon Spinoza wollte also das verstörende Rätsel lösen, warum Menschen imstande sind – offenbar gegen jede Vernunft –, positive oder negative Gefühle auf Gruppen und Kollektive zu übertragen. Der Scharfsinn, mit dem Spinoza Liebe und Hass analysierte, erweist sich auch an folgender drastischen, aber letztlich wohl nicht unrichtigen Behauptung: »Wer sich vorstellt, daß das, was er liebt, zerstört wird, der wird Unlust empfinden; stellt er sich aber vor, daß es erhalten wird, wird er Lust empfinden [...] Wer sich vorstellt, daß das, was er haßt, zerstört wird, wird Lust empfinden.«[12] Die Frage, ob wir bei dem Gedanken an Zerstörung Lust oder Unlust empfinden, hängt also ganz davon ab, was von Zerstörung bedroht ist – etwas Geliebtes oder etwas Gehasstes. Und mit Spinoza könnte man zumindest jener Heuchelei entgehen, die suggerieren möchte, sie sei weder zu Hass noch zu Zerstörung imstande. In einem Jahr, in dem mitten in Europa ein Krieg begonnen wurde, den sich niemand mehr hatte vorstellen wollen, erweisen diese Gedanken ihre tragische Hellsichtigkeit. Das elementare Gefühl des Hasses ist nicht isoliert zu betrachten. Als Komplementärphänomen zur Liebe schöpft der Hass aus jener affektiven Kraft, mit der wir unserer sozialen und biosphärischen Umwelt im Guten wie im Schlechten begegnen. Das dunkle Geheimnis dieser Kraft liegt in der Bipolarität von Lust und Unlust, im Spannungsfeld von Befriedigung und Versagung, von Wohlbefinden und Schmerz, von Ekstase und Verzweiflung, von Gier und Frustration. Es wundert wenig, dass es die Vernunft schwer hat, diese starken Gefühle in einer Weise zu kontrollieren und zu beschneiden, die dem Zusammenleben der Menschen in einer halbwegs friedlichen Welt zuträglich ist. Wir werden mit dem Bösen und dem Hass leben müssen. Und wir können uns schon glücklich schätzen, wenn wir uns dabei nicht gleich die Hölle auf Erden bereiten.

ANMERKUNGEN

1 Günther Anders: Philosophische Stenogramme, München 1965, S. 124
2 Anders, Stenogramme, S. 123
3 Vgl. dazu: Konrad Paul Liessmann: Denken, das an der Zeit ist. In: Konrad Paul Liessmann (Hrsg.): Die Freiheit des Denkens, Wien 2007, S. 7 ff.
4 Georg Wilhelm Friedrich Hegel: Grundlinien der Philosophie des Rechts. Werkausgabe, Bd. 7, Frankfurt a. M. 1970, S. 26
5 Friedrich Nietzsche: Vom Nutzen und Nachtheil der Historie für das Leben, KSA 1, S. 246
6 Nietzsche, Vom Nutzen und Nachtheil, KSA 1, S. 247
7 Aurel Kolnai: Ekel Hochmut Haß. Zur Phänomenologie feindlicher Gefühle. Mit einem Nachwort von Axel Honneth. Frankfurt a. M. 2007, S. 104
8 Benedictus de Spinoza: Die Ethik. Lateinisch/Deutsch. Revidierte Übersetzung von Jakob Stern, Stuttgart 1977, III, S. 253
9 Spinoza, Ethik III/13, S. 285
10 Spinoza, Ethik III/13, S. 287
11 Spinoza, Ethik III/46, S. 355
12 Spinoza, Ethik III/19 u. 20, S. 299

Autorinnen und Autoren

UNIV.-PROF. DR. DR. H. C. JAN ASSMANN
geb. 1938, Kultur- und Religionswissenschaftler und Ägyptologe, Professor em. für Ägyptologie an der Universität Heidelberg, Professor für Allgemeine Kulturwissenschaft und Religionstheorie an der Universität Konstanz. Publikationen (Auswahl): Das kulturelle Gedächtnis. Schrift, Erinnerung und politische Identität in frühen Hochkulturen (1992); Moses der Ägypter. Entzifferung einer Gedächtnisspur (1998); Die Mosaische Unterscheidung oder Der Preis des Monotheismus (2003); Exodus. Die Revolution der Alten Welt (2015); Achsenzeit. Eine Archäologie der Moderne (2018); Kult und Kunst. Beethovens Missa Solemnis als Gottesdienst (2020)

DR. BARBARA BLEISCH
geb. 1973, Philosophin, Autorin, freie Journalistin, Moderatorin der »Sternstunde Philosophie SRF«, Mitglied der Jury des Tractatus-Preises. Publikationen (Auswahl): Pflichten auf Distanz: Weltarmut und individuelle Verantwortung (2010); Familiäre Pflichten (2015, gem. mit Monika Betzler); Warum wir unseren Eltern nichts schulden (2018); Kinder wollen. Über Autonomie und Verantwortung (2020, gem. mit Andrea Büchler); Ethische Entscheidungsfindung: Ein Handbuch für die Praxis (2021, gem. mit Markus Huppenbauer und Christoph Baumberger)

UNIV.-PROF. DR. NORBERT BOLZ
geb. 1953, Professor em. für Medienwissenschaft an der Technischen Universität Berlin. Wichtige Publikationen (Auswahl): Theorie der neuen Medien (1990); Am Ende der Gu-

tenberg-Galaxis (1993); Das kontrollierte Chaos (1994); Die Sinngesellschaft (1997); Die Konformisten des Andersseins (1999); Das konsumistische Manifest (2002); Die Helden der Familie (2006); Das Wissen der Religion (2008); Diskurs über die Ungleichheit (2009); Die ungeliebte Freiheit (2010); Das richtige Leben (2014); Zurück zu Luther (2016); Die Avantgarde der Angst (2020)

PROF. DR. HEINZ BUDE

geb. 1954, Professor für Makrosoziologie an der Universität Kassel. Wichtige Publikationen (Auswahl): Lebenskonstruktionen. Für eine neue Sozialforschung (2008); Die Ausgeschlossenen. Das Ende vom Traum einer gerechten Gesellschaft (2008); Bildungspanik. Was unsere Gesellschaft spaltet (2011); Gesellschaft der Angst (2014); Das Gefühl der Welt (2016); Adorno für Ruinenkinder – Eine Geschichte von 1968 (2018); Solidarität. Die Zukunft einer großen Idee (2019); Aufprall. Roman (2020, gem. mit Bettina Munk und Karla Wieland)

UNIV.-PROF. DR. RUDOLF BURGER

geb. 1938, gest. 2021; lehrte von 1987 bis 2007 als Professor für Philosophie an der Universität für angewandte Kunst Wien. Wichtige Publikationen (Auswahl): Vermessungen (1989); Ptolemäische Vermutungen (2001); Kleine Geschichte der Vergangenheit (2004); Im Namen der Geschichte. Vom Mißbrauch der historischen Vernunft (2007); Jenseits der Linie (2008); Das Elend des Kulturalismus. Antihumanistische Betrachtungen (2011); Wozu Geschichte? Eine Warnung zur rechten Zeit (2018); Multikulturalismus, Migration und Flüchtlingskrise (2019, hrsg. v. Bernhrad Kraller); Über Gott und die Welt und die Liebe. Gespräche und Interviews (2021, hrsg. v. Bernhard Kraller)

PD DR. EUGEN DREWERMANN

geb. 1940, Theologe und Psychotherapeut. Wichtige Publikationen (Auswahl): Strukturen des Bösen (1978); Kleriker: Psychogramm eines Ideals (1988); Über die Unsterblichkeit der Tiere (1990); Glauben in Freiheit (1993-2002); Atem des Lebens (2006/07); Jesus von Nazareth – Bild eines Menschen (2008); Die sieben Tugenden (2012); Liebe, Leid und Tod. Daseinsdeutung in antiken Mythen (2014); Grenzgänger. Rebellen, Frevler und Heroen in antiken Mythen (2015); Kapital und Christentum (3 Bände, 2016/17); Strafrecht und Christentum (2 Bände, 2020/21)

PROF. DR. KARIN HARASSER

geb. 1974, Professorin für Kulturwissenschaft an der Kunstuniversität Linz und Mitherausgeberin der Zeitschrift für Kulturwissenschaften. Wichtige Publikationen (Auswahl): Computerhystorien. Erzählungen der digitalen Kulturen um 1985 (2005); Wissen Spielen. Untersuchungen zur Wissensaneignung von Kindern im Museum (2011, gem. mit St. Kiessling, S. Sölkner, V. Wöhrer); Körper 2.0. Über die technische Erweiterbarkeit des Menschen (2013); Prothesen. Figuren einer lädierten Moderne (2016); Surazo. Monika und Hans Ertl: Eine deutsche Geschichte in Bolivien (2022)

UNIV.-PROF. DR. LISA HERZOG

geb. 1983, Professorin am Centre for Philosophy, Politics and Economics der Universität Groningen. Wichtige Publikationen (Auswahl): Inventing the Market. Smith, Hegel, and Political Theory (2013); Der Wert des Marktes. Ein ökonomisch-philosophischer Diskurs vom 18. Jahrhundert bis zur Gegenwart (2014, hrsg. m. Axel Honneth); Freiheit gehört nicht nur den Reichen. Plädoyer für einen zeitgemäßen Liberalismus (2014); Reclaiming the System: Moral Responsibility, Divided Labour, and the Role of Organizations in Society (2018); Die Rettung der Arbeit. Ein politischer Aufruf (2019)

MICHAEL KÖHLMEIER

geb. 1949, Schriftsteller. Publikationen (Auswahl): Nachts um eins am Telefon (2005); Abendland (2007); Idylle mit ertrinkendem Hund (2008); Die Abenteuer des Joel Spazierer (2013); Zwei Herren am Strand (2014); Wer hat dir gesagt, dass du nackt bist, Adam? Mythologisch-philosophische Verführungen (2016, gem. mit Konrad Paul Liessmann); Bruder und Schwester Lenobel (2018); Die Märchen (2019); Der werfe den ersten Stein. Mythologisch-philosophische Verdammungen (2019, gem. mit Konrad Paul Liessmann); Matou (2021); Gedankenspiele über das Gelingen (2021)

UNIV.-PROF. DR. KONRAD PAUL LIESSMANN

geb. 1953, Professor i. R. für Philosophie an der Universität Wien und wissenschaftlicher Leiter des Philosophicum Lech. Publikationen (Auswahl): Philosophie des verbotenen Wissens (2000); Theorie der Unbildung (2006); Das Universum der Dinge (2010); Lob der Grenze (2012); Philosophie der modernen Kunst (2013); Geisterstunde. Die Praxis der Unbildung (2014); Wer hat dir gesagt, dass du nackt bist, Adam? Mythologisch-philosophische Verführungen (2016, gem. mit Michael Köhlmeier); Bildung als Provokation (2017); Der werfe den ersten Stein. Mythologisch-philosophische Verdammungen (2019, gem. mit Michael Köhlmeier); Alle Lust will Ewigkeit. Mitternächtliche Versuchungen (2021)

UNIV.-PROF. DR. KÄTE MEYER-DRAWE

geb. 1949, Professorin i. R. für Allgemeine Pädagogik an der Ruhr-Universität Bochum. Wichtige Publikationen (Auswahl): Leiblichkeit und Sozialität (1984/2001); Illusionen von Autonomie (1990/2000); Menschen im Spiegel ihrer Maschinen (1996/2007); Diskurse des Lernens (2008); Die Welt als Kulisse: Übertreibungen in Richtung Wahrheit (2018)

PROF. DR. HERFRIED MÜNKLER

geb. 1951, Professor em. für Theorie der Politik an der Humboldt-Universität zu Berlin. Wichtige Publikationen (Auswahl): Die neuen Kriege (2002); Über den Krieg (2003); Machiavelli (2004); Imperien (2005); Der Wandel des Krieges (2006); Die Deutschen und ihre Mythen (2009); Der Große Krieg (2013); Kriegssplitter (2015); Die neuen Deutschen: Ein Land vor seiner Zukunft (2016, gem. mit Marina Münkler); Der Dreißigjährige Krieg. Europäische Katastrophe, deutsches Trauma 1618–1648 (2017); Abschied vom Abstieg. Eine Agenda für Deutschland (2019, gem. mit Marina Münkler); Marx, Wagner, Nietzsche (2021)

LUDWIG MUXEL

geb. 1955, Obmann des Vereins Philosophicum Lech. Von 1993 bis 2020 Bürgermeister der Gemeinde Lech am Arlberg und Initiator des Philosophicum Lech

PROF. DR. ROBERT PFALLER

geb. 1962, Professor für Philosophie an der Kunstuniversität Linz. Publikationen (Auswahl): Interpassivität. Studien über delegiertes Genießen (Hrsg. 2000); Die Illusionen der anderen. Über das Lustprinzip in der Kultur (2002); Das schmutzige Heilige und die reine Vernunft. Symptome der Gegenwartskultur (2008); Ästhetik der Interpassivität (2008); Wofür es sich zu leben lohnt (2011); Kurze Sätze über gutes Leben (2015); Erwachsenensprache. Über ihr Verschwinden aus Politik und Kultur (2017); Die blitzenden Waffen: Über die Macht der Form (2020); Zwei Enthüllungen über die Scham (2022)

PROF. DR. ANNEMARIE PIEPER

geb. 1941, lehrte von 1981 bis 2004 Philosophie an der Universität Basel. Wichtige Veröffentlichungen (Auswahl): »Ein Seil geknüpft zwischen Tier und Übermensch«. Philosophische

Erläuterungen zu Nietzsches erstem »Zarathustra« (1990); Die Gegenwart des Absurden (1994); Selber denken (1997); Angewandte Ethik (Hrsg. 1998); Gibt es eine feministische Ethik? (1998); Søren Kierkegaard (2000); Glückssache. Die Kunst, gut zu leben (2001); Einführung in die Ethik (2003); Frag nicht, wo die Blumen sind (Roman, 2019); Denkanstösse zu unseren Sinnfragen (2021)

PROF. DR. RICHARD DAVID PRECHT
geb. 1964, Honorarprofessor für Philosophie an der Leuphana Universität Lüneburg sowie Honorarprofessur für Philosophie und Ästhetik an der Hochschule für Musik »Hanns Eisler« in Berlin. Publikationen (Auswahl): Wer bin ich? Und wenn ja, wie viele? (2007); Erkenne die Welt, Geschichte der Philosophie 1 (2015); Tiere denken. Vom Recht der Tiere und den Grenzen des Menschen (2016); Erkenne dich selbst, Geschichte der Philosophie 2 (2017); Jäger, Hirten, Kritiker. Eine Utopie für die digitale Gesellschaft (2018); Sei du selbst. Eine Geschichte der Philosophie 3 (2019); Künstliche Intelligenz und der Sinn des Lebens (2020); Von der Pflicht – Eine Betrachtung (2021); Freiheit für alle. Das Ende der Arbeit wie wir sie kannten (2022)

PROF. DR. RÜDIGER SAFRANSKI
geb. 1945, Schriftsteller und Literaturwissenschaftler, Honorarprofessor für Philosophie an der Freien Universität Berlin, Leiter der Badenweiler Literaturtage. Wichtige Publikationen (Auswahl): E. T. A. Hoffmann (1984/2022); Schopenhauer und die wilden Jahre (1987); Wieviel Wahrheit braucht der Mensch (1990); Ein Meister aus Deutschland. Heidegger und seine Zeit (1994); Das Böse (1997); Nietzsche (2000); Wieviel Globalisierung verträgt der Mensch? (2003); Schiller als Philosoph (2005); Romantik. Eine deutsche Affäre (2007); Goethe. Kunstwerk des Lebens (2013); Zeit: was sie mit uns macht und was wir aus ihr machen (2015); Hölderlin. Komm! ins Of-

fene, Freund! (2019); Einzeln sein. Eine philosophische Herausforderung (2021)

UNIV.-PROF. DR. HANNELORE SCHLAFFER

geb. 1939, bis 2001 Professorin für Neuere deutsche Literatur an der Universität München. Essayistin und Kritikerin. Wichtige Publikationen (Auswahl): Wilhelm Meister (1980); Deutsche Literatur in Bildern (1986); Poetik der Novelle (1993); Schönheit. Über Sitten und Unsitten unserer Zeit (1996); Bettina Brentano. Originale und erdichtete Briefe (1999); Das Alter. Ein Traum von Jugend (2003); Mode. Schule der Frauen (2007); Die intellektuelle Ehe. Der Plan vom Leben als Paar (2011); Die City. Straßenleben in der geplanten Stadt (2013); Alle meine Kleider. Arbeit am Auftritt (2015); Rüpel und Rebell. Die Erfolgsgeschichte des Intellektuellen (2018)

PROF. DR. WILHELM SCHMID

geb. 1953, lebt als freier Philosoph in Berlin und lehrte bis 2018 Philosophie an der Universität Erfurt. Wichtige Publikationen (Auswahl): Philosophie der Lebenskunst (1998); Glück – Alles, was Sie darüber wissen müssen und warum es nicht das Wichtigste im Leben ist (2007); Die Liebe neu erfinden (2010); Unglücklich sein. Eine Ermutigung (2012); Dem Leben Sinn geben (2013); Gelassenheit (2014); Vom Glück der Freundschaft (2014); Vom Nutzen der Feindschaft (2015); Das Leben verstehen. Von den Erfahrungen eines philosophischen Seelsorgers (2016); Selbstfreundschaft. Wie das Leben leichter wird (2018); Von der Kraft der Berührung (2019)

DR. FRANZ SCHUH

geb. 1947, lebt als Schriftsteller und Kritiker in Wien. Wichtige Publikationen (Auswahl): Das Widersetzliche der Literatur. Kritische Kritiken (1981); Liebe, Macht und Heiterkeit. Essays (1985); Das phantasierte Exil. Essays (1991); Schreibkräfte. Texte über Liebe, Glück und Literatur (2000); Schwere

Vorwürfe, schmutzige Wäsche. Aufzeichnungen (2006); Hilfe. Ein Versuch zur Güte (2007); Memoiren. Ein Interview gegen mich selbst (2008); Der Krückenkaktus. Essays und Gedichte (2010); Sämtliche Leidenschaften. Prosa (2014); Fortuna. Aus dem Magazin des Glücks (2017); Lachen und Sterben (2021)

UNIV.-PROF. DR. MARTIN SEEL
geb. 1954, Professor em. für Philosophie an der Johann Wolfgang Goethe-Universität Frankfurt. Wichtige Publikationen (Auswahl): Versuch über die Form des Glücks. Studien zur Ethik (1995); Vom Handwerk der Philosophie. 44 Kolumnen (2001); Ästhetik des Erscheinens (2000); Sich bestimmen lassen. Studien zur theoretischen und praktischen Philosophie (2002); Adornos Philosophie der Kontemplation (2004); Theorien (2009); 111 Tugenden, 111 Laster. Eine philosophische Revue (2011); Die Künste des Kinos (2013); Aktive Passivität. Über den Spielraum des Denkens, Handelns und anderer Künste (2014); »Hollywood« ignorieren. Vom Kino (2017); Nichtrechthabenwollen. Gedankenspiele (2018)

UNIV.-PROF. DR. PETER SLOTERDIJK
geb. 1947, Philosoph, Kulturwissenschaftler und Publizist. Er lehrte bis 2017 als Professor für Philosophie und Medientheorie an der Hochschule für Gestaltung Karlsruhe. Wichtige Publikationen (Auswahl): Kritik der zynischen Vernunft (1983); Sphären (3 Bände, 1998–2004); Zorn und Zeit (2006); Du mußt dein Leben ändern (2009); Die schrecklichen Kinder der Neuzeit. Über das anti-genealogische Experiment der Moderne (2014); Was geschah im 20. Jahrhundert? Unterwegs zu einer Kritik der extremistischen Vernunft (2016); Nach Gott: Glaubens- und Unglaubensversuche (2017); Den Himmel zum Sprechen bringen: Elemente der Theopoesie (2020); Wer noch kein Grau gedacht hat. Eine Farbenlehre (2022)

DR. CORA STEPHAN

geb. 1951, Buchautorin, Kolumnistin und Essayistin. Wichtige Publikationen (Auswahl): Ganz entspannt im Supermarkt. Liebe und Leben im ausgehenden 20. Jahrhundert (1985); Weiterhin unbeständig und kühl. Nachrichten über die Deutschen (1988); Der Betroffenheitskult. Eine politische Sittengeschichte (1993); Neue deutsche Etikette (1995); Das Handwerk des Krieges (1998); Angela Merkel, ein Irrtum (2011); Lob des Normalen. Vom Glück des Bewährten (2021)

UNIV.-PROF. DR. PETER STRASSER

geb. 1950, Professor i. R. für Philosophie und Rechtsphilosophie an der Karl-Franzens-Universität in Graz. Wichtige Publikationen (Auswahl): Gut in allen Welten. Der ethische Horizont (2004); Gibt es ein Leben nach dem Tod? Gehirne, Computer und das wahre Selbst (2004); Was ist Glück? Über das Gefühl, lebendig zu sein (2011); Lust. Ein Anstandsbuch (2015); Ontologie des Teufels. Mit einem Anhang: Über das Radikalgute (2016); Gehirn ohne Geist. Die Vertreibung des Menschen aus der Wissenschaft (2018); Kritik der Spiritualität. Warum uns die Welt nicht genug ist (2020); Des Teufels Party. Geht die Epoche des Menschen zu Ende? (2020); Kleiner Sisyphos der großen Worte (2021); Eine Hölle voller Wunder. Spätes Philosophieren (2021)

DR. WOLFGANG ULLRICH

geb. 1967, freier Autor und Kulturwissenschaftler mit den Schwerpunkten Geschichte und Kritik des Kunstbegriffs, bildsoziologische Fragen sowie Konsumtheorie und Wohlstandsphänomene. Wichtige Publikationen (Auswahl): Siegerkunst. Neuer Adel, teure Lust (2016); Der kreative Mensch. Streit um eine Idee (2016); Wahre Meisterwerte. Stilkritik einer neuen Bekenntniskultur (2017); Selfies. Die Rückkehr des öffentlichen Lebens (2019); Feindbild werden. Ein Bericht (2020); Die Kunst nach dem Ende ihrer Autonomie (2022)

PROF. DR. HARALD WELZER
geb. 1958, Soziologe und Sozialpsychologe. Er leitet die gemeinnützige Stiftung »FUTURZWEI. Stiftung Zukunftsfähigkeit« und lehrt Sozialpsychologie an der Universität Sankt Gallen. Wichtige Publikationen (Auswahl): Das kommunikative Gedächtnis. Eine Theorie der Erinnerung (2002); Täter. Wie aus ganz normalen Menschen Massenmörder werden (2005); Selbst denken. Eine Anleitung zum Widerstand (2013); Die smarte Diktatur. Der Angriff auf unsere Freiheit (2016); Wir sind die Mehrheit. Für eine Offene Gesellschaft (2017); Alles könnte anders sein: Eine Gesellschaftsutopie für freie Menschen (2019); Nachruf auf mich selbst. Die Kultur des Aufhörens (2021)

UNIV.-PROF. DR. LAMBERT WIESING
geb. 1963, Professor für Bildtheorie und Phänomenologie im Institut für Philosophie der Universität Jena. Publikationen (Auswahl): Die Sichtbarkeit des Bildes. Geschichte und Perspektiven der formalen Ästhetik (1997 u. 2008); Phänomene im Bild (2000), Artifizielle Präsenz (2005), Das Mich der Wahrnehmung: Eine Autopsie (2009); Sehen lassen. Die Praxis des Zeigens (2013); Luxus (2015); Ich für mich. Phänomenologie des Selbstbewusstseins (2020)

Inhalt